A L'ÉCOLE DE LA PHÉNOMÉNOLOGIE

BIBLIOTHÈQUE D'HISTOIRE DE LA PHILOSOPHIE

A L'ÉCOLE DE LA PHÉNOMÉNOLOGIE

par

Paul RICOEUR

PARIS
LIBRAIRIE PHILOSOPHIQUE J. VRIN
6, Place de la Sorbonne, V^e

1986

La loi du 11 mars 1957 n'autorisant, aux termes des alinéas 2 et 3 de l'article 41, d'une part, que les « copies ou reproductions strictement réservées à l'usage privé du copiste et non destinées à une utilisation collective » et, d'autre part, que les analyses et les courtes citations dans un but d'exemple et d'illustration « toute représentation ou reproduction intégrale, ou partielle, faite sans le consentement de l'auteur ou de ses ayants droits ou ayants cause, est illicite » (alinéa 1er de l'article 40).

Cette représentation ou reproduction par quelque procédé que ce soit, constituerait donc une contrefaçon sanctionnée par les articles 425 et suivants du Code Pénal.

© *Librairie Philosophique J. VRIN*, 1986

ISBN 2-7116-0916-2

HUSSERL (1859-1938)

Husserl et le mouvement phénoménologique.

Husserl n'est pas toute la phénoménologie, bien qu'il en soit en quelque sorte le nœud.

D'abord la phénoménologie a une mémoire qui l'insère dans le passé de la philosophie occidentale. C'est au sens Leibnizien et Kantien du phénomène (*Erscheinung* et non *Schein*) qu'elle se rattache ; Hegel, il est vrai, avait déjà compris la phénoménologie comme une inspection ample de toutes les variétés de l'expérience humaine (non seulement épistémologique mais éthique, politique, religieuse, esthétique et quotidienne). Ce n'est pourtant pas à elle que Husserl se rattache ; deux traits de la *Phénoménologie de l'Esprit* ne passent pas chez Husserl : le tragique et le logique, — le tragique qui tient à la fécondité du « négatif », le logique qui exprime la liaison nécessaire des figures de l'Esprit dans un unique développement. C'est pourquoi Husserl ne fait pas une phénoménologie *de* l'Esprit. Le phénomène, selon lui, n'est pas l'apparaître d'un être susceptible de se récupérer dans un savoir absolu.

Husserl se rattache à Kant non seulement dans l'interprétation idéaliste de sa méthode, mais même dans les descriptions qui continuent l'analyse kantienne du *Gemüt* qui restait masquée par les préoccupations épistémologiques de la *Critique*. En même temps la phénoménologie rejoint en profondeur l'esprit de Hume ; par son goût pour ce qui est « originaire », « plein », « présent », par delà les abréviations et les symboles du discours, elle continue la grande tradition anglaise de la critique du langage, et étend sa discipline de pensée dans tous les secteurs de l'expérience : expérience des significations, des choses, des valeurs, des personnes. Enfin la phénoménologie se rattache plus radicalement encore à Descartes, au doute et au cogito cartésiens ; la réduction qu'elle opère des fausses évidences — du « cela va de soi » *(Verständlichkeit)* — au phénomène véritable, à l'apparaître authentique, est bien dans la ligne du doute cartésien ; et le Cogito devient autre chose qu'une première vérité, que d'autres vérités suivraient dans une chaîne de raisons ; il est l'unique champ de la vérité phénoménologique, dans lequel toutes les prétentions de sens sont confrontées aux présences qui constituent le phénomène du monde. Ainsi la phénoménologie continue-t-elle le transcendantal kantien, l'originaire humien, le doute et le Cogito cartésiens ; elle ne représente aucunement une brusque mutation de la philosophie.

En outre la phénoménologie est un vaste projet qui ne se referme pas sur une œuvre ou un groupe d'œuvres précises ; elle est en effet moins une doctrine qu'une méthode capable d'incarnations multiples et dont Husserl n'a exploité qu'un petit nombre de possibilités ; il faut aussi chercher la phénoménologie chez les psychologues de l'école de Münich, — A. Pfänder, M. Geiger, — chez Max Scheler, chez Heidegger, chez Hartmann, — chez Jaspers aussi —, même si aucun de ces penseurs n'a cru que la phénoménologie fût la *philosophia prima*, la science des sciences. Chez Husserl lui-même la méthode est mêlée à une interprétation idéaliste qui représente une part considérable de l'œuvre publiée et qui tend à placer la phénoménologie sur le même plan que les néo-kantismes du début du siècle ; quant aux parties de l'œuvre où la méthode est effectivement appliquée, principalement dans les inédits, elles ne constituent pas un corps d'ouvrage homogène et orienté dans un seul sens ; Husserl a abandonné en cours de route autant de voies qu'il en a frayées. Si bien que la phénoménologie au sens large est la somme de l'œuvre husserlienne et des hérésies issues de Husserl ; c'est aussi la somme des variations de Husserl lui-même et en particulier la somme des descriptions proprement phénoménologiques et des interprétations philosophiques par lesquelles il réfléchit et systématise la méthode.

Phénoménologie de la signification.

On a déjà parlé plus haut de la critique du psychologisme et de la conception de la logique dans le premier tome des *Recherches Logiques* (¹). Le second tome s'ouvre sur une analyse de la signification qui met déjà en œuvre les notions implicites de la méthode phénoménologique, lesquelles ne

(1) Cf. ci-dessus p. 168-9.

sont élucidées que dans la cinquième et la sixième de ces *Recherches* (1), consacrées à l'intentionalité et à l'intuition catégoriale.

Il est important de remarquer que la première question de la phénoménologie est : que signifie signifier ? Quelle que soit l'importance prise ultérieurement par la description de la perception, la phénoménologie part non de ce qu'il y a de plus muet dans l'opération de conscience, mais de sa relation aux choses par les signes, tels que les élabore une culture parlée. L'acte premier de la conscience est de vouloir dire, de désigner (Meinen) ; distinguer la signification parmi les autres signes, la dissocier du mot, de l'image, élucider les diverses manières dont une signification vide vient à être remplie par une présence intuitive (quelle qu'elle soit), c'est cela décrire phénoménologiquement la signification. Cet acte vide de signifier n'est pas autre chose que l'intentionalité. Si l'intentionalité est cette propriété remarquable de la conscience d'être conscience de..., de s'échapper à soi-même vers un autre, l'acte de signifier contient l'essentiel de l'intentionalité. Et même il révèle la double visée de l'intentionalité : quand je veux dire quelque chose, il y a une première intention qui va au sens, comme

---

(1) *Logische Untersuchungen*, 2 vol. (1900-1) ; 2ᵉ éd., 3 vol. (1913-1921). Cette 2ᵉ éd. porte la 5ᵉ et la 6ᵉ *Recherches* au niveau atteint par ailleurs par la phénoménologie dans les *Ideen zu einer reinen Phänomenologie und phänomenologischen Philosophie*, I, publiées d'abord dans le *Jahrbuch für Philosophie und phänomenologische Forschung* (dont Husserl était l'éditeur) (1913), 3ᵉ éd. 1928 (trad. fr. 1950) ; texte définitif légèrement différent publié dans l'édition critique du *Nachlass* : *Husserliana* III, 1950.

vis-à-vis stable de tous les actes de significations qui veulent dire la *même chose* ; c'est ici la racine phénoménologique de la logique : il y a du déterminé dans le sens visé ; mais cette analyse qui rend possible la logique la déborde, puisqu'il peut y avoir des significations absurdes, c'est-à-dire où un sens est effectivement visé, mais sans possibilité d'un remplissement intuitif. Mais il y a une seconde intention qui va à la présence et qui se résoud finalement en intuition ; la perception en est la forme fondamentale ; mais il y a aussi une intuition des articulations du jugement et du discours ou intuition catégoriale et il y a d'autres modes d'intuition dont Husserl ne clôt pas la liste.

En se rabattant sur une phénoménologie de la perception, dans sa dernière philosophie, Husserl abandonnera une voie aperçue au début de son œuvre et qu'on pourrait appeler la dialectique originelle du sens et de la présence et qui est illustrée par la relation vide-plein des *Recherches Logiques* ; il ne l'abandonnera pas, il est vrai, tant qu'il discernera jusque dans la perception une anticipation de l'unité de sens qui permet de *déterminer* le flux des apparitions de la chose ; c'est cette phénoménologie du « sens » qui constitue le platonisme essentiel de cette période, beaucoup plus que l'hypostase maladroite des « significations en soi », à laquelle l'entraîne parfois la polémique anti-psychologiste.

Au reste c'est parce que l'intentionalité va au sens — qui détermine la présence, autant qu'à la présence qui remplit le sens — que la phénoménologie elle-même est possible ; c'est grâce à une intuition portant sur l'essence des « actes » et de leurs « contenus » que nous avons pu distinguer expression, signe, signification, — signification vide et signification pleine, — intuition sensible et intuition catégoriale. Toute phénoménologie se fait sur le plan d'une intuition de l'Eidos ; elle ne s'arrête pas au vécu individuel incommunicable, mais atteint dans le vécu son articulation interne intelligible, sa structure universelle, bref une signification que vient remplir plus ou moins soit la perception immanente, soit même l'imagination de cette perception, qui, par ses variations, fait précipiter le « sens » dans le creuset de l'analyse phénoménologique.

A partir des *Recherches Logiques,* les travaux de Husserl suivent deux voies [1] : d'un côté les thèmes descriptifs ne cessent de s'enrichir et de déborder le cadre logique initial [2] ; d'un autre côté Husserl ne cesse de raffiner la philosophie de la méthode et entrelace ainsi à une phénoménologie effectivement pratiquée une philosophie phénoménologique [3] comme l'atteste le titre même des *Ideen zu einer reinen Phaenomenologie und phaenomenologischen*

---

[1] Les considérables inédits, mis en ordre par les *Archives-Husserl* de Louvain, contiennent la phénoménologie effective de Husserl ; un certain nombre de ces travaux destinés à la publication ou susceptibles d'être publiés paraîtront dans les *Husserliana,* Nijhoff, la Haye.

[2] *Formale und transzendentale Logik (Jahrbuch...,* 1929) représente l'état final des travaux logiques de Husserl, repris dans la perspective de l'idéalisme transcendantal.

[3] Cette philosophie phénoménologique trouve son expression extrême dans les *Méditations cartésiennes* publiées d'abord en français, 1931 (2ᵉ éd. 1947). Texte original, *Husserliana* I, 1950. — Dans le même sens, *Nachwort zu meinen « Ideen... »,* 1930.

Philosophie. Il n'y a aucune priorité d'une voie sur l'autre : la réduction a été opérée avant d'être réfléchie ([1]) ; beaucoup plus tard Husserl se sert encore des thèmes descriptifs pour amorcer la réduction. Il reste que l'interprétation idéaliste de la méthode ne coïncide pas nécessairement avec sa pratique effective, comme l'ont estimé beaucoup de ses disciples. A partir de 1929 la phénoménologie connaît un rebondissement à la fois d'ordre descriptif et d'ordre systématique.

Les thèmes descriptifs.

Husserl confère d'abord à la notion d'intentionalité toute son envergure : toute conscience est conscience de... (conscience signifie ici non l'unité individuelle d'un « flux de vécu » mais chaque *cogitatio* distincte tournée vers un *cogitatum* distinct). Il y aura donc autant d'espèces d'intentionalités, autant de « consciences », qu'il y a de façons pour un cogito de se tourner vers quelque chose : vers le réel, l'irréel, le passé, le voulu, l'aimé, le désiré, le jugé etc. D'un point de vue strictement descriptif l'intentionalité échappe à l'alternative du réalisme et de l'idéalisme ; on peut dire aussi bien que l'objet *trans*-cende la conscience et que l'objet est *dans* la conscience en tant qu'il apparaît à cette conscience ; mais il y est précisément à titre intentionnel et non réel. L'intentionalité signifie seulement que la conscience est à titre premier hors de soi et qu'elle l'est de multi-

---

(1) *Die Idee der Phänomenologie*, cours de 1907, *Husserliana* II, 1950.

ples façons dont l'objectivité logique n'est qu'une modalité de second degré et la perception la modalité la plus fondamentale.

C'est par ce primat de la perception parmi les actes intentionnels que Husserl s'évade de son propre logicisme et s'éloigne des philosophies criticistes du jugement ; en elle nous avons le modèle de toute présence « en chair et en os » ; en même temps la perception découvre la structure d'horizon de la conscience : toute conscience actuelle se découvre débordée par un horizon de perceptibilité qui confère au monde son étrangeté et son abondance ; à son tour cette structure d'horizon suscite une réflexion sur la temporalité contractée dans la perception des objets les plus stables. Bref la perception ne cessera de révéler combien le vivre déborde le juger : au bout de cette voie est « le thème de l'être-au-monde » explicité par la phénoménologie du dernier Husserl, par celle de Heidegger et celle des existentialistes français.

Cette description développe en même temps une critique (1) ; la phénoménologie heurte en effet de front la conviction qui fut celle des Galiléens ; la première vérité du monde n'est pas celle de la physique mathématique, mais bien celle de la perception ; ou plutôt la vérité de la science s'édifie en superstructure sur une première assise de présence et d'existence qui est celle du monde vécu perceptivement.

---

(1) Husserl conçoit au début cette critique comme une science rigoureuse, fondement des sciences exactes et exclusive de tout pathétique comme de toute éthique concrète ; cf. *Philosophie als strenge Wissenschaft, Logos* I, 1911.

Husserl put ainsi soutenir la transcendance du perçu à la conscience, par une critique de la critique des « qualités secondes », tout en niant l'existence en soi des choses perçues. C'est cette position difficile et originale du problème de la réalité qui est l'apport philosophique essentiel de la phénoménologie. La distinction du noème et de la noèse en toute conscience permettait de mener des analyses de conscience qui fussent tour à tour des analyses noématiques, c'est-à-dire portant sur la face objective du vécu (le perçu comme tel, l'imaginé comme tel, etc.) et des analyses noétiques, portant sur les modalités attentionnelles, sur le pouvoir du « Je » du cogito, sur la temporalité du flux subjectif des silhouettes de choses etc. On ne saurait donner une idée même approchée de la patience et de la rigueur de ces analyses ; les *Ideen II*, consacrées à la constitution de la chose, de la psyché et des réalités culturelles et personnelles, sont un bon exemple de ce travail (¹) ; il y apparaît clairement que « constituer » n'est point construire, encore moins créer, mais déplier les visées de conscience confondues dans la saisie naturelle, irréfléchie, naïve d'une chose.

De la phénoménologie descriptive à la phénoménologie transcendantale.

La « réduction » phénoménologique se présente à la fois comme l'explicitation de la méthode pratiquée dans la

---

(1) *Husserliana*, IV, 1952. — *Ideen* III forment les *Husserliana* V.

description des phénomènes et comme l'éléboration d'une philosophie transcendantale qui implique une véritable décision métaphysique sur le statut ontologique de ces phénomènes.

Elle est née d'une crise de scepticisme, postérieure à la découverte de l'intentionalité et portant sur la possibilité même de l'intentionalité, c'est-à-dire finalement de sa référence à une transcendance ; l'essence de la conscience est aussi son énigme. La crise est résolue par la distinction, non de la conscience réflexive et de la chose spatiale, comme chez Descartes, mais par la scission, dans l'objet même, entre son en soi prétendu et son apparaître pur. Dans les *Ideen*, cette scission est préparée par une investigation de la précarité et de la temporalité de cet apparaître : mis en flux, l'objet est prêt pour la « réduction » à ses apparitions successives ; l'hypothèse que le monde pourrait n'être rien, c'est-à-dire que les silhouettes pourraient ne plus concorder dans un quelque chose, achève de résoudre l'être dans l'apparaître. Ainsi présentée, la réduction paraît être une soustraction d'être ; dans les *Ideen I* la conscience est appelée un « reste », un « résidu » phénoménologique ; au sens purement méthodologique de l'opération cela veut dire qu'on s'abstient de se prononcer (épochê) sur le statut ontologique dernier de l'apparaître et que l'on ne s'occupera que de l'apparaître pur. Mais Husserl interprète de plus en plus cette conquête de l'apparaître sur la croyance immotivée dans l'en soi comme une décision sur le sens même de l'être.

Les *Méditations cartésiennes* sont l'expression la plus radicale de ce nouvel idéalisme pour qui le monde est non seulement « pour moi », mais tire « de moi » toute sa validité ontologique. Le monde devient « monde-perçu-dans-la-vie-réflexive »; la constitution devient une gigantesque entreprise de composition progressive de la signification monde sans reste ontologique.

Bien plus, Husserl esquisse dans la *IVe Méditation* le passage d'une phénoménologie « tournée vers l'objet » à une phénoménologie «tournée vers l'Ego», où «l'Ego se constitue continuellement lui-même comme étant » ; le *Cogitatum* est compris dans le *Cogito* et celui-ci dans l'*Ego* qui vit « à travers » ses pensées ; la phénoménologie est le déploiement de l'*Ego*, désormais dénommé monade à la manière leibnizienne; elle est « l'exégèse de soi-même » (Selbstauslegung).

A ce radicalisme la phénoménologie doit du moins deux choses. D'abord la promotion du thème de la temporalité ; ce thème a été très tôt aperçu : le présent, est-il dit dans les *Leçons sur la conscience interne du temps* (1), « retient » le passé immédiat qui n'est pas un souvenir représenté, mais un « ayant juste été » impliqué dans la conscience du « maintenant » ; cette analyse destinée à résoudre une énigme psychologique — celle de la persistance d'un objet identique dans la conscience — devient une des grandes clés de la constitution de soi par soi; dans les considérables inédits consacrés au temps (groupe C), le « présent vivant » appa-

---

(1) *Vorlesungen zur Phänomenologie des inneren Zeitbewusstseins*, éd. par M. Heidegger, 1928. Ces leçons datent de 1905-1910.

raît comme l'origine de la temporalisation par sa structure dialectique de «persistance fluante»; à son tour cette temporalisation primordiale sert à élucider la consolidation des évidences acquises dont l'origine s'abolit ; une intentionalité transversale, non positionnelle, inhérente à la suite que la conscience fait avec elle-même, est ainsi placée à l'origine de la conscience « thétique » qui pose des choses ou des significations comme en soi. On ne saurait donc sousestimer l'importance de ce thème qui a été véritablement suscité par l'idéalisme husserlien, même s'il peut survivre à cette motivation radicale. C'est même ici un des carrefours où se croisent la méditation kierkegaardienne sur l'Instant et la réflexion husserlienne sur le présent vivant : Heidegger ne l'oubliera pas.

D'autre part l'identification de la phénoménologie à une égologie entraîne la promotion d'un second grand problème, celui de l'existence d'autrui ; la phénoménologie s'est acculée elle-même très lucidement au paradoxe du solipsisme : seul l'Ego est constitué primordialement ; d'où l'importance de la V*e Méditation* sur la constitution d'autrui que Husserl a retravaillée plusieurs années ; cette constitution joue le même rôle que l'existence de Dieu chez Descartes pour consacrer l'objectivité de mes pensées. Mais si l'Ego ne paraît pouvoir être transcendé que par un autre Ego, cet autre Ego doit être lui-même constitué précisément *comme* étranger, mais *dans* la sphère de l'expérience propre de l'Ego. Ce problème est une des grandes difficultés de la phénoménologie husserlienne. Le respect de l'expérience naïve de l'intersubjectivité et le radicalisme philosophique hérité des *Méditations* antérieures s'y mêlent si étroitement qu'il est difficile de séparer les descriptions du contexte idéaliste.

De l'idéalisme transcendantal à la phénoménologie génétique.

Les œuvres de Husserl ont un destin étrange : leur auteur les remanie indéfiniment et quand parfois elles sont jugées dignes d'être éditées, leur problème est déjà dépassé. Dès 1929, l'idéalisme transcendantal était soumis à une révision profonde ([1]). A première vue, cette révision est une vraie révolution qui amène la phénoménologie au voisinage de thèmes familiers à la phénoménologie existentielle française ; en réalité les descriptions de cette dernière « période » prolongent celle de la « période » précédente et bouleversent seulement l'interprétation idéaliste de la méthode.

Husserl cherche de plus en plus au-dessous du jugement l'ordre même de l'expérience et l'origine de l'ordre prédicatif ; en même temps il accentue l'idée de genèse passive, antérieure aux opérations actives de poser, apposer, supposer, etc. ; enfin le monde apparaît comme la totalité inaccessible au doute, non acquise par addition d'objets, inhérente au « vivre » ; cette *Lebenswelt* est le « prédonné

---

(1) *Die Krisis der europäischen Wissenschaften und die transzendentale Phänomenologie* (Ire et IIe parties seules publiées ; *Philosophia*, I, 1936, Belgrade (tr. fr. 1949), éd. complète *Husserliana* VI (1954). — *Erfahrung und Urteil. Untersuchungen zur Genealogie der Logik.* Textes de Husserl complétés et reliés par L. Landgrebe, suivant les indications de Husserl, Prague, 1939.

universel passif de toute activité jugeante ». Husserl a ainsi poussé à bout les tendances de la phénoménologie descriptive, abandonnant la dialectique, élaborée jadis dans les *Recherches Logiques*, entre la signification vide et la présence pleine : Husserl est engagé dans une recherche « généalogique » qui paraît bien aller de bas en haut, sans la réplique d'un mouvement contraire allant du signifié au vécu.

Mais le fait décisif est l'abandon progressif, au contact des nouvelles analyses, de l'idéalisme des *Méditations cartésiennes*. La réduction signifie de moins en moins « retour à l'Ego » et de plus en plus « retour du logique à l'antéprédicatif », à l'évidence primordiale du monde. L'accent est mis, non plus sur l'Ego monadique, mais sur la totalité formée par l'Ego et le monde environnant dans lequel il est vitalement engagé. La phénoménologie tend alors vers la reconnaissance de ce qui est préalable à toute réduction et qui ne peut donc être réduit. Seul en somme reste réduit l'univers galiléen ; l'irréductibilité de la *Lebenswelt* signifie que la conversion platonico-mathématicienne ne peut être menée à terme ; l'être au monde est tellement manifeste que toute vérité y renvoie.

C'est par cette impressionnante mutation à partir de préoccupations surtout logiques, que la phénoménologie était prête pour l'étonnante rencontre avec la méditation existentielle venue d'un horizon fort étranger à Husserl, travailleur acharné, aussi sobre que probe.

HUSSERL ET LE SENS DE L'HISTOIRE

L'apparition du souci de l'histoire dans la dernière phase de la pensée husserlienne pose un certain nombre de questions dont les plus importantes dépassent le cas de Husserl et concernent la possibilité d'une *philosophie de l'histoire* en général.

La première question engage seulement la compréhension psychologique de l'auteur : quels *motifs* ont présidé à cette transformation de la problématique husserlienne ? Voici ce penseur, naturellement étranger aux préoccupations politiques, — apolitique, dirait-on, par formation, par goût, par profession, par souci de rigueur scientifique, — le voici qui accède à la conscience d'une crise collective de l'humanité, qui ne parle plus seulement de l'Ego transcendantal, mais de l'homme européen, de son destin, de sa décadence possible, de sa renaissance nécessaire, qui situe sa propre philosophie dans l'histoire, avec la conviction qu'elle est responsable de cet homme européen et qu'elle seule peut lui montrer la voie du renouveau. Non content de penser l'histoire, de se penser dans l'histoire, le phénoménologue se découvre la tâche surprenante de fonder un nouvel âge, comme Socrate et Descartes.

Les œuvres, en grande partie inédites, que nous évoquerons datent de 1935-1939. On peut penser que, dès 1930, Husserl a commencé à rattacher la compréhension de sa propre philosophie à celle de l'histoire, plus précisément de l'histoire de l'esprit européen. Le 7 mai 1935, Husserl fait au *Kulturbund* de Vienne une conférence sous le titre « *La philosophie dans la crise de l'humanité européenne* » ; cette conférence est suivie en novembre 1935 d'un cycle de conférences au « Cercle philosophique de Prague pour les recherches sur l'entendement humain » ; l'ensemble des écrits encore refusés au public qui aboutit au grand texte intitulé la *Crise des Sciences européennes et la phénoménologie transcendantale* (dont les deux premières parties ont été publiées en 1936 par la Revue *Philosophia* de Belgrade [1]) compose le groupe dit de la *Krisis* : il comprend la première esquisse de la conférence de Vienne, le texte présumé de la conférence, une formulation remaniée dont nous publions ici même la traduction, une autre formulation plus complète de ce même travail, le texte intégral de la *Krisis,* et divers textes non destinés à la publication qui contiennent les méditations suivies de Husserl sur les mêmes thèmes.

La situation politique de l'Allemagne à cette époque est visiblement à l'arrière-plan de tout ce cours de pensée : en ce sens on peut bien dire que c'est le tragique même de l'histoire qui a incliné Husserl à penser historiquement. Suspect aux nazis comme non-aryen, comme penseur scientifique, plus fondamentalement comme génie socratique et questionneur, mis à la retraite et condamné au silence, le vieux Husserl ne pouvait manquer de découvrir que l'esprit a une histoire qui importe à toute l'histoire, que l'esprit peut être malade, que l'histoire est pour l'esprit même le lieu du danger, de la perte possible. Découverte d'autant plus inévitable que c'était les malades eux-mêmes — les nazis — qui dénonçaient tout le rationalisme comme pensée décadente et imposaient de nouveaux critères biologiques de santé politique et spirituelle. De toute manière c'était par *la conscience de crise* qu'à l'époque du national-socialisme on entrait en fait dans l'histoire : pour l'honneur du rationalisme il s'agissait de dire qui était malade, donc où était le sens de l'homme et où le non-sens.

Faut-il ajouter que, tout près de lui, son ancien collaborateur, Martin Heidegger, développait une œuvre qui, par un autre côté, signifiait elle aussi la condamnation de la philosophie classique, appelait, au moins implicitement, une autre lecture de l'histoire, une autre interprétation du drame contemporain, une autre répartition des responsabilités. Ainsi le plus anhistorique des professeurs était sommé par l'histoire de s'interpréter historiquement.

Mais il reste à comprendre comment la phénoménologie pouvait s'incorporer des vues historiques. Ici la transformation d'une *problématique* philosophique excède toute exégèse d'une *motivation* psychologique : c'est la cohérence de la phénoménologie

---

1. La troisième partie inédite est, à elle seule, deux fois plus longue que *Krisis*, I et II.

transcendantale qui est en question. Comment une philosophie du Cogito, du retour radical à l'*Ego* fondateur de tout être, devient-elle capable d'une philosophie de l'histoire ?

Il est possible de répondre partiellement à cette question par l'examen des textes husserliens. L'unité de la pensée husserlienne se découvre jusqu'à un certain point, si l'on souligne assez fortement le rôle médiateur entre la conscience et l'histoire qui est assigné à des *Idées*, des *Idées* au sens kantien, comprises comme des tâches infinies, qui précisément impliquent un progrès sans fin et donc une histoire.

Mais si le temps des hommes est le développement exigé par une idée infinie, — comme on le voit déjà chez Kant (par exemple, dans l'*Idée d'une histoire universelle au point de vue cosmopolitique* et dans les autres opuscules de philosophie de l'histoire) — ce dépassement d'une philosophie de l'*Ego* en une philosophie de l'humanité historique pose un certain nombre de questions radicales qui concernent toutes les philosophies socratiques, cartésiennes, kantiennes, toutes les philosophies du *Cogito* au sens large. Nous poserons ces questions le moment venu.

I

RÉPUGNANCE DE LA PHÉNOMÉNOLOGIE TRANSCENDANTALE
POUR LES CONSIDÉRATIONS HISTORIQUES.

Rien dans l'œuvre antérieure de Husserl ne paraît préparer une inflexion de la phénoménologie dans le sens d'une philosophie de l'histoire. On y voit plutôt des raisons de ne jamais rencontrer la philosophie de l'histoire.

1. La phénoménologie transcendantale qui s'exprime dans les *Ideen*, dans *Formale und transzendentale Logik*, dans les *Méditations cartésiennes*, n'annule aucunement, mais intègre d'une manière spéciale [1] le *souci logique* qui commandait les *Logische Untersuchungen*. Or ce souci logique exclut un certain sens de l'histoire. La leçon des *Etudes logiques*, en effet, est que le *sens* d'une structure logique — au sens étroit de la logique formelle, même élargi en une *mathesis universalis* [2], ou au sens large des

1. Sur ce rapport du « logicisme » et de la phénoménologie transcendantale, cf. notre *Introduction* à la traduction des *Ideen* I (à paraître prochainement).
2. Cf. *Ideen* I, § 8 et 10.

ontologies matérielles qui procèdent à l'analyse des genres suprêmes qui régissent la « région » nature, la « région » conscience, etc., — ce *sens* est indépendant de l'histoire de la conscience individuelle ou de l'histoire de l'humanité qui jalonne la découverte ou l'élaboration de ce sens. Le sens se révèle comme sens à l'intuition qui en voit les articulations. L'histoire du concept, en tant qu'expression du sens, n'importe pas à la vérité du sens ; la vérité n'est pas *acquise* à la manière d'une aptitude fonctionnelle chez les espèces vivantes : elle reste une relation anhistorique entre une visée « en creux », « à vide », et une présence intuitive (perception sensible, introspection, perception d'autrui, perception « catégoriale » [1], etc., ou leur modification imaginative ou mémorielle) qui « remplit » cette visée.

La pensée husserlienne s'est d'abord conquise sur le psychologisme ; cette conquête reste la présupposition de toute la philosophie transcendantale ultérieure. Ainsi est récusée au départ une philosophie de l'histoire, où l'histoire est comprise comme une *évolution*, comme une *genèse* qui fait dériver le plus rationnel du moins rationnel et, en général, le plus du moins. A cet égard l'intemporalité du sens objectif est inaccessible à la genèse empiriste des approximations subjectives de ce sens.

La philosophie de l'*essence* qui, au niveau des *Ideen*, prolonge le « logicisme » des *Logische Untersuchungen* confirme cette méfiance pour les explications génétistes : la « réduction éidétique » qui met entre parenthèse le cas individuel et ne retient que le sens (et la signification conceptuelle qui l'exprime) est par elle-même une réduction de l'histoire. Le réel-mondain est par rapport à l'essence comme le contingent par rapport au nécessaire : toute essence « a » un champ d'individus qui peuvent être ici ou là, maintenant ou en un autre temps [2]. Il faut voir avec quelle précaution Husserl garde le mot *Ursprung* : dès les premières pages de *Ideen* I il a soin de noter : « Nous ne parlons pas ici en termes d'histoire. Ce mot d'origine ne nous contraint ni ne nous autorise à penser à quelque genèse entendue au sens de la causalité psychologique ou au sens d'un développement historique... » [3].

La notion d'*Ursprung* ne peut réapparaître qu'à un autre stade

---

1. Cf. *Log. Unters.* VI (2ᵉ partie).
2. *Ideen* I, p. 8.
3. *Ideen* I, p. 7, n. 1

de la pensée, à un stade proprement transcendantal, où elle signifie non plus genèse historico-causale, mais fondement [1].

Le « logicisme » des *Logische Untersuchungen* et la « réduction éidétique » des *Ideen* marquent la victoire définitive sur une certaine intrusion de l'histoire dans la philosophie. Nous pouvons être assuré que l'histoire de l'esprit dont il sera question plus tard ne sera jamais une genèse du sens à partir de l'insignifiant, une évolution de style spencérien. Le *développement de l'idée*, qu'impliquera l'histoire, sera tout autre chose que la *genèse du concept*.

2. La problématique proprement transcendantale de la phénoménologie ne comporte pas de souci historique manifeste ; bien plus, elle semble éliminer ce souci par l'opération préalable de la « réduction transcendantale ».

Deux mots pour situer la réduction transcendantale dans la problématique d'ensemble de la phénoménologie : par elle la conscience se déprend d'une naïveté préalable que Husserl appelle l'attitude naturelle et qui consiste à croire spontanément que le monde qui est là est simplement *donné* ; en se reprenant sur cette naïveté, la conscience découvre qu'elle est *donnante*, donnante de sens (Sinngebende) [2]. La réduction n'exclut pas la présence du monde ; elle ne retranche rien ; elle ne suspend même pas le primat de l'intuition dans toute connaissance ; après elle la conscience continue de *voir*, mais sans être livrée à ce voir, sans s'y perdre ; mais le voir même est découvert comme opération, comme œuvre (Vollzug, Leistung) [3], Husserl dit même une fois comme création [4]. On comprendrait Husserl, on serait phénoménologue au sens transcendantal, si l'on réalisait en soi-même que l'intentionalité qui culmine dans le voir est précisément une vision créatrice [5].

Nous ne pouvons ici insister sur les difficultés d'interprétation de ce thème central de la phénoménologie ; disons seulement que l'attitude naturelle n'est comprise que quand elle est réduite, et qu'elle n'est réduite que quand la *constitution* de tout sens et de tout être est positivement amorcée. On ne peut donc pas dire d'*abord* ce qu'est l'attitude naturelle, *puis* ce qu'est sa réduction,

---

1. Cf. deux emplois de *Ursprung* dans les *Ideen*, § 56, p. 108 et § 122, p. 253.
2. *Ideen* I, § 55.
3. Sur *Vollzug*, cf. *Ideen* I, § 122 ; sur *Leistung*, cf. plus loin.
4. « La spontanéité de ce qu'on pourrait appeler le commencement créateur... » *Ideen*, § 122.
5. « Sur l'intuition donatrice originaire. » *Ideen* I, p. 36, p. 242.

enfin ce qu'est la constitution : il faudrait comprendre en bloc ces trois points de la problématique phénoménologique.

Or, ce qui nous intéresse ici, c'est qu'à l'époque des *Ideen*, Husserl compte parmi les disciplines de l'attitude naturelle non seulement les sciences de la nature, mais aussi les sciences de l'esprit (Geisteswissenschaften) : histoire, sciences de la civilisation, disciplines sociologiques de tout genre sont « mondaines »[1] ; dans le langage husserlien, l'esprit comme réalité sociale est une « transcendance », c'est-à-dire un *vis-à-vis* (Gegenstand) dans lequel la conscience pure se dépasse ; l'esprit est « dehors », comme la nature qui en est la première assise, comme le corps où la conscience s'objective, comme l'âme entendue comme réalité psychique individuelle. La mondanité de l'esprit signifie qu'il est rencontré parmi les objets d'une conscience sujet et qu'il doit être constitué en face de la conscience, « dans » la conscience, comme le corrélat de certains actes fondamentaux qui posent l'esprit dans le monde, dans l'histoire et dans les sociétés. C'est en ce sens que les « sciences de l'esprit » doivent d'abord être réduites[2] : au lieu de nous perdre dans l'historique et dans le social comme dans un absolu, nous suspendons la croyance à l'être-là (Dasein) de l'esprit comme à celui des choses ; désormais nous savons que l'esprit des sociétés historiques n'est que *pour* et même *par* une conscience absolue qui le constitue[3]. C'est là, selon nous, la source de toutes les difficultés ultérieures : comment comprendre que d'une part l'homme historique soit constitué dans une conscience absolue et que, d'autre part, le *sens* que développe l'histoire englobe l'homme phénoménologue qui opère cette conscience ? Il semble que s'annonce une difficile dialectique de l'englobant-englobé, entre l'*Ego* transcendantal et le *sens* qui unifie l'histoire.

Sans anticiper encore sur cette difficulté, disons que l'entreprise de constituer l'homme, (c'est-à-dire l'âme psycho-physiologique, la personne psycho-sociale et l'esprit comme réalité historique) a été effectivement tentée par Husserl dans *Ideen* II, encore inédit. Ce grand texte, que nous avons pu lire aux *Archives Husserl* de Louvain, contient dans sa seconde partie une longue analyse des opérations de conscience par lesquelles s'élabore le corps comme

---

1. *Ideen* I, p. 8.
2. *Ibid.*, p. 108.
3. *Ideen* I, p. 142.

organisme vivant, puis comme expression et mode d'action d'autrui, enfin par lesquelles se constituent des liens de société entre des personnes.

Il n'y a donc, au niveau de *Ideen* I et II, aucun privilège de l'histoire. Au contraire, l'homme historique est un moment, un degré de la mondanité, une « couche » du monde constitué : en ce sens il est « inclus » comme toute « transcendance » dans la conscience absolue.

3. Il est vrai que l'histoire, exclue doublement comme genèse explicative et comme réalité relevant de l'historien et du sociologue, pourrait ressurgir d'une façon plus subtile au cœur même de la conscience transcendantale « dans » laquelle se constituent la nature et l'histoire. Cette conscience est encore *temporelle*. Elle est une vie qui dure. C'est dans une « multiplicité » (Mannigfaltigkeit) d'esquisses *successives* que se constitue tout sens comme unité liant cette succession. C'est peu à peu, par touches convergentes, dans un *temps*, que s'élaborent le bleu de la mer, l'expression d'un visage, le sens technique de l'outil, le sens esthétique de l'œuvre d'art, le sens juridique de l'institution, etc. Par ex., le temps est la dimension manifeste de la plus primitive de toutes les consciences, conscience de chose, celle qui « donne » la toute première couche de l'existence mondaine. La perceptibilité des choses encore inconnues c'est la possibilité qu'apparaissent dans un temps infini de nouveaux aspects qui confirmeront ou infirmeront le sens naissant, motiveront un nouveau sens [1]. La conscience absolue est donc temporelle, selon un triple horizon de mémoire, d'expectation et de co-présence instantanée.

Réduit le temps cosmique, se révèle donc le temps phénoménologique, qui est la forme unitive de tous les vécus. Il est vrai que ce temps est à son tour une « énigme » dans la mesure même où l'absolu du moi transcendantal n'est encore qu'un absolu à un certain point de vue, (par rapport aux transcendances) et appelle une proto-constitution pleine de difficultés [2]. Inutile de nous engager ici dans les difficultés radicales que suscite la constitution primordiale de la *conscience phénoménologique du temps* dont Husserl avait donné une première élaboration dès 1905 dans *Zeitbewusstsein* ; ces difficultés nous éloigneraient plutôt de notre problème :

---

1. Sur tout ceci, cf. *Ideen* I, p. 74 sq., 202 sq. et *IIe Médit. Cartésienne*.
2. *Ideen* I, p. 163 et surtout *IVe Médit. cartésienne*.

en effet, ce mode primitif de liaison d'un vécu de conscience à un autre vécu, cette proto-synthèse est un *temps*, mais non encore une *histoire* ; l'histoire est dehors, le temps est la conscience même ; si l'on dit que le temps est constitué, ce n'est plus au sens où ce qui est dehors est constitué ; il est proto-constitué en ce sens que tout dépassement d'une conscience dans un objet transcendant qui unifie des esquisses, des aspects de la chose transcendantale, présuppose que chaque conscience présente se dépasse de manière immanente, se dépasse *temporellement* dans une autre conscience ; ainsi, elle devient le passé immédiat d'un nouveau présent pour lequel il y a encore un futur imminent. Le temps *transcendantal* qui est constituant et, en outre, proto-constitué, n'est pas l'histoire *transcendante* : celle-ci n'est que le corrélat d'une conscience qui l'élabore par la perception de traces et de documents, par la compréhension d'autrui dans ces documents, par l'élaboration du sens d'une communauté qui se développe dans le temps cosmique (des astres, des horloges et des calendriers). Le temps phénoménologique est à cet égard l'absolu dans lequel se constituent comme *objets* une nature, des hommes, des cultures, une *histoire*.

Il n'est tout de même pas sans intérêt que l'ultime conscience soit à son tour temporelle ; si l'histoire des historiens est réduite et constituée, une autre histoire, plus près de la conscience donnante et opérante, pourra peut-être s'élaborer : en ce sens, la phénoménologie transcendantale pose, avec le thème du temps phénoménologique, un jalon en direction d'une philosophie de l'histoire.

4. Il nous faut noter encore un problème où se montre l'hiatus entre la problématique phénoménologique et celle d'une philosophie possible de l'histoire. Avec le temps phénoménologique apparaît aussi un *Ego* transcendantal : le moi n'est pas seulement mondain, donné comme objet psychologique, donc à réduire et à constituer ; il y a un moi qui vit en toute conscience constituante: on n'en peut rien dire, sinon qu' « à travers » telle visée il vit un monde (chose, homme, œuvre d'art, etc.) [1]. C'est *lui qui* perçoit, imagine, sent, veut, etc. Le Je du Cogito ne peut devenir objet d'enquête, être « thématisé » ; on ne peut surprendre que ses « manières de se rapporter à ... »[2] ; par exemple : comment il fait

1. *Ideen* I, p. 109.
7. *Ideen* I, p. 160.

attention à..., suspend ou pose, maintient passivement une perception, avance activement en adjoignant un acte à un autre. Il y a donc au plus une phénoménologie du *Comment* de l'Ego à défaut du *Quid* de l'Ego. C'est à cette phénoménologie « tournée vers la face sujet » du Cogito que ressortit l'affirmation que l'Ego diffère numériquement avec *chaque* flux de conscience. Il y a donc un axiome des indiscernables qui institue une pluralité d'Ego qui n'est pas la pluralité mondaine, constituée, des consciences psychologiques [1].

Cette pluralité des consciences est-elle la chance d'une histoire ? Oui, en dernier ressort, puisque le sens unificateur d'une histoire humaine aura pour champ de développement la pluralité des consciences. Mais il faut bien voir combien la phénoménologie transcendantale accumule d'abord d'obstacles aux abords de la notion d'histoire : de même que le temps de l'Ego n'est pas l'unique histoire des hommes, mais le temps de *chaque* Ego, la pluralité des Ego n'est pas non plus l'histoire. Deux difficultés subsistent :

D'abord, la pluralité des Ego paraît bien absolue : comment faire *une* histoire avec *des* consciences ? On verra que c'est à cette difficulté que répond la philosophie de l'*Idée* à la période de la *Krisis*.

Mais, si l'on peut à la rigueur comprendre que le pluriel des consciences et le singulier de l'histoire puissent devenir corrélatifs par le truchement d'une *tâche* commune, la seconde difficulté semble plus difficile à surmonter : « dans » quelle conscience est posée la pluralité des consciences ? La pluralité que traverse éventuellement un sens unificateur, une tâche historique, ne peut être survolée de haut, de telle manière que moi, toi, nous, les autres, apparaissent permutables dans une totalité ; ce serait faire de cette totalité un absolu qui détrônerait l'Ego. Cet obstacle à une philosophie de l'histoire surgit dans un relief saisissant à la lecture de la *Ve Méditation cartésienne*. Nous y reviendrons à la fin de cette étude, quand nous aurons mieux compris la nature de l'histoire.

II

VUES SUR LA TÉLÉOLOGIE DE L'HISTOIRE ET LA RAISON.

L'histoire, disions-nous, rentre dans les préoccupations du philosophe le plus anhistorique et le plus apolitique par la *conscience*

---

1. *Ideen* I, p. 165 et 167.

de crise. Une crise de culture est comme un grand doute à l'échelle de l'histoire. Certes, elle n'exerce la fonction du doute méthodique que reprise par la conscience de chacun à titre d'interrogation philosophique. Mais, ainsi transformée en question que *je me pose*, la conscience de crise reste à l'*intérieur* de l'histoire ; c'est une question *sur* l'histoire et *dans* l'histoire : où va l'homme ? c'est-à-dire : quel est notre sens et notre but, à nous qui sommes l'humanité ?

L'interrogation première de la philosophie de l'histoire va donc de la crise à l'idée, du doute au sens. La conscience de la crise invite à la réaffirmation d'une tâche, mais d'une tâche qui, par structure, est une tâche pour tous, une tâche qui développe une histoire.

En retour, l'histoire ne se prête à une réflexion philosophique que par l'intermédiaire de sa *téléologie* : elle apparaît impliquée par un type original de structure rationnelle qui, précisément, exige une histoire. Il n'y a pas de réflexion directe sur l'histoire comme flux d'*événements*, mais indirecte comme *avènement* d'un sens. Par là elle est une fonction de la raison, son mode propre de réalisation.

Dès les premières lignes de sa conférence de Vienne, la perspective est fixée : philosophie de l'histoire et téléologie sont synonymes : « je veux tenter... [de donner] toute son ampleur à l'idée d'humanité européenne, considérée du point de vue de la philosophie de l'histoire ou encore au sens téléologique. En exposant à cette occasion la fonction essentielle qui peut être assumée par la philosophie et par nos sciences qui en sont les ramifications, je tente aussi de soumettre la crise européenne à une nouvelle élucidation ». (Nous reviendrons plus loin aux deux convictions qui sont tout de suite sous-entendues : que c'est en Europe que l'homme a un « sens téléologique », une « idée », et que cette « idée » c'est la philosophie elle-même comme totalité de compréhension et comme perspective infinie des sciences.)

Le début de *Krisis* I lie plus nettement encore l'histoire à la philosophie par l'intermédiaire du « sens téléologique » : « Cet écrit... tente de fonder la nécessité inéluctable d'une conversion de la philosophie à la phénoménologie transcendantale sur le chemin d'une prise de conscience (Besinnung) téléologico-historique appliquée aux origines (Ursprünge) de la situation critique où nous sommes sur le plan des sciences et de la philosophie. Cet écrit constitue, dès lors, une introduction indépendante à la phénoménologie transcendantale ».

Ainsi l'histoire est si peu une adjonction secondaire à la philosophie qu'elle devient une voie privilégiée d'accès à sa problématique. Si l'histoire n'est comprise que par l'idée qui s'y réalise, en retour le mouvement de l'histoire peut devenir pour le philosophe le révélateur original des thèmes transcendantaux, s'il est vrai que ces thèmes sont ceux qui donnent à l'histoire sa qualité proprement humaine.

Mais avant d'entrer plus avant dans les questions méthodologiques que soulèvent la notion de téléologie historique et l'usage de cette téléologie comme « introduction indépendante à la philosophie transcendantale », il n'est pas inutile de donner une idée sommaire de l'application de la méthode ; à cet égard, le texte remanié de la conférence de Vienne est plus éclairant que *Krisis* II qui, en raison de son caractère fragmentaire, ne laisse pas voir les grands raccords; *Krisis* II est en somme une histoire de la philosophie, de Galilée à Kant. Les vues d'ensemble sur l'esprit européen et sur les rapports de la philosophie de l'histoire à la philosophie réflexive de style transcendantal sont assez rares, quoique d'une précision inestimable (en particulier les §§ 6, 7 et surtout 15 ; nous y reviendrons).

Seule l'Europe a une « téléologie immanente », un « sens ». Alors que l'Inde, la Chine ont seulement un type sociologique empirique, l'Europe a l'unité d'une figure spirituelle ; elle n'est pas un lieu géographique, mais un lien spirituel, qui est la visée « d'une vie, d'une action, d'une création d'ordre spirituel ». On voit déjà la surélévation dont bénéficie la notion d'esprit (*Geist*) : il n'est plus rabattu du côté de la nature, mais retenu du côté de la conscience constituante, dans la mesure même où le lien des hommes n'est pas un simple type sociologique, mais un « sens téléologique ».

Cette affirmation que l'Europe seule a une *Idée* paraît moins étonnante si on la complète doublement. D'abord il faut dire qu'à absolument parler c'est l'humanité tout entière qui a un sens ; l'Europe ne s'est scindée géographiquement et culturellement du reste de l'humanité (*Menschenheit*) qu'en découvrant le sens de l'homme (*Menschentum*) : sa mise à part c'est précisément son universalité. D'autre part, la seule Idée qui soit Idée pour tous, c'est la philosophie. La philosophie est l' « entéléchie innée » de l'Europe, le « proto-phénomène » de sa culture. On voit qu'être européen est moins une gloire qui particularise qu'une responsabilité qui relie à tous. Encore faut-il bien entendre ce terme : philosophie. Entendue comme sens de l'homme européen, elle n'est pas un système, une école ou une œuvre datée, mais une Idée, au sens kantien du mot : une tâche. L'idée de la philosophie, voilà la téléologie de l'histoire. C'est pourquoi la philosophie de l'histoire, c'est en dernier ressort l'histoire de la philosophie, indiscernable elle-même de la prise de conscience de la philosophie.

Mais qu'est-ce que la philosophie comme Idée, comme tâche ? Quel est son rapport à l'ensemble de la civilisation ?

Désigner la philosophie comme idée, c'est souligner dès l'abord ses deux traits de totalité et d'infinité. Husserl l'appelle encore un *télos*, une fin visée : elle est le télos de la science du tout de l'être. Parce qu'elle vise l'achèvement de la science de tout ce qui est, l'idée de la philosophie ne peut être qu'une « forme normative située à l'infini », un pôle à « l'infini ». Chaque réalisation historique de la philosophie a encore pour horizon l'inaccessible idée.

C'est par son infinité que l'idée comporte une histoire, un procès sans fin. Avant la philosophie et hors de la philosophie l'homme a bien une historicité, mais il n'a encore que des tâches finies, closes, sans horizon, mesurées par des intérêts à courte vue, réglées par la tradition. Au VIe siècle est apparu en Grèce « l'homme aux tâches infinies » ; l'idée de la philosophie a été portée par quelques individus isolés, par quelques groupes qui, tout de suite, ont déchiré la tranquillité bornée de « l'homme aux tâches finies ». Le saut est fait du vouloir-vivre à l'étonnement, de l'opinion à la science. Un doute naît au cœur de la tradition ; la question de la vérité est posée ; l'universel est exigé ; une « communauté purement intérieure » s'agrège autour de la tâche du savoir ; cette communauté philosophante diffuse au-delà d'elle-même par la culture et l'éducation et de proche en proche transforme le sens de la civilisation.

Ainsi Husserl voit l'histoire de l'Occident entraînée par la fonction philosophique, entendue comme réflexion libre, universelle, embrassant tous les idéaux, théoriques et pratiques, et l'idéal de la totalité des idéaux, bref, le tout infini de toutes les normes. Elle est la « fonction archontique » : « Sans doute la philosophie universelle et toutes les sciences particulières représentent un aspect partiel de la culture européenne : mais toute mon interprétation implique que cette partie exerce pour ainsi dire le rôle de cerveau ; c'est de son fonctionnement normal que dépend la véritable santé spirituelle de l'Europe ».

Si telle est l'humanité européenne, — signifiante par l'idée de philosophie, — la crise de l'Europe ne peut être qu'une détresse méthodologique, qui affecte le connaître, non dans ses réalisations partielles, mais dans son intention centrale : il n'y a pas de crise de la physique, des mathématiques, etc., mais une crise du projet même de savoir, de l'idée directrice qui fait la « scientificité » (*Wissenschaftlichkeit*) [1] de la science. Cette crise, c'est l'*objectivisme*, la réduction de la tâche infinie du savoir au savoir mathématico-physique qui en a été la réalisation la plus brillante.

Nous reviendrons tout à l'heure sur la signification de cette crise quand nous suivrons le chemin inverse de la réflexion, le retour de l'histoire de la philosophie à la philosophie, et que la phénoménologie sera envisagée comme la *catharsis* de l'homme malade.

Nous sommes maintenant en état, grâce à ce sommaire de l'interprétation husserlienne de l'histoire de l'Occident, d'envisager les problèmes méthodologiques qui sont impliqués ici.

Les rapports entre la réflexion philosophique et l'interprétation de l'histoire constituent évidemment le point critique : comment reconnaître cette téléologie historique ? Par inspection directe de l'histoire ? Mais l'historien de métier acceptera-t-il de lire l'histoire tout entière de l'Occident comme avènement de la philosophie ? Si c'est le philosophe qui souffle à l'oreille de l'historien le mot-clef, à quoi bon ce détour de l'histoire et pourquoi ne pas prendre la voie courte de la réflexion ?

La conférence de Vienne ne contient que quelques allusions à cette difficulté, qui commande manifestement le rythme de la philosophie de la *Krisis*. Par contre, quelques paragraphes de *Krisis* abordent directement ce point capital de méthode [2].

D'un côté, il est clair que c'est un pressentiment philosophique qui permet de comprendre l'histoire comme l'avènement d'un sens,

1. *Krisis* I, § 2, etc.
2. En partic., § 7, 9 (*fin*), 15 et quelques inédits *zur Geschichtsphilosophie*.

comme un développement (*Entwickelung*) en direction d'un pôle éternel, donc de passer de la typologie sociale à l'Idée de l'homme, — à plus forte raison d'échapper au piège d'une zoologie des peuples. « Ce pressentiment nous sert de guide intentionnel pour discerner dans l'histoire de l'Europe un enchaînement de la plus haute signification : en le suivant pas à pas, nous élevons le pressentiment à la dignité de la certitude contrôlée. Le pressentiment est, dans tous les ordres de découvertes, le détecteur affectif ».

Plus fortement, le § 15 de la *Krisis*, intitulé *Réflexions sur la méthode de nos considérations historiques*, souligne l'opposition de cette méthode à celle de l'histoire au sens des historiens : la recherche d'une téléologie est inséparable du projet de « créer sur soi-même la clarté ». L'histoire est un moment de la compréhension de nous-mêmes en tant que nous coopérons à cette histoire : « Nous tentons de dégager l'*unité* qui règne à travers toutes les positions historiques de buts, à travers l'opposition et la solidarité de leurs transformations ; à la faveur d'une critique constante qui ne retient jamais que l'enchaînement d'ensemble de l'histoire, telle la cohérence d'une personne, nous tentons finalement d'apercevoir la tâche historique que nous sommes les seuls à pouvoir reconnaître comme étant la nôtre personnellement. Le regard ne part pas de l'extérieur, du fait : comme si le devenir temporel, dans lequel nous devenons nous-mêmes, n'était qu'une simple succession causale extérieure ; le regard procède de l'*intérieur*. Nous qui n'avons pas seulement un héritage spirituel, mais qui ne sommes aussi, de part en part, que des êtres en devenir selon l'esprit historique (*historisch-geistig Gewordene*), c'est seulement à ce titre que nous avons une tâche qui soit vraiment nôtre » (*ibid.*). Parce que l'histoire est *notre* histoire, le sens de l'histoire est notre sens : « Ce genre d'élucidation de l'histoire par laquelle nous nous retournons pour interroger la fondation originelle (*die Urstiftung*) des buts qui lient la chaîne des générations à venir..., cette élucidation, dis-je, n'est que l'authentique prise de conscience, par le philosophe, du *terme véritable de son vouloir*, de ce qui en lui est vouloir, *issu du* vouloir, et *en tant que* vouloir, de ses ancêtres spirituels » (*ibid.*).

Mais, dira-t-on, ces textes montrent bien que l'histoire de l'esprit n'a aucune autonomie et se rattache à la compréhension de soi-même. Ils ne montrent pas que la compréhension de soi doive passer par l'histoire de l'esprit.

C'est ici le fait nouveau dans la pensée de Husserl : les traits fondamentaux de l'Idée de philosophie ne se lisent que *sur* l'histoire ; l'histoire n'est ni un détour fictif, ni un détour vain : c'est parce que la raison comme tâche infinie implique une histoire, une réalisation progressive, qu'en retour l'histoire est le révélateur privilégié d'un sens supra-historique. C'est en découvrant une origine (*Ursprung*), une proto-fondation (*Urstiftung*), qui soit aussi un projet à l'horizon de l'avenir, une fondation finale (*Endstiftung*), que je puis savoir qui je suis. Ce caractère historique de la compréhension de soi est manifeste quand on la rattache à la lutte contre le préjugé : Descartes professait que l'évidence est une conquête sur le préjugé ; or le préjugé a toujours une signification historique ; il est ancestral avant que d'être puéril ; il est de l'ordre du « sédimentaire » (*Krisis* II, § 15) : tout ce qui « va de soi » (*Selbstverständlichkeit*) est « le sol (*Boden*) de tout travail privé et anhistorique » (*ibid.*). En retour, je ne puis me libérer d'une histoire retombée, sédimentée, qu'en renouant avec le sens « enfoui » (*verborgene*) sous les « sédimentations », en le refaisant présent, en le présentifiant (*vergegenwärtigen*). Ainsi c'est d'un seul geste que j'appréhende l'unité téléologique de l'histoire et la profondeur de l'intériorité. Je n'accède à moi qu'en comprenant à nouveau la visée de l'ancêtre et je ne puis la comprendre qu'en l'instituant comme sens actuel de ma vie. C'est ce processus à la fois réflexif et historique que Husserl appelle *Selbstbesinnung* (que nous traduisons par prise de conscience et qu'il lui arrive de commenter par les expressions : *historische Rückbesinnung* (*ibid.*) ou *historische und kritische Rückbesinnung* § 7).

En bref, l'histoire seule restitue à la tâche subjective de philosopher l'envergure de l'infinité et de la totalité ; chaque philosophe propose une interprétation de lui-même, une clef de sa philosophie ; « mais quand nous nous serons enquis, par une recherche historique, aussi précise qu'on voudra, de ces « interprétations privées » (quand même nous l'aurons fait pour toute une série de philosophes), nous n'en serons pas plus instruits sur l'ultime *visée volontaire* qui, au cœur de tous ces philosophes, résidait dans l'unité cachée de leur intériorité intentionnelle, laquelle seule constitue l'unité de l'histoire. C'est seulement dans la position d'un

fondement final (in der *Endstiftung*) que se révèle cette intention :
c'est seulement en partant d'elle qu'on peut découvrir la direction
unique de toutes les philosophies et de tous les philosophes ;
c'est en partant d'elle qu'on peut accéder à cette lumière dans
laquelle on comprend les penseurs du passé comme ils n'auraient
jamais pu se comprendre eux-mêmes ». Rien, dès lors, ne sert de
citer des textes isolés et d'en faire une exégèse parcellaire : le
sens d'un philosophe ne surgit que pour une « vision critique de
l'ensemble » (§ 15) qui révèle son intention totale personnelle en
rapport avec l'intention totale de l'Idée de la philosophie.

C'est donc une transformation profonde du sens même de la
philosophie que les considérations historiques ont suscitée chez
Husserl dans la dernière décade de sa vie. L'apparition d'expressions nouvelles comme celles de *Selbstbesinnung*, de *Menschentum*
est déjà un indice remarquable de cette évolution de la philosophie
réflexive elle-même.

Pour ramasser dans une unique expression toutes les acquisitions nouvelles de la pensée husserlienne par choc en retour d'une
réflexion historique, on peut dire que la phénoménologie s'est
développée en une philosophie de la *raison dynamique*, en reprenant l'opposition kantienne de la raison et de l'entendement. (Ce
rapprochement avec Kant pourrait être poursuivi très loin, et
sur le terrain même de la philosophie de l'histoire). Kant soulignait déjà la disproportion entre l'entendement comme législation
effectuable des phénomènes et la raison comme exigence *ineffectuable* de totalisation, de sommation du conditionné dans l'inconditionné ; cette exigence, présente dans chacune des Idées transcendantales, provoquait, on le sait, les *illusions* métaphysiques
de la psychologie rationnelle, de la cosmologie rationnelle et de la
théologie rationnelle ; mais elle survivait au dévoilement de l'illusion sous forme de principes régulateurs. Or Kant avait eu conscience, en reprenant l'expression platonicienne d'Idée, de rester
fidèle au génie même du philosophe grec, pour qui l'Idée était indivisément principe d'intelligibilité (comme Idée mathématique et
cosmologique) et principe d'exigibilité et d'action (comme Idée
éthique : justice, vertu, etc.). La raison est toujours exigence
d'ordre total et, à ce titre, elle se constitue en éthique de la pensée
spéculative et en intelligibilité de l'éthique.

C'est cette veine platonicienne et kantienne que Husserl retrouve et prolonge, quand il rassemble sous le terme de *raison* les quatre ou cinq traits que nous avons présentés dans un ordre dispersé au cours de l'analyse antérieure :

1° La raison est plus qu'une critique de la connaissance : elle est la tâche d'unifier toutes les activités signifiantes : spéculatives, éthiques, esthétiques, etc. Elle couvre tout le champ de la culture dont elle est le projet indivis. Dans *Ideen I* la raison avait un sens beaucoup plus spéculatif et se rapportait au problème de la *réalité* : elle déclare l'universelle validité du voir, de l'intuition originaire, pour fonder l'évidence (cf. sur ce point toute la IVe section de *Ideen I* intitulée *Raison et réalité*). En ce sens la raison exigeait déjà un achèvement, une complétude, celle de toute visée dans une vision.

Dans *Krisis* la raison prend, par son caractère total, un accent « existentiel » : elle couvre « les questions du sens ou du non-sens du tout de l'existence humaine » (§ 2) ; elle concerne la possibilité pour l'homme, « en tant qu'il se décide librement dans sa conduite à l'égard de son environnement humain et extra-humain, en tant qu'il est libre dans ses possibilités, de donner une figure rationnelle à soi-même et à son univers environnant » (*ibid.*). Le § 3 souligne le caractère « absolu », « éternel », « supra-temporel », « inconditionnel », de ces Idées et Idéaux qui donnent leur pointe aux problèmes de la raison ; mais ces caractères font précisément la dignité d'une existence d'homme, par delà toute définition purement spéculative. La raison est l'essence même du *Menschentum*, en tant qu'il lie le sens de l'homme au sens du monde (§ 5).

2° La raison est comprise *dynamiquement* comme un « devenir-rationnel » ; elle est « la venue de la raison à elle-même ». Un important inédit de cette période porte en exergue cette phrase (qui lui donne son titre) : « La philosophie, en tant qu'elle est la prise de conscience de l'humanité, le mouvement de la raison pour se réaliser à travers des degrés de développement, requiert, comme sa fonction propre, que cette prise de conscience se développe elle-même par degrés... ». Le même texte parle de « la *ratio* dans son mouvement incessant pour s'éclairer elle-même ». *C'est par là qu'une histoire est possible, mais possible seulement comme réalisation de la raison.* Elle n'est pas une évolution, ce qui équivaudrait à une dérivation du sens à partir du non-sens, ni une aventure

pure, ce qui reviendrait à une succession absurde de non-sens ; elle
est une permanence en mouvement, l'auto-réalisation temporelle
d'une identité de sens éternelle et infinie.

3º La raison a un accent *éthique* qui s'exprime dans le terme
fréquent de *responsabilité* : « La raison, dit le texte inédit évoqué
plus haut, vise à la prise de conscience ultimément responsable
de l'homme autonome » ; et encore : « la raison c'est le vouloir-être-
raisonnable ».

4º Une tâche de caractère éthique enveloppe un *temps* de caractère *dramatique* : la conscience de crise nous assure que l'idée infinie peut être enfouie, oubliée, et même se dégrader. Toute l'histoire de la philosophie, on le verra, est un *combat* entre une compréhension de la tâche comme infinie et sa réduction naturaliste,
ou, comme dira la *Krisis*, entre le transcendantalisme et l'objectivisme. La disproportion entre l'Idée de la philosophie et les possibilités effectives d'une connaissance mondaine privée ou commune
fait que l'homme peut trahir. Le drame naît de ce que toute réalisation de la tâche est la menace d'une perte de la tâche même.
Aussi tout succès est-il ambigu : Galilée sera le grand témoin de
cette victoire-défaite, — Galilée : celui qui a *recouvert* l'Idée en
découvrant la Nature comme mathématique incarnée. (*Krisis* II,
§ 9). Cette ambiguïté et ce péril, inscrits dans la téléologie même de
l'histoire, ne sont pas sans rappeler la puissance d'illusion qui,
selon Kant, tient à la vocation même de la raison. Seulement, outre
que, chez Husserl, l'illusion c'est le positivisme et non la métaphysique, ce dernier a su orienter dans le sens d'un drame historique
le conflit, au sein même de la tâche humaine, entre la visée ineffectuable et l'œuvre effectuée. Par là Husserl se rapprocherait
plutôt des méditations qui inaugurent la *Philosophie* de Jaspers,
sur la disproportion entre notre quête de l'être absolu et l'étroitesse de notre existence. Ici aussi le piège de notre étroitesse c'est
le savoir objectif.

5º Infinité de la tâche, mouvement de réalisation de la raison,
responsabilité du vouloir, péril de l'histoire : toutes ces catégories
de la raison culminent dans la nouvelle notion de l'*homme*. Non
plus « moi, l'homme » (*Ideen I*, §§ 33, 49, 53) que la réduction
phénoménologique frappait comme une réalité mondaine, constituée par voie de perception, de sympathie, de récit historique,
d'induction sociologique, mais l'*homme comme corrélat de ses idées*

infinies : « l'homme aux tâches infinies », dit la conférence de Vienne. L'inédit cité plus haut contient cette notation : « La philosophie comme fonction d'humanisation de l'homme... comme existence humaine sous sa forme finale, laquelle est en même temps la forme initiale d'où est partie l'humanité... ». Et encore : « La raison est l'élément spécifique de l'homme... ». Plus loin : « C'est cette raison qui fait son humanité... ; la raison désigne ce vers quoi l'homme en tant qu'homme tend dans son être le plus intime, ce qui, seul, peut le contenter, le rendre « heureux ».

Tout le § 6 de *Krisis I* est consacré à cette identification de l'homme européen et du combat pour la raison. Ce qui distingue le « Telos inné à l'homme européen » du « simple type anthropologique empirique » de la Chine ou de l'Inde, c'est cette tâche rationnelle. C'est par la raison que l'humanité énumérative (ou en extension) (Menschenheit) se subordonne à l'humanité signifiante (ou en compréhension) (Menschentum) : « La qualité d'homme (Menschentum), c'est essentiellement d'être homme (Menschsein) dans des groupes humains (Menschheiten) liés par la descendance et les rapports sociaux ; et si l'homme est un être raisonnable — *animal rationale* — il ne l'est que dans la mesure où toute son humanité est humanité selon la raison (Vernunftmenschheit), où elle est orientée, soit de manière latente vers la raison, soit manifestement vers l'entéléchie qui, une fois venue à soi-même et devenue manifeste pour soi-même, désormais *conduit consciemment* le devenir humain. Philosophie et science seraient dès lors le *mouvement historique par où se révèle la raison universelle*, « innée » à l'humanité (Menschentum) comme telle » (*ibid.*).

Ainsi la notion d'homme qualifie existentiellement et historiquement celle de raison, tandis que la raison rend l'homme signifiant. L'homme est à l'image de ses idées et les idées sont comme le paradigme de l'existence. C'est pourquoi une crise qui affecte la science dans sa visée, dans son Idée, ou comme dit Husserl dans sa « scientificité » (Wissenschaftlichkeit) *est* une crise d'existence (§ 2) : « La science du fait engendre l'homme du fait » (*ibid.*). « C'est pourquoi la crise de la philosophie signifie la crise des sciences modernes qui sont les rameaux du tronc philosophique universel : crise d'abord latente, mais de plus en plus apparente, qui affecte l'homme européen dans sa capacité globale de donner un sens à sa vie culturelle (in der gesamten Sinnhaftigkeit seines kulturellen Lebens), dans son « Existence » (Existenz) globale » (§ 5) [1].

Husserl annonce ainsi la possibilité, par une philosophie de la raison dans l'histoire, de lier une philosophie critique à un dessein existentiel : « Toute prise de conscience qui procède de raisons « existentielles » est par nature *critique* » (§ 9 fin, p. 135).

Notons, pour finir ce tour d'horizon des nouvelles catégories de la raison, le déplacement de sens subi par la notion d'*apodicité* ; cette notion, spéculative par excellence, est maintenant aimantée par la nouvelle idée de l'homme. *Ideen I* appelait *apodictique* la nécessité d'un jugement qui particularise une proposition générale d'ordre éidétique (*Ideen I*, § 6) et l'opposait à la simple « vue assertorique d'un individu » (*ibid.*, § 137). Dans le groupe de la *Krisis* l'apodicité est synonyme de l'achèvement que la raison exige ; ce serait la vérité de l'homme comme raison accomplie : à ce titre elle est le pôle infini de l'histoire et la vocation de l'homme ; l'inédit intitulé la *Philosophie comme prise de conscience de l'humanité* (et qui n'était pas destiné à la publication) évoque « l'homme atteignant à l'ultime compréhension de soi : il se découvre responsable de son propre être, se comprend comme *un être qui consiste à être appelé* (Sein im Berufensein) à une vie sous le signe de l'apodicité ; cette compréhension ne susciterait pas une science apodictique d'ordre abstrait et au sens ordinaire du mot ; ce serait une compréhension qui réaliserait la totalité de son être concret sous le signe de la liberté apodictique, portant cet être au niveau d'une raison apodictique, d'une raison qu'il ferait sienne à travers toute sa vie active : c'est cette raison qui fait son humanité, comme on l'a dit, en se comprenant rationnellement » [2]. Ainsi l'apodicité exprime encore une contrainte, mais la contrainte d'une tâche totale.

Il n'est donc pas inexact de dire que les considérations historiques de Husserl ne sont qu'une projection, sur le plan du devenir collectif, d'une philosophie réflexive déjà achevée sur le plan

1. Dans le même sens, le § 7 parle de la « contradiction existentielle » de la culture contemporaine qui a perdu l'Idée et qui, pourtant, ne peut vivre que d'elle et lui oppose le « Si existentiel » de notre fidélité ou de notre trahison.
2. Dans le même sens, *Krisis* (passim et en partic. § 5 et 7). — La philosophie de l'histoire emprunte son concept d'apodicité à la logique formelle comme celui d'entéléchie à l'ontologie aristotélicienne et celui d'Idée au kantisme.

de l'intériorité : c'est en comprenant le mouvement de l'histoire comme histoire de l'esprit, que la conscience accède à son propre sens ; de même que la réflexion donne le « guide intentionnel » pour lire l'histoire, on pourrait dire que l'histoire donne le « guide temporel » pour reconnaître dans la conscience la raison infinie qui combat pour humaniser l'homme.

III

DE LA CRISE DE L'HUMANITÉ EUROPÉENNE A LA PHÉNOMÉNOLOGIE TRANSCENDANTALE.

Nous pouvons maintenant rendre compte des vues de Husserl sur la *crise* de la philosophie et des sciences contemporaines ; elles constituent l'essentiel de *Krisis* II. L'analyse des quelques inédits cités plus haut permet de mettre en place cette interprétation limitée à la période contemporaine.

La Renaissance est le nouveau départ de l'homme européen ; la conversion grecque est par contre laissée dans l'ombre et même minimisée par rapport à la seconde naissance de l'homme moderne[1].

Les trois traits principaux de cette interprétation d'ensemble de l'esprit moderne sont les suivants :

1º « L'objectivisme » est responsable de la *crise* de l'homme moderne : en Galilée se résume toute l'entreprise moderne de la connaissance.

2º Le mouvement philosophique qui représente l'*idée* de la philosophie en face de l'objectivisme, c'est le *transcendantalisme*, au sens large, qui remonte au doute et au Cogito cartésiens.

3º Mais, parce que Descartes n'a pas osé aller jusqu'au bout de son immense découverte, il revient *à la phénoménologie transcendantale de radicaliser la découverte cartésienne et de reprendre victorieusement la lutte contre l'objectivisme* : c'est ainsi que la phénoménologie transcendantale se sent responsable de l'homme moderne et capable de le guérir.

Cette interprétation de la philosophie moderne comme un

---

1. Il est même curieux que, contrairement au texte remanié de la conférence de Vienne, *Krisis* I retire à la pensée grecque, et singulièrement à la géométrie euclidienne, la gloire d'avoir conçu une tâche infinie de savoir : § 8.

unique combat entre transcendantalisme et objectivisme ne laisse pas de place à des problématiques strictement singulières ; les philosophes sont mis en perspective, situés dans cette unique histoire, affrontés par un unique dilemme : ou l'objet ou le Cogito. Seule l'unité de la problématique philosophique permet de sauvegarder le principe d'une *téléologie* de l'histoire et finalement la possibilité d'une philosophie de l'histoire. Reprenons ces trois points :

1º L'originalité des vues de Husserl sur « l'objectivisme » réside dans la distinction fondamentale entre l'idée de la science et les méthodes propres aux sciences : Husserl ne songe aucunement à porter le débat sur le terrain de la méthodologie scientifique ou de la « théorie physique ». La « crise » des principes qui intéresse des savants comme Einstein ou de Broglie, des méthodologistes comme Duhem, Meyerson ou Bachelard, n'est pas ici en cause : elle se passe tout entière à l'intérieur de l'objectivité ; elle ne concerne que les savants et ne peut être résolue que par le progrès même des sciences. La crise qui est en question concerne la « signification des sciences pour la vie » (le § 2 est intitulé : « La crise de la science comme perte de leur signification pour la vie »). Elle est au niveau de l'Idée, du projet de l'homme. Crise de raison qui *est* une crise d'existence.

Les deux conquêtes authentiques de l'esprit moderne — qui, en réalisant partiellement le vœu d'une compréhension du tout, ont en même temps altéré l'Idée de la philosophie — sont la généralisation de la géométrie enclidienne en une *mathesis universalis* de type formel et le traitement mathématique de la nature. La première innovation est encore dans la ligne de la science antique, mais elle la dépasse, comme l'infini dépasse le fini, d'un côté en élaborant une axiomatique qui circonscrit le champ clos de la déduction, d'autre part en portant à l'extrême l'abstraction de son objet : grâce à l'algèbre, puis à l'analyse géométrique, enfin à une analyse universelle purement formelle, elle s'épanouit en une « théorie de la multiplicité » (Mannigfaltigkeitslehre) ou « logistique », selon le vieux projet de calcul universel de Leibniz, dont l'objet serait le pur « quelque chose en général » (*Krisis* II, § 8 et 9, p. 118-120) [1]. Ainsi est conquis le royaume de l'*exactitude* absolue

---

[1]. Sur le concept de « multiplicité », cf. *Log. Unter.* I, § 69-72, *Ideen* I, § 72 et surtout *Formale und transzendentale Logik*, § 28-36. Voir en outre, J. Cavaillès, *Sur la Logique et la Théorie de la Science* (P. U. F., 1947, p. 44 sq.

et d'abord celui des « figures-limites » de la géométrie pure, à l'égard de quoi toute figure perçue ou imaginée n'est qu'approximative : ce royaume est un ensemble clos, rationnellement lié, susceptible d'être maîtrisé par la science universelle.

La seconde innovation est liée au nom de *Galilée* ; à lui sont consacrées les analyses les plus denses et les plus longues de *Krisis* II. (Le § 9 sur Galilée n'a pas moins de 37 pages.) Il est l'homme qui a projeté une science de la nature où celle-ci serait traitée, elle aussi, comme une « multiplicité mathématique » au même titre que les figures idéales. Or la motivation de ce dessein génial doit être entièrement reconstituée parce qu'il repose en même temps sur un « sol sédimenté » de prétendues évidences qu'il nous faut faire affleurer à la conscience ; c'est elles qui sont à la source de cet objectivisme qui a engendré nos maux.

D'abord, Galilée est l'héritier d'une pensée géométrique déjà consacrée par la tradition : en se retirant d'elle, la conscience vivante n'aperçoit plus « l'origine », à savoir les opérations (*Leistungen*) idéalisantes qui arrachent les figures-limites au soubassement perçu, à l' « environnement vital » (*Lebensumwelt* ou *Lebenswelt*) qui est comme la matrice de toutes les œuvres de la conscience [1]. « Galilée vit dans la naïveté de l'évidence apodictique. »

La seconde évidence morte de Galilée est que les qualités perçues sont de pures illusions « subjectives » et que la « vraie réalité » est d'ordre mathématique : à partir de là, l'exigence de traiter mathématiquement la nature « va de soi » ; l'invention, formidable par ses conséquences, est « naïve » et « dogmatique » dans ses présuppositions. Ce qui est génial, c'est d'avoir songé à tourner l'obstacle qu'opposait la qualité à la mesure et au calcul en traitant toute qualité « subjective » comme l'index, l'annonce (*Bekundung*) d'une quantité objective. Mais l'hypothèse de travail, faute de se critiquer soi-même, n'est pas reconnue comme audace de l'esprit œuvrant. Cette « mathématisation indirecte de la nature » ne pouvait dès lors se vérifier que par le succès de son extension, sans que jamais puisse être rompu le cercle de l'anticipation hypothétique et de la vérification sans fin : toute l'énigme de l'induction est inscrite dans ce cercle. Seule pourrait échapper à ce cercle une réflexion plus radicale qui rapporterait toute la

---

1. Nous reviendrons sur ces deux notions cardinales de *Bewusstseinsleistung* et de *Lebenswelt*.

physique à la présence préalable, à la « pré-donnée » de l'environnement vital. C'est par elle, on le verra, que la phénoménologie exercera sa fonction critique à l'égard de l'objectivisme.

Il faut encore ajouter aux pseudo-évidences que la réflexion contemporaine découvre dans la motivation de Galilée, l'aggravation du processus de « sédimentation » après Galilée : l'algèbre a fait passer toute la mathématique et la physique mathématique à un stade « technique » où le maniement des symboles, semblable au jeu de cartes ou d'échec, expulse la compréhension des propres démarches de la pensée. Ainsi la science « s'aliène » (*veräusserlicht*) et la conscience perd la clef de ses « opérations ».

Pour toutes ces raisons, qui ne pouvaient être élucidées au temps même de Galilée, le fondateur de la physique mathématique est le génie ambigu qui, en *découvrant* le monde comme mathématique appliquée, l'a *recouvert* comme œuvre de la conscience [1].

Nous saisissons ici sur le vif le style propre de l'exégèse historique de Husserl : il est clair que cette inspection des motifs de Galilée ne peut être qu'une rétrospection, la crise actuelle éclairant l'*Ursprungsmotivation*, en même temps que celle-ci rend intelligible le désordre présent. Il s'agit moins de comprendre psychologiquement Galilée qu'historiquement le mouvement de l'idée qui le traverse ; aussi seul importe le sens d'ensemble qui procède de son œuvre et qui achève de se décider dans l'histoire issue de cette œuvre. On pourrait appeler cette *Motivationsanalyse* une psychanalyse rationnelle, comme J.-P. Sartre parle d'une psychanalyse existentielle, l'histoire étant le révélateur spécifique du projet.

2° Que le dogmatisme naturaliste dût être critiqué, un double malaise pouvait déjà le suggérer : pourquoi subsiste-t-il deux logiques, une *mathesis universalis* et une logique expérimentale, ou, si l'on veut même, deux mathématiques et deux légalités : d'une part, une mathématique idéale et une légalité *a priori* ; de l'autre, une mathématique appliquée indirectement à la nature et une légalité *a posteriori* ?

Mais le malaise le plus insupportable apparaissait du côté de la psychologie : si la nature était universellement mathématisable, il fallait à la fois séparer le psychique du physique — puisque le physique n'était maîtrisé que par l'abstraction qu'on faisait des

---

1. *Krisis* II, § 9, p. 128.

consciences, — et construire le psychique sur le modèle du physique — puisque la méthode des sciences de la nature était par principe universalisable. Mais les difficultés suscitées par le dualisme et le naturalisme psychologique attestaient sourdement que quelque chose était perdu : la subjectivité.

C'est à Descartes qu'il faut rapporter la première réflexion radicale sur la priorité de la conscience sur tous ses objets ; à ce titre, il est le fondateur du *motif transcendantal*, seul capable de ruiner la naïveté dogmatique du naturalisme.

La portée des deux premières *Méditations* est plus vaste qu'on ne pourra jamais le soupçonner et que Descartes lui-même ne l'a pressenti.

Son doute commence toute critique imaginable de la suffisance propre des évidences mathématiques, physiques, sensibles. Le premier, il entreprend de « traverser l'enfer d'une Epoché quasi sceptique que nul ne saurait plus surpasser, pour atteindre la porte d'entrée du ciel d'une philosophie absolument rationnelle et faire de celle-ci même un édifice systématique » (*Krisis* II, § 17). Allant jusqu'au bout de l'universelle « suspension » d'être, il a fait surgir « le sol apodictique » : *Ego cogito cogitata*. Cette formule développée signifie que le monde, perdu comme déclaration d'un en-soi, ne peut être réaffirmé que comme « cela que je pense » ; le cogitatum du Cogito est le seul être indubitable du monde. En élargissant aux *cogitata*, qu'il appelle idées, la sphère du Cogito invincible au doute, Descartes posait implicitement le grand principe de l'intentionalité (§ 20) et, par là, commençait à rattacher toute évidence objective à l'évidence primordiale du Cogito.

Mais Descartes fut le premier à se trahir lui-même. Descartes est resté prisonnier des évidences de Galilée ; pour lui aussi, la vérité de la physique est mathématique et toute l'entreprise du doute et du Cogito ne sert qu'à renforcer l'objectivisme ; dès lors, le *je* du je pense est compris comme la réalité psychologique qui reste quand on retranche la nature mathématique, comme la *res cogitans*, l'âme réelle ; en contre-partie, il faut bien prouver que cette âme a un « dehors », que Dieu est la cause de l'idée de Dieu, que la « chose » matérielle est la cause de l'idée du monde. Descartes n'a pas aperçu que l'Ego « démondanisé » par l'Epoché n'est plus âme, que l'âme « apparaît » comme le corps : « Il n'a pas découvert que toutes les distinctions du type je et tu, dedans et dehors ne se « constituent » que dans l'Ego absolu » (*Krisis II*, § 19).

Cette méprise, jointe au dessein de confirmer la science objective, explique l'étrange destin du cartésianisme, qui engendra à la fois le rationalisme de Malebranche, de Spinoza, de Leibniz, de Wolff, tout entier tourné vers la connaissance absolue de l'être en soi, et l'empirisme sceptique qui tire toutes les conséquences de l'interprétation psychologiste du Cogito. Le premier courant a éliminé le motif du doute et la « réduction à l'Ego », l'autre se trompe grossièrement sur la nature de la subjectivité fondatrice et ruine toute vérité.

3º Il peut paraître étrange que Husserl s'attarde davantage à Galilée et à Descartes qu'à Kant. Kant n'est-il pas le philosophe transcendantal par excellence, selon son propre vocabulaire ? Pourquoi tant de réticences dans l'éloge de Kant, à Vienne et à Prague ? La *Krisis* donne les raisons de cette admiration mitigée : l'interprétation de Kant est liée à celle de Hume ; or le sens *caché* de Hume est plus profond que celui de Kant, parce que Hume, si on le prend bien, est finalement plus près que Kant du doute cartésien. Il est bien entendu que Hume, pris tel qu'il se donne, signifie la « banqueroute de la philosophie et des sciences » (§ 23). Mais « le vrai motif philosophique d'ébranlement de l'objectivisme, *caché* dans l'absurdité du scepticisme de Hume », c'est de permettre enfin la radicalisation de l'Epoché cartésienne ; alors que Descartes dévie l'Epoché au profit d'une justification de l'objectivisme, le scepticisme de Hume dévoile toute connaissance — préscientifique et scientifique — du monde comme une gigantesque *énigme*. Il fallait une théorie de la connaissance qui fût absurde pour découvrir que la connaissance même est une *énigme*. Enfin le *Welträtsel* accède au « thématisme » philosophique ; enfin on peut aller à l'extrême et s'assurer « que la vie de la conscience est une vie opérante (*leistendes* Leben), qu'elle opère un sens d'être (*Seinssinn*) légitime ou vicieux ; elle est déjà telle, comme conscience intuitive de niveau sensible, à plus forte raison comme conscience scientifique » (p. 165). Bref, c'est l'objectivisme en général — celui du rationalisme mathématique, celui de l'expérience sensible — qui est ébranlé dans ses assises millénaires.

Cette réhabilitation ultime de Hume au nom de son « motif caché » est la clef de toutes les réserves de Husserl sur Kant : la philosophie de Kant n'est pas la réponse à la question « cachée » au fond du scepticisme de Hume, mais seulement à son sens manifeste ; c'est pourquoi, en un sens profond, il n'est pas le vrai successeur de Hume ; il reste enfermé dans la problématique du rationalisme post-cartésien, de Descartes à Wolff, que précisément n'habitait plus l'énorme découverte des deux premières *Méditations*. C'est pourquoi ce n'est pas à l'*Ego* que Kant renvoie, mais à des formes et des concepts qui sont encore un moment objectif de la subjectivité. Certes, il mérite bien le titre de philosophe transcendantal, en ce qu'il ramène la possibilité de toute objectivité à ces formes ; par là, pour la première fois et de façon nouvelle « le retour cartésien à la subjectivité de conscience se manifeste sous forme d'un subjectivisme transcendantal » (p. 170). Mais la consolidation de l'objectivité par cette fondation subjective le préoccupe davantage que l'*opération* même de la subjectivité qui donne sens et être au monde : la reconstruction d'une philosophie de l'en-soi par delà la philosophie du phénomène en est un indice grave [1].

C'est donc à la problématique cartésienne, radicalisée par « le véritable Hume », au « véritable problème qui animait Hume lui-même » (p. 171) qu'il importe de revenir. C'est ce problème, plus que la théorie kantienne, qui mérite le nom de transcendantal (§ 26).

Nous ne nous arrêterons pas ici aux traits propres de cette philosophie transcendantale : l'exégèse de ce « subjectivisme transcendantal radical ». L'interprétation particulière des deux notions solidaires « d'opération de conscience » et « d'environnement vital » qui donnent les axes principaux de cette dernière philosophie de Husserl constitueraient à elles seules un vaste problème critique. Aussi bien, *Krisis* II n'en traite pas directement, mais à travers la philosophie de l'histoire, comme une question qui s'élabore, comme une problématique qui se cherche et se radicalise à travers les pseudo-évidences de Galilée, le Cogito cartésien, le problème de Hume, le criticisme kantien [2].

---

1. *Krisis* III enchaîne avec *Krisis* II par une reprise de la critique de Kant.
2. Le thème de *Krisis* III (inédit) est précisément le *Lebenswelt*.

Puisque le « télos » de l'homme européen coïncide avec l'avènement de ce transcendantalisme, nous nous bornerons à résumer en quelques formules brèves ce « motif transcendantal ».

1° Le transcendantalisme est une philosophie en forme de *question* ; c'est une *Rückfrage* qui ramène au Soi comme ultime source de toute position d'être et de valeur : « Cette source porte le titre : *Moi-même*, en y comprenant toute ma vie réelle et possible de connaissance, bref ma vie concrète en général. Toute la problématique transcendantale tourne autour du rapport de *ce moi*, de *mon moi*, — de « l'Ego » — avec ce qui est d'abord posé à sa place comme allant de soi, à savoir mon âme ; puis à nouveau, elle porte sur le rapport de ce Je et de ma vie de conscience avec le *monde* dont j'ai conscience et dont je reconnais l'être vrai dans mes propres produits de connaissance » (p. 173). Par sa forme de *question* cette philosophie serre de près l'*Idée* même de la philosophie.

2° « L'opération » (*Leistung*) de la conscience est une donation de sens et d'être ; il faut aller jusqu'au radical ébranlement de l'objectivité pour atteindre l'extrême de cette conviction. Le *Welträtsel* nous révèle la *Leistung* de la conscience.

3° L'Ego primitif est appelé une *vie* (*Leben*) ; sa première œuvre en effet, est préscientifique, perceptive ; toute mathématisation de la nature est un « revêtement » (*Kleidung*), second par rapport à la donation originelle d'un *monde vital* (*Lebenswelt*). Cette régression au monde vital fondé dans l'Ego rend seule relative toute œuvre de degré supérieur, tout objectivisme en général.

Krisis II s'arrête sur ces vues. Le texte remanié de la conférence de Vienne nous permet de replacer ce fragment d'histoire de la philosophie dans les perspectives d'ensemble que reprendra *Krisis* III ; la pointe de toute cette histoire de la philosophie, c'est la *catharsis* de l'esprit moderne malade ; le retour à l'Ego est la chance de l'homme moderne. Descartes, en soustrayant au doute les mœurs et la religion, n'avait pas conçu un tel dessein historique.

La crise de l'humanité ne révèle aucune absurdité irréductible, aucune fatalité impénétrable ; la téléologie de l'histoire européenne en montre la motivation même.

Comment se résoudra-t-elle ? Ces deux issues demeurent possibles : ou « l'aliénation croissante » dans « la haine de l'esprit et la barbarie », — ou la renaissance de l'Europe par une nouvelle compréhension et une nouvelle affirmation du *sens* de l'histoire à continuer. Ici éclate la responsabilité du philosophe dont la reconnaissance est la basse dominante de tous ces développements : « Nous sommes... par notre activité philosophique les fonctionnaires de l'humanité » (p. 93 et 146).

IV

REMARQUES CRITIQUES.

Ces réflexions de Husserl sur le sens de l'histoire et sur la fonction de l'histoire de la philosophie ont au moins le mérite de provoquer une interrogation qui met en question la possibilité même d'une philosophie de l'histoire.

Trois groupes de questions nous sollicitent :

1º Les premières portent sur le rôle des idées dans l'histoire, et singulièrement sur le rôle conducteur de la philosophie dans l'histoire de l'Occident. Le lecteur est tout de suite frappé par le contraste entre la pensée de Husserl et celle de Marx. Toutefois, il ne faudrait pas durcir cette opposition, si du moins on ne réduit pas le marxisme à sa caricature positiviste. Une conception dialectique qui reste attentive au choc en retour des idées sur l'infrastructure des sociétés ne peut manquer de réfléchir sur les origines mêmes de l'outillage humain : l'outil qui incarne la technique procède de la science et le projet même de la science de la nature est lié précisément à ce projet d'ensemble dont Husserl fait l'exégèse quand il traite de la « motivation des sciences mathématiques de la nature chez Galilée ». Il y a donc un avènement de l'idée qui, jusqu'à un certain point, rend compte d'un aspect important de l'histoire. Cette lecture est d'autant plus légitime qu'elle fait partie de la responsabilité du philosophe qui, par le moyen de cette compréhension, exerce son métier de philosophe.

Par contre, cette lecture de l'histoire comme *histoire des idées* exige, semble-t-il, de se critiquer elle-même doublement : en se confrontant sans cesse à l'*histoire des historiens* et, d'autre part, en corrigeant réflexivement sa notion même de l'*idée*.

Le dialogue du philosophe de l'histoire avec le pur historien paraît s'imposer dès que l'on affirme que l'idée est non seulement la tâche, le « devoir », mais la réalité historique de l'Occident. Il faut bien alors que la lecture proposée soit confrontée avec d'autres lectures possibles de l'histoire, par exemple comme histoire du travail, du droit, de l'Etat, de la religion, etc. Une philosophie de l'histoire digne de ce nom n'aurait-elle pas alors pour première tâche de dénombrer les diverses lectures possibles, de les essayer critiquement et peut-être de les composer ? On ne peut dire que la philosophie a un rôle « archontique », qu'elle est le « cerveau » de l'Occident, sans élaborer un système d'ensemble qui justifierait le privilège de l'exégèse philosophique sur toute autre. Au lieu de suivre une seule ligne mélodique, — histoire de la philosophie, histoire du droit, histoire économique et sociale, etc. — on tenterait d'écrire un art du contrepoint qui composerait toutes les lignes mélodiques ; ou, pour donner une autre image de cette tentative dialectique, on tenterait de corriger par une lecture « verticale » chacune des lectures « longitudinales » de l'histoire. Alors seulement l'interprétation husserlienne, trop simple et trop *a priori* au gré de l'historien, tendrait à faire coïncider à l'infini une exégèse *a priori* et une exégèse *a posteriori* de l'histoire. Mais, dans l'état actuel de l'histoire des civilisations, cette coïncidence ne semble guère accessible.

Cette confrontation avec l'histoire des historiens, c'est-à-dire avec une synthèse inductive et mouvante, n'atteindrait pas, il est vrai, l'interprétation de Husserl dans son essence, puisque la conviction que l'Idée de la philosophie est la tâche de l'homme européen n'est pas elle-même une conclusion inductive, une constatation, mais une exigence elle-même philosophique. Si l'histoire est rationnelle — ou, si l'on préfère, pour autant que l'histoire est rationnelle —, elle doit réaliser la même signification que celle que peut atteindre la réflexion sur soi-même. C'est cette identité du sens de l'histoire et du sens de l'intériorité qui fonde la philosophie de l'histoire chez Husserl. C'est elle qui lui donne son caractère *a priori* par rapport à l'histoire des historiens. Mais alors n'appelle-t-elle pas une critique proprement philosophique, dont le thème serait à peu près celui-ci : à quelle condition la même Idée peut-elle lier l'histoire et lier l'intériorité ? C'est ici que le *sens* de l'histoire peut s'annoncer plus *secret* que toute Idée de philosophie, du moins sous sa forme spéculative. Certes, Husserl comprend cette Idée comme une totalité infinie ; mais il tend sans cesse à l'interpréter comme une science et même comme le projet d'une théorie de la connaissance, sacrifiant ainsi les aspects éthiques, esthétiques et les autres traits culturels de l'Idée ; l'exigence de justice, d'amour et de sainteté est-elle une tâche que contient encore l'Idée de science, même si on lui confère une extension plus vaste que tout savoir objectif ? Bien plus, l'Idée capable de fonder à la fois l'histoire et la subjectivité ne doit-elle pas être aussi un Acte, — un Acte assez puissant pour faire l'histoire et assez intime pour instituer l'homme intérieur ? Mais alors une philosophie du Cogito, un subjectivisme transcendantal y suffit-il ?

Une critique de la philosophie de l'histoire aurait donc pour tâche de faire coïncider à l'infini le sens *a priori* de l'histoire : 1° avec le sens *a posteriori* qu'une induction proprement historique pourrait dégager ; 2° avec la subjectivité la plus radicale de l'Ego. Sous sa seconde forme, cette critique conduirait à une difficulté résiduelle qui est commune à toutes les philosophies que Husserl appelle « transcendantales ». C'est celle que nous examinerons en dernier lieu.

2° Nous demandions si l'histoire peut avoir pour sens et pour tâche de réaliser l'Idée de la philosophie. Cette question en suppose une autre : une Idée, une tâche en général, développent-elles une histoire véritable ? *Un avènement fait-il un événement ?*

Le paradoxe de la notion d'histoire est que, d'une part, elle devient incompréhensible si elle n'est pas une *unique* histoire, unifiée par un sens, mais que, d'autre part, elle perd son historicité même si elle n'est pas une aventure *imprévisible*. D'un côté, il n'y aurait plus de philosophie de l'histoire, de l'autre, il n'y aurait plus d'histoire.

Or si l'unité de l'histoire est fortement conçue par Husserl, c'est, par contre, l'historicité même de l'histoire qui, chez lui, fait difficulté.

Cette faiblesse apparaît à diverses occasions : l'esquisse d'histoire de la philosophie de *Krisis* II sacrifie systématiquement la problématique *singulière* de chaque philosophe à une unique problématique, qui est nommée le « vrai » problème, le problème « caché » (de Descartes, de Hume, etc.) ; cette mise en perspective n'est pas sans danger : tous les aspects d'un philosophe qui ne se prêtent pas à cette lecture unifiante de l'histoire sont omis ; l'interprétation du philosophe par lui-même est considérée comme négligeable. On peut pourtant se demander si le caractère singulier, incomparable de chaque philosophe n'est pas un aspect de l'histoire aussi important que la rationalité de l'histoire où il s'inscrit. Comprendre un philosophe, n'est-ce pas *aussi* accéder à la question qu'il est seul à avoir rencontrée, posée, à la question pensante autant que pensée qu'il *est* lui-même ? N'est-ce pas tenter de coïncider avec elle, par une sorte de « lutte aimante », assez semblable à l'effort que nous faisons pour communiquer avec nos amis ?

Dès lors, il faudrait peut-être dire que l'histoire est à la fois discontinue et continue, — discontinue comme les existences singulières qui organisent leur système de pensée et de vie autour d'une tâche propre, — et continue comme la tâche commune qui rend raisonnable leur tentative.

Ce soupçon d'une structure paradoxale de l'histoire peut nous venir d'une autre manière, à la lecture même de Husserl : le péril d'une réduction *des* philosophies à *la* philosophie est encore de plier *la* philosophie tout entière à l'interprétation du *dernier* philosophe qui en prend conscience ; ce péril d'orienter tout le mouvement de l'histoire vers leur propre problématique est commun à tous les philosophes de l'histoire qui mettent plus volontiers l'accent sur la tâche qui « vient à soi » — qui « ad-vient » — que sur la singularité des existants qui « surgissent » à la réflexion philosophique ; la philosophie de l'histoire de Hegel et celle du *Progrès de la conscience* de Léon Brunschvicg prêteraient aux mêmes scrupules.

Il faut avouer que la difficulté est grande, car le paradoxe de l'histoire recèle finalement un paradoxe de la vérité. Si un auteur attache quelque valeur à ses propres essais, n'est-ce pas qu'il y reconnaît quelque vérité dont il n'est pas lui-même la mesure ? N'est-il pas en droit d'attendre que les autres aussi la reconnaissent ? Ne peut-il espérer que l'histoire la réalise ? Quiconque pense invoque l'autorité du vrai et cherche par là même la consécration de l'histoire, pour autant qu'elle est rationnelle.

Mais en retour, comment ne confesserai-je pas que l'intention ou l'intuition de chaque philosophe est, pour une compréhension humble, rebelle à toute assomption dans une unique tâche ? Comment ne renoncerai-je pas à *dire* le sens de l'histoire, s'il est vrai que cette prétention suppose que je survole le tout des existences pensantes et que je me pose moi-même comme l'aboutissement et la suppression de l'histoire ? Ainsi transposée en termes de vérité, la difficulté de la philosophie de l'histoire s'aggrave : la *rationalité* de l'histoire implique un dogmatisme naissant pour qui l'histoire est Idée et l'Idée pensable par moi ; l'*historicité* de l'histoire insinue un scepticisme naissant pour qui l'histoire est incurablement multiple et irrationnelle.

Peut-être une philosophie de l'histoire a-t-elle pour seconde tâche de poser correctement les termes de ce paradoxe. Il n'est pas dit par là qu'on fasse une philosophie avec des paradoxes. Du moins faut-il d'abord les assumer si l'on pense pouvoir les surmonter.

Or la réflexion de Husserl sur l'histoire ne sacrifie pas toujours l'événement à l'avènement ; elle a aussi de quoi nous conduire aux abords du paradoxe : cette histoire, que l'on comprend comme « venue à soi » de la raison, est aussi telle que la défection y est possible, puisqu'il y a une crise de l'humanité européenne. Son caractère rationnel n'exclut pas son allure dramatique. Est-il besoin de souligner que la naissance même de la philosophie en Grèce, la retombée de l'invention en tradition, la corruption de l'Idée de la philosophie par l'objectivisme, le réveil de Descartes, la question de Hume, la naissance de la phénoménologie husserlienne elle-même, sont autant d'*événements* finalement imprévisibles, d'événements singuliers sans quoi il n'y aurait pas d'avènement d'un sens ? La langue même de Husserl porte la trace de cette tension : « L'*apodicité* du fondement », c'est-à-dire la contrainte de l'Idée, suppose la *responsabilité* de l'homme pensant, qui peut faire avancer, stagner ou dépérir l'Idée. Finalement les vues d'avenir de Husserl sont marquées au coin du paradoxe. D'un côté il relève le courage par un optimisme fondé sur la rationalité de l'histoire : car « les idées sont les plus fortes » ; de l'autre il fait appel à la responsabilité de quiconque pense : car l'Europe peut se rendre « toujours plus étrangère à sa propre signification » *ou* « renaître de l'esprit de la philosophie grâce à un héroïsme de la raison ».

Optimisme de l'Idée et *tragique de l'ambiguïté* renvoient à une structure de l'histoire où la pluralité des êtres responsables, l'événement du penser sont l'envers de l'unité de la tâche, de l'avènement du sens.

3° Toutes les questions que nous pose la tentative de Husserl d'instituer une philosophie de l'histoire culminent dans une ultime difficulté. Si l'histoire tire son sens d'une tâche qu'elle développe, quel est le *fondement* de cette tâche ?

Deux tendances contraires semblent ici se partager la philosophie de la *Krisis*. D'un côté Husserl semble se rapprocher de Hegel; il lui arrive de parler de l'Esprit (*Geist*) dans un sens assez voisin du grand philosophe idéaliste : « Seul l'esprit est immortel ». D'autre part, tout le sens de l'histoire européenne est porté par le « subjectivisme transcendantal »; ce motif philosophique est appelé « le retour à l'Ego », « mon Ego », « ma vie de conscience », mon « opération de conscience », dont la première œuvre est « mon environnement vital ».

Husserl n'a-t-il pas marié l'eau et le feu, Hegel et Descartes, l'*esprit objectif* et le *Cogito*, bien plus : le Cogito radicalisé par le scepticisme de Hume ?

La question est d'autant plus troublante que c'est précisément dans la *Krisis* que la théorie de la *Bewusstseinsleistung* et du *Lebenswelt* atteint son point culminant. C'est donc le même ouvrage qui instaure une philosophie de l'esprit historique et qui porte à son paroxysme une philosophie de l'*Ego cogito*. Comment est-ce possible ?

Pour donner à cette question une portée générale, on pourrait se demander si une philosophie socratique, cartésienne, transcendantale — quel que soit le nom que puisse recevoir une philosophie du « retour à l'Ego » — est capable d'une philosophie de l'histoire ? D'un côté, une philosophie transcendantale (au sens large que propose Husserl) ne fonde-t-elle pas tout être, y compris celui d'autrui et celui de l'histoire, dans l'*Ego cogito* ? De l'autre, une philosophie rationaliste de l'histoire ne fonde-t-elle pas toute tâche privée dans un grand dessein commun, et l'*Ego* lui-même dans l'*Idée* historique ?

Le grand intérêt de la dernière philosophie de Husserl est d'avoir assumé cette antinomie apparente et d'avoir tenté de la surmonter. La confrontation entre la V*e Méditation cartésienne* et le cycle de la *Krisis* est à cet égard très éclairante.

La V*e Méditation cartésienne* tente de combler la grande lacune du cartésianisme, qui ne comporte aucune théorie de l'existence d'autrui. Elle établit qu'autrui est un être qui se constitue « dans » mon Ego, mais qui s'y constitue précisément comme un *autre* Ego, qui m'échappe, qui existe *comme* moi et *avec* lequel je peux entrer dans une relation réciproque. Ce texte est un des plus difficiles de Husserl, mais aussi un des plus extraordinaires de force et de lucidité. On peut bien dire que toute l'énigme d'une histoire qui *englobe* son propre *englobant* — à savoir moi qui comprends, qui veux, qui fais le sens de cette histoire — est déjà ramassée dans la théorie de l'*Einfühlung* (ou expérience d'autrui).

Procédant à une ultime Epoché, cette *Méditation* « suspend » toutes les certitudes et toutes les expériences que nous tenons de notre commerce avec autrui : la croyance à un monde commun de perception et la croyance à un monde commun de culture. Ainsi est mise à nu la sphère « propre » de l'Ego, sa « sphère primordiale d'appartenance » ; c'est à peu près ce que la *Krisis* appellera « l'environnement vital ». C'est « dans » cette sphère ultime de vie et d'expérience, « à l'intérieur » de cet être propre, que s'élabore l'expérience de l'autre, *justement comme lui étant « étranger »*.

Cet éclatement vers l' « étranger » au sein même du « propre » est bien le problème à assumer ; l'inhérence de l'autre en tant qu'autre à ma vie propre est toute l'énigme de l'*Einfühlung*. D'un côté il est bien vrai que tout être est « phénomène » pour et dans l'Ego ; et pourtant ce qui est « dans » ma sphère d'appartenance n'est pas du tout une modalité de moi-même, un contenu de ma conscience privée : l'autre se donne en moi comme autre que moi.

Laissons de côté l'analyse concrète de cette « aperception par analogie », que Husserl appelle « apprésentation » (parce que seul est « présenté » le corps d'autrui là-bas mais non son vécu propre)[1]. Cette analyse ferait à elle seule l'objet d'une étude. Nous ne retenons ici que le mouvement d'ensemble de cette *Méditation*, dans la mesure où elle nous rapproche du cercle apparent que forment ensemble le moi et l'histoire.

Toute la théorie de la constitution phénoménologique — qu'il s'agisse des choses, des êtres animés, des personnes, etc., — nous met en face de ce paradoxe d'une immanence qui est un éclatement vers une transcendance. Ce paradoxe culmine dans l'aperception d'autrui, puisque cette fois l'objet intentionnel est un sujet comme moi ; en liaison étroite avec son corps, autrui et le monde d'autrui se constituent comme une autre monade par « apprésentation dans la mienne » (§ 52).

---

1. « C'est dans cette accessibilité indirecte mais véritable de ce qui est inaccessible directement et en lui-même que se fonde pour nous l'existence de l'autre » (§. 52).

Si l'on arrivait à entendre correctement ce qu'est cette constitution, cette inhérence qui n'est pas une inclusion réelle, mais intentionnelle, il ne serait plus énigmatique « que je puisse constituer en moi un autre moi, ou, pour parler d'une façon plus radicale encore, que je puisse constituer dans ma monade une autre monade et, une fois constituée, l'appréhender précisément en qualité d'autre ; nous comprenons aussi ce fait, inséparable du premier, que je puisse identifier la nature constituée par moi avec la nature constituée par autrui ou, pour parler avec toute la précision nécessaire, avec une nature constituée en moi en qualité de constituée par autrui » (§ 55) ; plus loin : « Admettre que c'est en moi que les autres se constituent en tant qu'autres est le seul moyen de comprendre qu'ils puissent avoir pour moi le sens et la valeur d'existences et d'existences déterminées » ; mais ce sont justement des monades « qui existent pour elles-mêmes de la même manière que j'existe pour moi » (*ibid.*) ; je puis bien dire dès lors, que « l'autre m'appréhende tout aussi immédiatement comme autre pour lui que moi je l'appréhende comme autre pour moi » (§ 56).

Telle est la tentative suprême pour surmonter les difficultés que rencontre la notion d'histoire dans une philosophie de l'*Ego cogito*. Dès l'époque des *Méditations cartésiennes*, Husserl a vu la portée de sa théorie de l'*Einfühlung* pour une théorie de la culture et de la vie sociale : les §§ 56-59 annoncent les analyses principales de la *Krisis*.

Husserl a-t-il réussi à tenir à la fois l'histoire pour réelle et le moi pour seul fondamental ? Il pense réussir là où Descartes et Hume ont échoué, parce qu'il est le premier à avoir conçu un idéalisme *intentionnel*, c'est-à-dire un idéalisme qui constitue tout être autre — même l'autre personne — « dans » le moi, mais pour qui la constitution est une visée intuitive, un dépassement, un éclatement. Cette notion d'intentionalité permet en dernier ressort de fonder l'homme sur l'histoire et l'histoire sur ma conscience ; sa prétention finale est de justifier une véritable transcendance de l'histoire sur le fondement d'un subjectivisme transcendantal.

On peut seulement se demander si la constitution est une opération effective, la solution véritable du problème des transcendances diverses, ou si elle est seulement le nom donné à une difficulté dont l'énigme reste entière et le paradoxe béant.

Du moins Husserl a-t-il cerné les contours du vrai problème : comment échapper au solipsisme d'un Descartes revu par Hume, pour prendre au sérieux le caractère historique de la culture, son pouvoir véritable de former l'homme ? Comment en même temps se garder du piège hégélien d'une histoire absolue, louée à l'égal d'une divinité étrangère, pour rester fidèle à la bouleversante découverte des deux premières *Méditations* de Descartes[1] ?

---

1. Ce problème en forme de paradoxe peut être retrouvé directement, sans passer par Husserl; cf. *Dimensions d'une recherche commune* (*Esprit*, déc. 1948).

MÉTHODE ET TACHES D'UNE PHÉNOMÉNOLOGIE DE LA VOLONTÉ

Husserl a indiqué en diverses pages des *Ideen* que la problématique de la volonté pouvait et devait être entièrement renouvelée par la méthode d'analyse intentionnelle qui avait d'abord porté ses fruits sur le plan de la conscience percevante et plus généralement sur le plan des actes objectivants. Il esquisse cette transposition de la méthode aux « vécus affectifs et volitifs » dans une double direction :

La phénoménologie appliquée à ces nouveaux *Erlebnisse* doit d'abord vérifier l'universalité de l'analyse intentionnelle et en particulier l'universalité de la distinction du noème et de la noèse[1]. (On se rappelle que ces deux expressions désignent respectivement le corrélat de la conscience — le visé en tant que tel — et la visée de conscience, après que la réduction phénoménologique a levé l'hypothèque de l'interprétation naturaliste de la conscience : la conscience qui n'est plus une partie d'un monde existant absolument se révèle comme pure conscience de..., et toute réalité est « réduite » au statut de « vis-à-vis » — *Gegenstand* — de cette conscience).

Il s'agit donc de savoir si l'analyse des structures noético-noématiques, dont le projet a été élaboré à propos de la perception, de l'imagination, du souvenir, du signe, de la croyance énonciative, du jugement de réalité, bref au niveau de la « représentation » (*Vorstellung*) vaut encore pour l'immense secteur affectif et pratique de la conscience.

---

1. *Ideen I*, § 95.

Cette nouvelle extension de l'analyse intentionnelle doit en outre, selon Husserl[1], confirmer que les vécus composés ou, comme il dit, « synthétiques », dans lesquels il classe affects et volitions, ne remettent pas en question le primat, dans la conscience totale, des actes « objectivants », lesquels sont des variétés de représentations « simples », à un seul « rayon » ; affectivité et volonté s'édifieraient « sur » la représentation, comme des vécus « fondés » d'ordre complexe sur des vécus « fondateurs » d'ordre « simple » *(schlicht)*.

1. Le but de cette communication est d'abord de montrer la fécondité de cette méthode patiente d'analyse descriptive appliquée aux fonctions pratiques de la conscience ; à ce premier niveau, « constituer » signifie simplement épeler les intentionnalités entremêlées, les étaler en quelque sorte devant une conscience distincte et identifier les aspects du monde, d'autrui, de mon corps qui figurent comme corrélats de ces visées affectives et volitives.

2. Mais à un second niveau les résultats acquis par l'extension de la *méthode* intentionnelle à la volonté doivent être retournés contre la *doctrine* transcendantale édifiée sur la base étroite de l'analyse de la « représentation » (c'est-à-dire de toutes les opérations de conscience dont la perception est le type premier). C'est à ce niveau que le pouvoir « constituant » de la conscience peut être interprété avec les ressources d'une description du volontaire et de l'involontaire et que l'idéalisme trancendantal de Husserl peut être critiqué à la lumière de cette nouvelle description.

3. Enfin, à un troisième niveau, on esquissera le passage d'une phénoménologie descriptive et constitutive à une ontologie de la conscience : on tentera de circonscrire une expérience privilégiée qui, sur le plan du volontaire et de l'involontaire, se constitue comme révélatrice de ma situation ontologique ; comme on le verra, cette expérience peut être une

---

1. *Ideen I*, § 116.

expérience de déficience, de non-être ; elle suffira du moins à dénoncer comme naïves les prétentions du sujet à s'ériger en réalité primitive — ou primordiale — sous le prétexte qu'il a, en un sens limité mais authentique, la fonction « trancendantale » de « constituer » les aspects involontaires de sa vie et du monde.

I. Le niveau de l'analyse descriptive

Laissant provisoirement de côté l'interprétation que donne Husserl du caractère « fondé » des vécus affectifs et volitifs par rapport aux « représentations », ce qui n'est peut-être encore qu'un préjugé que la phénoménologie doit abandonner, il nous faut prendre la vie pratique de la conscience comme elle se donne et lui appliquer directement la méthode d'analyse intentionnelle, sans le détour d'une phénoménologie préalable de la perception et en général des actes objectivants.

C'est donc d'abord à une défense et illustration de l'analyse intentionnelle que tend cette étude. On ne saurait trop insister sur ce point : à un premier niveau au moins, la phénoménologie est une description qui procède par analyses ; elle interroge ainsi : que « veulent dire » vouloir, mouvoir, motif, situation etc...? La fécondité de l'analyse noético-noématique de la période des *Ideen* a sans doute été sous-estimée par la génération phénoménologique qui est allée tout de suite aux écrits de la période de la *Krisis;* cette école de phénoménologues a cherché dans la théorie du *Lebenswelt* l'inspiration d'une description trop vite synthétique à mon gré : si en tout problème on va droit au « projet existentiel », au « mouvement d'existence » qui entraîne toute conduite authentiquement humaine, on risque de manquer la spécificité des problèmes, de noyer les contours des fonctions diverses dans une sorte de monisme existentiel indistinct qui, à la limite, conduit à répéter la même exégèse de l'« existence » à propos de l'imagination, de l'émotion, du rire, du geste, de la sexualité, de la parole etc...

La phénoménologie doit être, dans un premier temps au moins, structurale. Plus précisément cet art de distinguer et d'épeler les intentionnalités entrelacées doit être conduit par ce que Husserl appelait la réflexion noématique ; il entendait par là une réflexion sur le vécu certes, mais sur le « côté » du vécu qui est non la visée elle-même de conscience mais son corrélat, une réflexion sur le vis-à-vis des diverses visées de conscience : c'est en réfléchissant de préférence sur le voulu comme tel, sur l'émouvant, sur l'imaginé que l'on accède à la distinction des actes eux-mêmes, des visées de conscience. Par exemple, autre chose est de vouloir et de mouvoir parce que les corrélats n'ont pas la même signification.

Il faut insister en outre sur cette notion de signification : dire que la phénoménologie doit distinguer des « significations » de fonctions ou de structures, c'est d'abord lui reconnaître la tâche d'éprouver la terminologie vulgaire et scientifique de la psychologie, par exemple d'arracher à la confusion et aux extensions abusives de sens des expressions comme projet, motif, action, situation, qui ont subi une sorte d'inflation dans la littérature phénoménologique contemporaire ; c'est ensuite attendre d'elle qu'elle discerne, à travers cette terminologie corrigée, des « essences » de vécu. Il ne faut pas oublier en effet que la réduction transcendantale qui restitue le sens de la conscience en général ne peut être pratiquée sans la réduction eidétique qui fixe des significations telles que percevoir, entendre, voir, imaginer, décider, agir etc. — comprises sur un petit nombre d'exemples. La crainte de platoniser sur les essences ne doit pas nous faire manquer la tâche de constituer des objets phénoménologiques, en entendant par là les contenus idéaux capables de remplir les intentions signifiantes multiples et variables que le langage met en œuvre toutes les fois que nous disons je veux, je désire, je regrette, ou que nous comprenons une situation, un comportement comme signifiant vouloir, désir, regret. Ces significations peuvent être identifiées et reconnues malgré le caractère de flux de la conscience et malgré la singularité de chaque conscience ; cette double altérité, — l'altérité temporelle d'une conscience et l'altérité mutuelle des consciences, — rendrait les consciences ineffables pour chacune et l'une pour l'autre, si « l'autre » ne pouvait signifier « le même », bref si des situations relativement incomparables ne pouvaient être *comprises* et *dites*.

La phénoménologie parie pour la possibilité de penser et de nommer, même dans la forêt obscure des affects, même au fil du fleuve sang. La phénoménologie parie pour cette discursivité primordiale de tout vécu qui le tient prêt pour une réflexion qui soit implicitement un « dire », un λέγειν ; si la possibilité de dire n'était pas inscrite dans le « vouloir dire » du vécu, la phénoménologie ne serait pas le λόγος des φαινόμενα.

Cette analyse intentionnelle appliquée à la fonction pratique de la conscience ne peut être faite ici avec le soin qu'elle requiert ; on ne peut qu'indiquer très schématiquement les articulations des divers moments intentionnels de la volonté et les proposer comme un *programme* de travail, quitte à s'attarder plutôt sur le sens de ce travail[1].

1. Si nous pratiquons ce que Husserl appelait la réflexion noématique, c'est-à-dire la réflexion sur le corrélat intentionnel en tant que tel d'une conscience de..., le voulu désigne d'abord *ce que* je décide, le *projet* que je forme ; nous prenons donc projet en ce sens strict de corrélat du décider ; en lui je signifie, je désigne à vide une action future qui dépend de moi et qui est en mon pouvoir. Le projet est l'action au gérondif, le pragma futur où je suis impliqué (à l'accusatif) comme celui qui fera et (au nominatif) comme celui qui peut. Cette définition tient en

---

[1]. Pour un traitement systématique de cette analyse intentionnelle, cf. *Le Volontaire et l'Involontaire*, pp. 37-75, 187-216, 319-331.

raccourci une foule d'analyses précises qu'il faudrait expliciter : la manière impérative et non indicative dont le projet désigne ce qui est « *à faire* » — la modalité catégorique de cet « à faire » par rapport au vœu, — la dimension future du projet, différente de celle de la prévision, — son indice « à faire par moi » par opposé au « à faire par autrui » du commandement etc.

D'autre part, il faut montrer comment cette intentionnalité du décider, tournée vers le projet, s'articule sur une imputation de moi-même : « je décide *de*... » enveloppe un : « je *me* décide » ; cette conscience sourde de responsabilité tient prête pour la réflexion l'élan même de la conscience qui se dépasse vers une œuvre à faire dans le monde. Enfin le projet enveloppe une certaine référence à un cours de motivation : « je me décide *parce que*... » Cette relation du projet à ses motifs doit être soigneusement distinguée de la relation naturaliste de causalité ; c'est elle en effet qui tient en germe toutes les médiations entre le corps et le vouloir.

Mais le « à faire » est en marche vers le faire : ici la structure intentionnelle qui se propose est celle de l'*agir ;* le vouloir ne désigne plus « à vide », il œuvre dans le présent ; j'opère des présences comme faites par moi, et le monde tout entier, avec ses chemins et ses obstacles, avec du non-dénoué et du révolu, est la matière et le contexte de mon agir. Le « fait par moi », le « pragma, » dirai-je, à la différence du projet, est dans le monde et non plus sur fond de monde. Il est dans le monde et non pas *dans* mon corps ; ce que je « fais », ce n'est pas un mouvement, ni même un geste complexe pris dans la posture complète du corps ; dans l'agir le corps est « traversé » : il n'est pas l'objet de l'agir, même au sens large de corrélat, mais son *organe ;* à travers sa fonction organe, où il s'efface, il est ouvert sur l'œuvre complète (que j'exprime par tous les infinitifs d'action : courir, travailler etc.), l'œuvre est ainsi ma réponse pratique, inscrite dans le tissu du monde, à une difficulté ouverte *in medias res.*

Enfin le vouloir se complète dans une visée plus

secrète, plus dissimulée, que j'appelle consentir ; pour le consentement la nécessité en moi et hors de moi n'est pas simplement regardée, mais adoptée activement ; elle est ma situation, ma condition d'exister comme être voulant dans le monde. Cette active adoption de la nécessité érige celle-ci en catégorie pratique, en même temps qu'elle l'assume dans la première personne. A partir de là est possible une phénoménologie de la finitude, du caché (ou de l'inconscient) et de la condition première d'être né — *natus* —, bref une phénoménologie de l'*état* d'exister au sein même de l'*acte* d'exister.

Avant d'amorcer le passage à une vue plus synthétique de la vie volontaire et involontaire il faut souligner le double bénéfice de cette méthode descriptive sur le plan même d'une psychologie redressée phénoménologiquement.

Le premier bénéfice, dirai-je paradoxalement, est de nous donner une compréhension de l'involontaire. La psychologie classique bâtissait l'homme comme une maison ; en bas, des fonctions élémentaires et, par-dessus, l'étage supplémentaire de la volonté ; besoin, désir, habitude, étaient éventuellement transposés de la psychologie animale ; on omettait ainsi que la volonté est déjà incorporée à une compréhension complète de l'involontaire ; en régime humain, besoin, émotion, habitude, ne prennent un sens complet qu'en relation à une volonté qu'ils sollicitent, motivent, émeuvent et en général affectent, tandis qu'en retour la volonté achève leur sens, ne serait-ce que par sa démission ; c'est la volonté qui les détermine par son choix, les meut par son effort, les adopte par son consentement. Il n'y a pas d'intelligibilité *propre* de l'involontaire comme automatisme, comme choc émotionnel, comme inconscient, comme caractère etc... Seul est intelligible le rapport vivant du volontaire et de l'involontaire ; c'est par ce rapport que la description est aussi compréhension.

Ce renversement de perspective n'est qu'un aspect de cette révolution copernicienne qui sous des formes multiples est la première conquête de la compréhension philosophique ; pour l'explication, le simple est la raison du complexe : pour la compréhension l'un est la raison du multiple. Loin que ce renversement détruise toute psychologie de l'involontaire, il l'inaugure en lui donnant un sens ; dès que j'ai dit que l'involontaire est *pour* l'involontaire, l'élucidation de ce « pour » est le programme même d'une psychologie de l'involontaire ; les multiples manières d'être *pour* le volontaire me donnent les catégories concrètes de l'involontaire, comme motif de..., organe de..., condition du vouloir. On voit en quel sens mesuré le vouloir est *constituant :* en ce sens qu'il qualifie tout l'involontaire comme humain, en le reprenant comme motif de..., organe de..., situation de ...

Le deuxième bénéfice de cette phénoménologie est de ramener de la volonté constituée, dont traite la caractérologie et qui tombe sous les prises d'une psychologie empirique, au vouloir constituant ; elle en appelle de la volonté que *j'ai* plus ou moins au vouloir que je *suis* ; ce vouloir n'est plus objet d'enquêtes statistiques, de généralisations inductives : il est ressaisi comme l'acte le *primitif* de la conscience.

En quel sens ce constituant pratique est-il donc nommé primitif ? En ce sens que je ne puis en faire une genèse empirique. Si j'hésite, mon in-décision se donne comme choix absent, impossible, désiré, retardé, redouté ; mais, jusque dans les vacances du choix, je reste encore dans les catégories du choix, comme mon silence demeure dans celles de la parole. Un vouloir embarrassé, lent, un vouloir qui cède est encore un vouloir ; pour moi, le monde reste la mer où je suis embarqué pour choisir ; la carence totale du vouloir serait la carence de l'être-homme. De même aussi un vouloir-enfant est encore un vouloir compris par les catégories concrètes du projet, du motif, de l'imputation, du mouvoir, du pouvoir, etc. La psychologie des âges, en déployant les grands *événements* de la vie affective, active et intellectuelle, montre l'*avènement d'un sens* qui s'historialise dans une croissance et ainsi devient ce qu'il est.

Cette brève esquisse descriptive laisse du moins

entrevoir en quel sens la phénoménologie, à son niveau descriptif et analytique, reste toujours un λόγος. Nous venons d'évoquer une double marche vers l'ineffable ; du côté du corps propre et de l'obscure affectivité qu'il nourrit, du côté du vouloir primitif qui transcende par sa singularité toutes les généralités caractérologiques. Est-il possible de tenir jusqu'au bout, dans ces deux directions, le serment de comprendre et de dire?

L'idée d'une phénoménologie de l'involontaire n'est pas absurde ; j'ai certes perdu la naïveté du pur sentir ; mais précisément être homme, c'est déjà avoir commencé de prendre position par rapport au désir ou au souffrir ; il n'y a pas de phénoménologie de l'involontaire pur, mais de l'involontaire comme l'autre pôle d'une conscience voulante. Cette compréhension-frontière de ma propre vie involontaire, comme affectant diversement mon vouloir, est la seule intelligibilité de cette vie involontaire en tant que vécue.

De plus la phénoménologie n'est pas condamnée à commencer toute description et toute analyse à partir de rien ; la connaissance naturaliste de l'homme, celle que la psychologie empirique sous toutes ses formes met en œuvre, n'est pas purement et simplement récusée ; psycho-physiologie du vouloir, psychologie expérimentale du mouvement élémentaire et des postures, psychologie du comportement, psycho-pathologie des déficiences, des altérations, des effondrements du vouloir, psychologie de la vie sociale etc., tendent, comme toutes les sciences de la nature, à élaborer des concepts empiriques, des notions fonctionnelles ; c'est ce que le savant appelle des « faits », qui sont toujours contemporains de l'élaboration d'une « loi » pour être dignes du rang de « faits scientifiques ».

Ces « faits » qui, sur le plan de la connaissance objective, mondaine, naturaliste, rendent compte de la vie volontaire et involontaire de l'homme et qui sont intégrés à une science de l'homme, ne sont pas des vécus de conscience ; mais, s'ils ne retenaient rien du vécu de conscience, ils ne concerneraient aucunement l'homme et sa conscience, ils ne signifieraient pas du tout l'homme. Une bonne phénoménologie implicite se dissimule bien souvent dans les sciences les plus objectivistes et parfois avance à travers les concepts « naturalisés » de la psychologie. On trouverait de bons exemples d'un tel progrès de la phénoménologie par le détour de la clinique ou de la psychologie de comportement dans la psychologie du langage et de la fonction symbolique. La phénoménologie du volontaire et de l'involontaire abonde en exemples du même ordre : il y a une bonne phénoménologie non thématisée, égarée dans des problématiques naïves comme celle du behaviourisme (je pense en particulier à Tolman) et surtout comme celle de la Gestaltpsychologie (chez Köhler, Koffka, Lewin et son école). Il est possible de ressaisir cette phénoménologie en quelque sorte aliénée, en se servant des « faits » de la psychologie scientifique comme d'un *diagnostic* du vécu phénoménologique. Par cette relation de diagnostic un concept naturaliste signale et en quelque sorte dénonce une signification éventuelle de la conscience. Parfois même un concept empirique très élaboré, tel le concept psychanalytique d'inconscient, désigne par diagnostic un moment de la conscience qui est tellement caché qu'il n'en est plus de phénoménologie ; une phénoménologie du « caché » est par définition une gageure ; et pourtant seule cette phénoménologie en quelque sorte évanouissante peut délivrer d'une mythologie naturaliste, comme celle du Freudisme, où l'inconscient sent et pense et où la conscience apparaît naïvement comme une partie, un effet ou une fonction de l'inconscient.

Par cette relation de diagnostic, la phénoménologie, à une époque donnée, participe au travail de la science psychologique et élabore ses « essences » du vécu en tension avec les notions des sciences de l'homme.

L'idée d'une phénoménologie de la conscience *singulière* n'est pas non plus absurde : la conscience singulière, c'est moi et c'est toi ; dès lors, pour le phénoménologue, la subjectivité désigne la fonction sujet d'une conscience intentionnelle que je comprends sur moi et sur autrui ; la compréhension de soi et la compréhension d'autrui s'élaborent mutuellement et ainsi font accéder à de véritables concepts de la subjectivité, valables pour l'homme mon semblable. Même la notion de la solitude du choix est élaborée intersubjectivement ; la solitude est encore une possibilité commune de l'humaine condition ; je la comprends comme ce dont est capable « chacun », c'est-à-dire encore l'homme mon semblable.

II. Le niveau de la constitution transcendantale

La description analytique des intentionnalités enchevêtrées dans la conscience voulante n'est qu'un premier palier de la phénoménologie ; il reste à ressaisir le mouvement d'ensemble de la conscience ouvrant du futur, marquant son paysage de ses gestes et œuvrant à travers ce qu'elle ne fait pas.

C'est dans ce passage de l'analyse intentionnelle à la synthèse existentielle qu'est mise en question l'interprétation d'ensemble de la vie de la conscience.

Nous avons été amené à dire que le vouloir est « *constituant* », en ce sens qu'il qualifie tout l'involontaire comme humain en le reprenant comme motif de..., organe de..., situation du vouloir. Nous avons ajouté que ce même vouloir est « *primitif* » en ce sens que je ne puis en penser même l'absence, même la genèse, sans suspendre l'être-homme. Cet usage des deux expressions husserliennes de « constituant » et de « primitif » confirme-t-elle *l'idéalisme transcendantal* édifié par le philosophe de Fribourg en liaison avec ses analyses de la perception?

La phénoménologie de la volonté, qui ne fait d'abord qu'étendre à un nouveau secteur de réalité une *méthode* qui a fait ailleurs ses preuves, retourne ses résultats contre la *doctrine* qui s'est peu à peu rendue indiscernable de la méthode. Cette doctrine de l'idéalisme transcendantal ne vaut-elle que dans les bornes d'une théorie de la représentation, de la conscience spectaculaire ?

Le problème n'était pas aigu pour Husserl ; comme il a été dit au début, les « vécus affectifs et volitifs » étaient à ses yeux des vécus « fondés » sur la représentation. Ce primat des actes objectivants relève, semble-t-il, d'un préjugé logiciste que ne vérifie pas la réflexion directe sur la vie pratique. Le vouloir a une manière de donner sens au monde, en ouvrant du possible pratique, en perçant du voulu dans ses zones d'indétermination, en peuplant le réel des œuvres humaines, en colorant de sa patience ou de ses révoltes les résistances même du réel ; il faut donc restituer toute son envergure à cette « donation de sens » qu'est la conscience sous toutes ses formes. Il est même possible de montrer, comme le suggère le début de *Ideen II*, que l'attitude purement théorétique, — qui triomphe avec la science (et qui s'esquisse déjà dans ce que les psychologues formés par le néocriticisme appellent « représentation »), — procède par correction et épuration seconde d'une première présence aux choses qui est indivisément observation spectaculaire, participation affective et prise active sur les choses. Husserl ne l'ignorait pas, mais croyait retrouver dans ce vécu complexe un « noyau de sens » de caractère « objectivant », qui était déjà là et qui portait les « couches » affectives et pratiques de la conscience. Or, croyons-nous, la réflexion noématique sur le projet (ou corrélat du décider), sur le pragma (ou corrélat de l'agir), sur la situation (ou corrélat du consentir) ne révèle rien de tel.

Voici comment on peut expliquer le préjugé logiciste de Husserl : si l'on compare entre eux une constatation, un vœu, un commandement, un projet, ils s'énoncent tous dans des modalités dont les « modes » grammaticaux de l'indicatif, de l'optatif, de l'impératif, etc., sont des expressions plus ou moins fidèles. Or il est possible de dégager de tous les modes une sorte de mode neutre, disons l'infinitif (manger, voyager, peindre) qui est comme le *quid* commun de tous les noèmes ; on peut être tenté d'identifier ce *quid* commun, ce « noyau de sens », à la représentation et de reconstruire le vœu, le commandement, le projet à partir de cette représentation neutre : je souhaite de (voyager), je vous commande de (manger), je désire, je veux (peindre). Or ce sens en commun n'est pas du tout une représentation ; ce n'est pas du tout un noème complet, c'est-à-dire quelque chose de concret dans quoi la conscience puisse se dépasser ; c'est un abstrait prélevé sur les noèmes complets de la constatation, du vœu, du commandement ; à la faveur d'une modification seconde et identique dans chaque cas, ce « noyau de sens », ce λεκτόν, (pour employer un terme de la logique stoïcienne), est alors visé par un nouvel acte qui n'est plus ni consentement, ni vœu, ni commandement, mais une opération de grammairien ou de logicien ; ce λεκτόν n'est que le corrélat logico-grammatical d'une telle opération.

Il faut donc tenir tous les « modes », — l'indicatif, l'optatif, l'impératif — comme égaux et primitifs ; le fait même qu'on puisse faire une genèse du monde du spectacle à partir du monde du désir ou du monde de la praxis atteste que toutes les permutations sont possibles et que le « Je veux » est premier à sa façon dans l'énumération cartésienne qui développe le Je pense[1]. Il ne paraît donc pas contestable que la vie volontaire donne un accès privilégié et irréductible aux problèmes de *constitution*. Elle a une manière propre d'exprimer la *Sinngebung* de la conscience : comme le Dieu spinoziste, la conscience est toute entière dans une de ses faces ; c'est l'existence humaine dans son ensemble qui en percevant, voulant, sentant, imaginant etc, « donne sens ».

La vie pratique de la conscience pose donc des problèmes originaux qui ne sont pas résolus dans le

---

[1]. « Qu'est-ce qu'une chose qui pense ? C'est-à-dire une chose qui doute, qui conçoit, qui affirme, qui nie, qui veut, qui ne veut pas, qui imagine aussi, et qui sent ». *IIme Méditation*.

principe par une interprétation de la « représentation » ; on peut alors tenter de sauver l'idéalisme de Husserl en identifiant le transcendantal et « l'existence » comme praxis[1]. N'est-ce pas d'ailleurs ce que nous avons sous-entendu dès que nous avons tenu le « Je veux » pour le constituant de l'involontaire humaine ?

Cela n'est vrai que partiellement : la phénoménologie de la volonté dissipe certaines équivoques de la *Sinngebung* qui ne peuvent être levées sur le plan d'une théorie de la « représentation ». Si l'on veut encore appeler transcendantale l'existence volontaire qui institue et découvre les aspects pratiques du monde, ce transcendantal ne peut être considéré comme créateur. En effet la signification de la passivité reste dissimulée dans une théorie de la « représentation » : on sait quel malaise suscite la théorie husserlienne de la *hylé* dans *Ideen I*[2]. La passivité reçoit son sens fonctionnel dans la *dialectique* du volontaire et de l'involontaire.

Arrêtons-nous un moment sur les traits de cette *dialectique*. D'un côté elle dissipe les dualismes élémentaires et tend vers la limite de la personne simple et indivisible ; mais en sens inverse elle fait éclater ce qu'on pourrait appeler un monisme existentiel, c'est-à-dire une réflexion qui voudrait se stabiliser au niveau de ce mouvement indivisible de l'existence humaine.

Éclairons successivement l'une et l'autre face de cette relation dialectique que nous essayons de suggérer[3].

La phénoménologie de la volonté, en quête de

---

[1]. MERLEAU-PONTY, *Phénoménologie de la Perception*, pp. 73 sq.

[2]. *Ideen I*, pp. 172, 203. Cf., FINK, *Die phänomenologische Philosophie Edmund Husserls in der gegenwärtigen Kritik*, dans « Kantstudien », t. 38, cahier 34, 1933.

[3]. Ce mouvement de pensée résume une analyse plus détaillée faite à la *Société française de philosophie* (séance du 25 nov. 1950) sous le titre : « *L'unité du volontaire et de l'involontaire comme idée-limite* ».

l'union vécue entre le volontaire et l'involontaire, attaque le dualisme à sa racine, dans les attitudes méthodologiques qui l'instituent : d'un côté la pensée, tendant à s'identifier avec la conscience de soi, ne retient de la vie volontaire que les moments les plus *réflexifs*, ceux par lesquels je me reprends sur les choses, sur la résistance de mon corps, sur mes motifs, et m'exile dans la conscience du « c'est moi qui... » : « c'est moi qui » me décide, qui veut vouloir, qui peut pouvoir ; je suis cet effort qui s'oppose à un corps qui résiste ; je suis cette liberté qui se reprend sur le monde étranger de la nécessité. D'autre part la pensée objective, qui pose des objets vrais pour tous dans un monde délié de toute perspective singulière, repousse la vie involontaire et toute la vie corporelle parmi les choses et s'omet elle-même comme conscience pour qui il y a des objets : ainsi naissent légitimement une biologie et une psychologie scientifique.

La déchirure entre âme et corps, pour parler le langage des classiques, procède donc en un sens des attitudes de la conscience en face de sa propre vie. Ce n'est donc pas encore un dualisme ontologique, mais si l'on peut dire préontologique.

La phénoménologie, replaçant ces attitudes par rapport à une attitude plus fondamentale, restitue le mouvement unitaire du volontaire et de l'involontaire. Remontant en deçà de la conscience de soi, elle montre la conscience adhérant à son corps, à toute sa vie involontaire, et, à travers cette vie, à un monde de l'action qui est son œuvre et l'horizon de son œuvre ; remontant d'autre part en deçà des formes objectives de cette vie involontaire, elle retrouve dans la conscience même l'adhérence de l'involontaire au « Je veux ».

C'est dans cette réflexion au-delà des aspects réflexifs du vouloir et dans cette récupération de l'involontaire en première personne sur ses formes objectivées par la psychologie scientifique que nous dépassons vraiment le stade purement *analytique* de la phénoménologie et que nous cessons d'épeler des intentionnalités et leurs corrélats, pour ressaisir un mouvement d'ensemble de la vie de volonté.

Nous allons considérer cette démarche convergente en la prenant à ses deux extrémités. La réflexion fait culminer la volonté dans les déterminations de soi par soi : je *me* décide, c'est moi qui *me* détermine et que je détermine. La forme pronominale du verbe souligne bien ce rapport à la fois actif et réflexif de soi à soi ; et il faut dire que ce jugement de réflexion n'est nullement artificiel : il suffit que je revendique la responsabilité de mes actes ou que je m'en accuse pour que cette imputation réfléchie de moi-même fasse saillie dans ma conscience. Si même je vais jusqu'au bout de ce mouvement réflexif, je me découvre comme la possibilité de moi-même qui sans cesse se précède et se réitère dans l'angoisse du pouvoir-être. Mais, fouillant à la racine de cette imputation réfléchie de moi-même, je découvre une imputation irréfléchie, implicite à mes projets même. D'abord la décision court là-bas, auprès des lieux et des êtres, et conjure la nouvelle œuvre par signes à l'impératif ; et tandis-que je me projette moi-même dans l'action à faire, que je me désigne, si je puis dire, à l'accusatif comme un aspect du projet, je me mets ainsi moi-même en cause dans le dessein de l'acte à faire ; et ce moi imputé là-bas n'est pas encore un véritable Ego, mais la présence sourde de mes pouvoirs eux-mêmes irréalisés, projetés et appréhendés dans la figure de l'action qui aura lieu. Avant tout jugement de réflexion du style « c'est moi qui », nous découvrons cette conscience préjudicielle, qui suffit à tenir prête pour la réflexion l'intention de mes projets. En ce sens, le premier possible inauguré par le vouloir, ce n'est pas mon propre pouvoir-être, mais la possibilité événementielle que j'ouvre dans le monde en projetant d'agir ; c'est le pouvoir-être-fait, visé sur le monde même, sur ce monde qui reste toujours à l'horizon de mon choix comme le champ d'opération de ma liberté.

Mais à son tour un projet ne rassemble ma vie à un moment donné que parce qu'il s'enracine d'une certaine manière dans ma vie involontaire par la motivation. Pas de décision sans motif (à condition qu'on distingue motif et cause). Il y a là un rapport original entre une initiative et une recherche de légitimité. L'avance de mon choix et la maturation de mes motifs sont une seule et même chose.

Comment cela est-il possible? Reprenant la description à l'envers, à partir de l'involontaire et non plus du volontaire, on verrait, sur l'exemple du désir par exemple, comment le corps nourrit en quelque sorte la motivation où il pourra être mis en balance avec une valeur non corporelle. Ainsi seul l'homme peut faire la grève de la faim; le sacrifice du besoin atteste qu'il s'est prêté à une commune évaluation; il a fallu que l'opaque affectivité trouve d'abord dans la représentation de la chose absente et du chemin pour l'atteindre une forme qui est ici une forme imageante, mais aussi que l'anticipation imageante porte sur le plaisir lui-même et que, sur un affect ténu, qui est en quelque sorte l'effigie affective, l'analogon du plaisir futur, j'appréhende la bonté du pain, en deçà du jugement réfléchi de valeur; l'affect transfiguré par une intention évaluante porte le corps au niveau d'un champ de motivation, le fait corps humain.

Il va de soi que c'est dans la motion volontaire que se nouent vouloir et pouvoir et que s'annule cette distance aux choses, cette espèce d'irréalité du projet; or ici il faudrait refaire le même mouvement de retour en deçà de la réitération réflexive de l'effort, jusqu'à cette motion qui se déploie dans le corps docile et qui est le vouloir non réfléchi qui va aux choses même, traversant le corps. Ici encore il faudrait montrer comment la spontanéité émue et coutumière du corps prévient la motion volontaire; nos savoirs eux aussi sont une espèce de corps; à travers règles de grammaire et de calcul, savoirs sociaux et moraux, nous allons à des actes neufs et ainsi nous agissons notre savoir comme nous agissons nos pouvoirs.

Ces exemples avaient simplement pour but de montrer comment la phénoménologie peut tirer de l'impasse le problème du dualisme et se propose pour tâche de surprendre la « médiation pratique » du *Cogito* et du *sum* dans les articulations du volontaire et de l'involontaire. Il va de soi que la démonstration serait complète si nous réussissions à montrer l'enracinement mutuel de la liberté et de la nature jusque dans les formes les plus irrécusables de la nécessité, au niveau de la conscience sourde d'exister vivant.

Mais si la critique du *dualisme méthodologique* nous restitue l'union vécue du vouloir préréflexif et du corps propre, en retour la description fait affleurer des formes toujours plus subtiles de dualité que j'appellerai *dualité d'existence* et qui ruinent le monisme intentionnel de toute l'entreprise antérieure.

Certains aspects de cette dualité s'expliquent par la structure temporelle de notre être-au-monde selon l'expression de Merleau-Ponty[1], en ce sens qu'une tendance à la persistance, à la fixation, est inscrite en tout présent vivant ; le glissement dans la généralité et l'anonymat durcit les persistances en résistances et ainsi tout projet nouveau surgit dans un monde déjà là, dans un monde de projets sédimentés ; et une partie de mon énergie de vivre se dépense dans la vigilance organique par laquelle je maintiens d'anciennes présences de moi-même en quelque sorte contractées en acquis.

Si nous pouvions aller jusqu'au bout de cette démarche, nous n'aurions pas à parler d'une *réciprocité* du volontaire et de l'involontaire, avec ce que ce langage conserve encore de dualisme, mais de l'*ambiguïté* d'un mouvement d'existence qui d'une seule démarche, par voie de temporalisation, se fait liberté *et* servitude, choix *et* situation. Mais on ne peut aller jusqu'au bout de cette résorption des résistances dans les survivances ; car on ne voit se constituer ainsi par sédimentation que les aspects de l'involontaire qui sont tributaires de près ou de loin de l'habitude. La description de l'involontaire révèle toutes

---

1. *Phénoménologie de la perception*, pp. 98-105.

sortes de formes de l'involontaire qui ne sont pas des produits d'histoire.

Mais surtout cette fusion l'un dans l'autre du projet et de la situation est tenue en échec par quelques aspects fondamentaux de la vie volontaire qui nous autorisent à parler d'une dualité dramatique ou polémique et dont il faut reconnaître le statut insolite, oscillant entre monisme et dualisme.

Il faut partir du plus manifeste pour aller au plus caché. Le plus manifeste, c'est l'écart qu'institue la souffrance entre moi et moi-même, entre moi comme celui qui assume et moi comme celui qui subit ; la souffrance introduit une faille existentielle dans ma propre incarnation ; la nécessité n'est pas vécue seulement comme affectante, mais comme blessante ; c'est pourquoi, en retour, la liberté demeure la possibilité de ne pas m'accepter et de dire non à ce qui me diminue et me nie. Alors l'active dénégation de la liberté irrite cette espèce de négativité diffuse de ma condition. La partialité de mon caractère, l'impuissance où je suis à m'égaler dans une conscience transparente, la situation où je suis d'être remis à la grâce nourricière et sanante de mon corps, suscitent sans cesse le mouvement de déhiscence, le mouvement de recul, par quoi je commence à former le vœu de faire cercle avec moi, pour expulser hors de moi, dans un sujet empirique que je constituerais, les limites du caractère, de l'inconscient et de l'être-en-vie.

Ainsi affleure le moment de refus, qui est peut-être implicite à la réflexion ; c'est ce refus de la condition humaine qui s'exprime dans le triple vœu de l'homme : d'être total, sans la perspective finie du caractère ; transparent, sans l'opacité de l'inconscient ; et finalement d'être par soi, non-né. Ainsi le scandale est installé au cœur de la condition.

Rebroussant du niveau du consentement à celui de l'agir, je remarque que la continuité du vouloir au mouvoir à travers le pouvoir comporte aussi sa dualité naissante et toujours renaissante : la motion volontaire est toujours à quelque degré un effort, dans la mesure où le corps est spontané, c'est-à-dire où il m'échappe, va de l'avant, résiste ; cette dialectique concrète s'exprime dans le rôle contrasté de l'émotion et de l'habitude : l'une me surprend dans l'instant, l'autre m'aliène à la faveur de la durée ; et si l'une guérit de l'autre, il reste que la spontanéité est tour à tour organe et obstacle. Or le mouvement volontaire parfait, si l'on peut dire, serait celui dans lequel le corps s'effacerait totalement dans sa fonction d'organe. Mais je ne suis pas cette docilité suprême à moi-même et la prise sur mon corps reste reprise ; aussi l'unité de l'effort et de la spontanéité reste à l'horizon de ma condition comme une idée-limite ; et la vie volontaire reste conflit.

Finalement notre mouvement régressif nous ramène au foyer même de l'acte volontaire ; si en effet nous replaçons une décision dans le temps où elle mûrit, de nouveau apparaît ce que nous appelions tout à l'heure la faille existentielle. Elle apparaît dans ce fait assez paradoxal que l'événement d'un choix peut être lu de deux façons différentes : c'est en un sens l'arrêt d'une évaluation ; je me décide *parce que* je me rends à telle ou telle raison ; mais en un autre sens c'est le surgissement d'un acte nouveau qui fixe le sens définitif de mes raisons. Or cette double lecture est inscrite dans la structure même de la décision qui, par un côté, est une invention de projet et, par un autre, un accueil de valeurs élaborées dans une autre couche de conscience. C'est bien pourquoi il y a toujours eu deux philosophies de la liberté : selon l'une le choix n'est que l'arrêt de la délibération, le repos de l'attention, disait Malebranche ; selon l'autre, le choix est un surgissement, une irruption. Certes on peut toujours les concilier théoriquement, en disant que c'est la même chose de s'arrêter aux motifs d'un parti et de le choisir ; mais dans la vie concrète de la conscience ces deux lectures ne correspondent pas aux mêmes situations ; il y a des choix qui n'arrivent pas à déboucher d'une évaluation et d'une réévaluation sans fin, d'autres qui tendent vers le pari, le coup de dé. A la limite serait le scrupule ou l'acte gratuit, l'évaluation indécise, le choix sans valeur. Or ces deux possibilités me guettent toujours et elles révèlent la tension intérieure au choix ; la synthèse de la légitimité et de l'inventivité, de la valeur et de l'audace, reste aussi une idée-limite.

Ainsi l'unité de la personne ne peut être exprimée que dans un langage brisé : décision *et* motif ; mouvoir *et* pouvoirs ; consentement *et* situation.

Cette conclusion est capitale pour notre interprétation du pouvoir constituant de la conscience selon l'idéalisme transcendantal de Husserl : certes il est possible de parler encore d'une œuvre — d'une *Leistung* — de la conscience, puisque l'activité de décision, de motion, de consentement achève le sens humain de l'affectivité, de la spontanéité de ce corps animal ; en ce sens la phénoménologie de la volonté renouvelle dans un sens plus existentiel, mais ne ruine pas le transcendantalisme husserlien ; elle accentue seulement sa tendance à s'éloigner du kantisme et en général de tout le courant criticiste. Mais en retour la phénoménologie de la volonté barre toute prétention à interpréter la conscience « donnante » comme « créatrice » ; la bipolarité de sa condition paraît irréductible. La réciprocité du volontaire et de l'involontaire illustre la modalité proprement humaine de la liberté ; la liberté humaine est une indépendance dépendante, une initiative réceptrice. L'idée de création est plutôt le contre-pôle de cette manière d'exister du vouloir humain.

III. Troisième niveau : au seuil de l'ontologie

Le caractère « constituant » de la conscience est une conquête de la *critique* sur la naïveté naturaliste (ou mondaine). Mais le niveau transcendantal ainsi conquis recèle à son tour une naïveté de second degré — la naïveté de la critique — qui consiste à tenir le « transcendantal », le « constituant », pour le « primitif » absolu. La réflexion capable de la démasquer, disons la « réflexion seconde » (pour reprendre une expression de Gabriel Marcel), assure le passage d'une phénoménologie *transcendantale* à une phénoménologie proprement *ontologique*.

Notre problème, ici, est de montrer les ressources d'une phénoménologie de la volonté dans cette marche vers le seuil de l'ontologie ; la phénoménologie a en effet une manière propre d'amorcer le passage au problème de l'être de l'existant humain : en dévoilant un *non-être* spécifique de la volonté, une déficience ontologique propre à la volonté ; l'expérience privilégiée de ce non-être, malgré son tour négatif, est déjà de dimension ontologique ; elle est, si l'on peut dire, l'épreuve négative de l'être, l'ontologie en creux de l'être perdu.

L'exégèse de ce moment négatif consiste pour une bonne part dans une phénoménologie des passions, sans pourtant qu'elle s'y épuise ; appelons-là très largement une réflexion philosophique sur la culpabilité.

Il peut paraître étrange au premier abord de rattacher les passions — l'ambition, l'avarice, la haine etc. — à un principe « métaphysique » aussi discutable que celui de la culpabilité, — interprétée elle-même comme un *non-être !* Et pourtant on ne saurait trop souligner à quel point la psychologie qui veut faire l'économie d'un tel principe banalise le monde humain des passions. Que l'on tente une dérivation des passions à partir des émotions ou des sentiments, que l'on recoure à la métaphore creuse de la cristallisation ou que l'on assimile la passion à l'idée fixe, il manque à une psychologie des passions cette dimension, cette épaisseur, cette opacité qu'au théâtre la « terreur » et la « pitié » savent conjurer et à laquelle la complaisance fascinée du lecteur de roman participe dans l'imaginaire. La passion n'est pas un degré de l'émotion ni en général de l'involontaire.

Que le phénomène de la passion excède la psychologie ordinaire, nous pouvons nous en assurer autrement : cette manière d'être lié ou de se lier, cette captivité inconsistante, est bien autre chose qu'une complication de l'involontaire, puisqu'elle caractérise une manière d'être totale du volontaire et de l'involontaire, une figure globale de l'existence ; la passion n'est pas une fonction, une structure partielle, mais un style d'ensemble, une modalité d'esclavage qui a certes son intentionnalité propre (celle de la jalousie, de l'ambition etc.), mais où toutes les intentionnalités de fonctions partielles sont entraînées ; on peut bien trouver en chaque fonction de l'involontaire (désir, habitude, émotion) la zone de moindre résistance par où s'infiltrent et prolifèrent les passions, mais les passions sont la volonté même sous un mode aliéné.

C'est bien pourquoi le phénomène de la passion concerne « l'éthos » humain dans son ensemble ; sous le régime des passions, les valeurs qui pouvaient être inhérentes au vouloir comme ses vections primitives et auxquelles le vouloir est ouvert par la motivation, s'opposent désormais à lui dans la transcendance hostile du devoir ; naissance passionnelle de la « morale », de la « dura lex », qui condamne sans aider et « amorce la concupiscence »...

Or, il faut bien l'avouer, le problème de la culpabilité se présente comme un nœud d'apories. En un sens les passions semblent n'appeler qu'une description qui mobiliserait l'observation ordinaire, la littérature et l'histoire : les passions ne sont-elles pas la figure quotidienne du vouloir, au regard de quoi les fonctions du volontaire et de l'involontaire ne sont encore que des abstractions, telle une charpente, une ossature, à laquelle il manque une chair ? Cela est bien vrai ; mais il apparaît très vite que cette description s'éparpille dans des figures aberrantes indéfiniment multipliées ; pour faire un monde, un cosmos, il manque aux passions un principe d'ordre, une intelligibilité semblable à celles de fonctions partielles, telles que l'émotion, l'habitude, le désir etc, qui sont prises dans la dialectique du volontaire et de l'involontaire. Il faut déchiffrer les signes de chaque passion par l'usage de la vie et par la culture. Comment dès lors une phénoméno-*logie* des passions est-elle possible ? A défaut d'un principe d'ordre, la phénoménologie saura-t-elle thématiser un principe de désordre ? C'est ici qu'elle se heurte au caractère irréductiblement *mythique* de la notion de culpabilité ; or la philosophie voudrait bien « réduire » le mythe et en extraire une compréhension purement rationnelle qui alignerait la faute sur la souffrance et la mort, et même la résorberait dans la finitude, en l'assimilant à une « situation-limite » ; mais le mythe résiste, parce qu'il est seul à pouvoir lier *Sinn* et *Bild*, dans un accident, une catastrophe, qui serait une sorte d'événement transhistorique de la liberté : l'événement de la chute. Telle est l'aporie : seul un tel mythe peut regrouper, si l'on peut dire, le désordre, le contrecosmos des passions, mais la philosophie tend à *réduire* l'aspect événementiel de la culpabilité à une structure homogène aux autres structures du volontaire et de l'involontaire. A cet égard les philosophies de l'existence, qui ont beaucoup fait pour réintroduire la faute dans la réflexion philosophique, ne procèdent pas autrement que Plotin et Spinoza : pour elles aussi la finitude est l'ultime alibi philosophique de la culpabilité ; cette tantation paraît inhérente à un traitement philosophique de la notion de culpabilité.

A cette aporie, qu'on peut appeler méthodologique, s'ajoute une aporie en quelque sorte constitutionnelle : le *non-être* opéré par la culpabilité est indivisément « vanité » et « puissance ». La passion est la « puissance de la vanité » ; d'un côté, toute passion s'organise autour d'un « rien » intentionnel, que le mythe figure dans des images de ténèbres, d'abîme inférieur, de corruption, de servitude ; c'est ce rien spécifique, ce « vain », qui habite soupçon, reproche, injure, grief, et fait de toute passion la poursuite du vent ; et pourtant, d'un autre côté, la passion unit indissolublement grandeur et culpabilité, anime le mouvement de l'histoire et, en jetant l'homme vers le mieux-être et le pouvoir, fonde l'économie et la politique. La passion est puissante et rend puissant ; le mensonge de la passion réside précisément dans le report de la responsabilité sur une fatalité étrangère qui posséderait et emporterait le vouloir. C'est pourquoi le mythe l'appelle démon, en même temps que néant et ténèbres.

En présence de ces apories, la phénoménologie de la volonté est embarrassée mais non point démunie ; sa tâche est d'abord d'élaborer conjointement une *empirique* et une *mythique* de la volonté ; d'un côté il lui faut regrouper les traits descriptifs des passions à partir de la double idée de néant et de puissance et élaborer la quasi-intelligibilité d'un quasi-monde des passions à partir d'un accident mythique ; en particulier il lui faut allier la psychologie des passions de tradition stoïcienne et spinoziste à leur dramatisation par le roman et le théâtre ; en outre l'histoire lui fournira l'illustration de toutes les passions, principalement celles du pouvoir : il est certain que l'univers concentrationnaire a porté de nos jours à des dimensions caricaturales l'aliénation passionnelle dont le pouvoir est le thème ; une critique de l'histoire comme lutte pour le pouvoir est probablement plus importante pour la compréhension de la culpabilité que l'exégèse des passions minuscules de la vie privée.

Ainsi le mythe peut servir de guide heuristique dans une description menacée de s'éparpiller sans fin. En retour il importe d'élaborer une critique philosophique du mythe qui ne soit point une critique réductrice, mais qui en restitue l'intention signifiante. La tâche principale de cette critique est précisément de ressaisir l'ontologie négative de l'idée de culpabilité, de dégager le sens spécifique de cette « vanité puissante », en montrant l'échec de sa réduction aux autres modes de négativité (manque éprouvé du besoin, « creux toujours futur » ouvert en avant de soi par le projet, négation inhérente au refus et surtout défaut d'aséité, non-nécessité d'exister constitutive de la finitude).

La finitude est par priorité la notion sur laquelle tend à se rabattre la culpabilité ; c'est elle qui doit servir à la fois de repère et de repoussoir à une critique philosophique de la culpabilité ; reconnaître l'écart des deux notions, c'est cela « sauver le mythe » : ainsi la polarité de la finitude, comme « néant » constitutif si l'on peut dire, et de la culpabilité, comme « néant » événementiel, serait le thème directeur d'une telle exégèse du non-être du vouloir.

Si maintenant nous nous retournons, de ce seuil de l'ontologie, vers la réflexion transcendantale précédente, il apparaît que toute la dialectique du volontaire et de l'involontaire n'avait pu être édifiée que par omission de cette péripétie nouvelle qui introduit l'être par le non-être. La dimension transcendantale du Cogito se révèle après coup liée à cette ἐποχή de la culpabilité et de l'ontologie qu'elle implique. Le sens de cette omission doit maintenant être explicité.

Cette mise entre parenthèses des modalités passionnelles du vouloir est à la fois un gain et une perte.

Elle est d'abord un gain, parce qu'elle fait apparaître le vouloir, et en général l'existence humaine, comme ce qui « donne sens ». Il fallait aller jusqu'au bout de cette ἐποχή pour conquérir la fonction constituante de la conscience, c'est-à-dire, au plan de la volonté, sa capacité de qualifier tout l'involontaire comme humain. Une réflexion qui commencerait trop tôt par les passions, par la « misère de l'homme », risquerait de manquer cette signification du vouloir et de la conscience ; en particulier, la notion d'esclavage prématurément considérée risquerait d'être confondue avec quelque déterminisme, quelque automatisme, et enfermerait l'anthropologie dans une pensée par objets ; dès lors, pour dissocier le monde subjectif de la motivation de l'univers objectif de la causalité, pour reconquérir le sens de la spontanéité des pouvoirs que le corps mouvant offre à l'action, pour retrouver, plus subtilement encore, cette nécessité en première personne que je subis du fait que je suis en vie, né de la chair, il fallait organiser cette triple idée de motivation, de spontanéité, de nécessité vécue, autour d'un « je veux » constituant (ou, en un sens limité, transcendantal). Il fallait donc tenir en suspens l'esclavage qui opprime le vouloir, pour percer jusqu'à cette possibilité fondamentale du moi qui est sa responsabilité ; il fallait omettre la faute pour comprendre la réciprocité du volontaire et de l'involontaire qui les rend intelligibles l'un par l'autre sous l'idée-limite de leur unité.

Bien plus, cette omission de la faute rend seule possible la réintroduction ultérieure de cette dimension nouvelle : parce que la liberté est constituante de tout l'involontaire, y compris de la nécessité, la liberté n'est pas supprimée par la culpabilité : la servitude elle-même est un accident *de* la liberté. La dialectique du volontaire et de l'involontaire est la structure indifférenciée de l'innocence et de la culpabilité ; elle est la condition de possibilité d'un paradoxe tel qu'une liberté serve. L'homme n'est point à moitié homme et à moitié coupable ; il demeure pouvoir de décider, de mouvoir et de consentir, mais pouvoir occupé par l'ennemi.

Et pourtant l'ambiguïté d'une réflexion transcendantale est d'être à la fois gain et perte ; conquête du pouvoir constituant de l'homme, elle est aussi déperdition ontologique. Comme si une naïveté seconde l'habitait, une naïveté transcendantale qui succéderait à la naïveté naturaliste. La réflexion transcendantale suscite cette illusion que la philosophie pourrait être une réflexion sans une ascèse, sans une purification de son propre regard ; elle omet ce fait décisif que la liberté qui *constitue* l'involontaire est pourtant une *liberté à délivrer*, qu'il faut donc traverser des plans de conscience pour aller de son non-être à son être.

Cette naïveté est peut-être plus difficile à vaincre que celle de l'attitude « naturelle » ; si l'Ego se perd aisément dans son monde et se comprend volontiers par les choses qui l'entourent, une illusion plus tenace l'enferme dans l'enceinte même de sa subjectivité ; l'omission de l'être paraît tenir à la *dissimulation* que secrète la liberté serve ; la « vanité » de l'Ego est tendue comme un voile sur l'être même de son existence.

La conquête de la subjectivité constituante par la philosophie est ainsi étrangement une grandeur culturelle coupable, comme l'économie et la politique. La phénoménologie transcendantale est déjà l'œuvre de ce Soi qui se voudrait par Soi et sans racines ontologiques.

Et pourtant le sens de la subjectivité, une fois conquis, ne saurait plus être perdu : transcender le Soi sera à la fois le retenir et le suspendre comme instance suprême.

Si l'accès à la phénoménologie transcendantale est l'œuvre d'une sorte de révolution copernicienne, le passage de la phénoménologie transcendantale à la phénoménologie ontologique est à son tour une sorte de conversion qui « décentre » du Soi la préoccupation ontologique. L'exégèse de la « vanité » serait le point d'inflexion de cette réflexion seconde. En révélant un non-être spécifique, une ψευδής οὐσία, la « vanité » pose en négatif le problème de l'être du vouloir, de l'être de l'homme. Peut-être cet accès à l'ontologie par la « vanité » du vouloir est-il plus fécond que la recherche des implications ontologiques des phénomènes sur le plan de la conscience théorique.

Si donc une telle réflexion seconde était possible, la phénoménologie, centrée sur la *Sinngebung* en général et sur le pouvoir constituant du « Je veux » en particulier, supposerait une démarche préalable, la mise en suspens de la question de l'être et du non-être de la « conscience donnante » ; démarche féconde puisqu'elle seule mettrait au jour le sens propre de la subjectivité. Mais alors, passer à l'ontologie consisterait à lever ces parenthèses et, tout en gardant le bénéfice de la subjectivité conquise par la mise entre parenthèses, à tenter l'aventure d'une ποίησις, d'une « poétique » de la volonté.

ANALYSES ET PROBLÈMES
DANS « IDEEN II » DE HUSSERL

Dans son introduction à la belle édition en allemand des *Méditations cartésiennes* de Husserl, S. Strasser rappelait récemment le destin étrange des œuvres principales du fondateur de la phénoménologie ; par trois fois — à l'époque des *Ideen* (de 1911 à 1925 environ), à l'époque des *Méditations cartésiennes* (de 1928 à 1931), à l'époque de la *Krisis* (de 1931 à 1936) — Husserl a tenté de réunir dans une œuvre d'ensemble l'interprétation philosophique de sa méthode et les exercices phénoménologiques qui devaient à la fois la mettre en œuvre et la justifier ; chaque fois des remaniements sans fin et des scrupules de rédaction ont mutilé le projet primitif ; c'est ainsi que le public n'a connu que l'exposé systématique qui devait servir d'introduction à l'ensemble des *Ideen*, sous le titre *Ideen I, Introduction à une phénoménologie et une philosophie phénoménologiques pures*. *Ideen II* et *III*, bien qu'entièrement rédigés, sont restés inédits. De même l'édition française des *Méditations cartésiennes* n'a pas été suivie par l'édition du texte allemand primitif, celui-ci ayant été engagé dans une vaste refonte qui n'a jamais abouti ; dès la fin de 1930, Husserl était accaparé par la grande œuvre dont un fragment seulement devait être publié dans une revue de Belgrade, en 1935, sous le titre *Die Krisis der europäischen Wissenschaften und die transzen-*

dentale Phänomenologie. Il semble que la probité et le travail du philosophe aient sans cesse provoqué un dépassement des résultats acquis et contrecarré le besoin contraire de donner un caractère définitif, voire même péremptoire, à l'unité systématique ; comme ce besoin trouvait plus facilement une issue dans les grands exposés de doctrine, on comprend que ce soit les exposés de recherche qui aient été régulièrement sacrifiés. Pour nous qui avons maintenant accès aux inédits grâce au travail admirable des *Archives-Husserl de Louvain*[1], il est important que nous puissions contrôler les thèses de caractère systématique et programmatique de *Ideen I* par les analyses de *Ideen II*, intitulées *Recherches phénoménologiques sur la constitution de la réalité dans son ensemble.*

L'intérêt est double : d'un côté *Ideen II* met à l'épreuve la *méthode* « d'analyse intentionnelle » préconisée par *Ideen I* ; d'autre part, les analyses de *Ideen II* éclairent rétrospectivement la *doctrine* idéaliste qui, depuis 1905, interprète la méthode phénoménologique et qui a trouvé dans *Ideen I*, et surtout dans les *Méditations cartésiennes*, son expression systématique. Il importe de bien distinguer ces deux aspects de l'œuvre de Husserl qui sont souvent confondus par leur auteur lui-même sous le titre ambigu de constitution. En un premier sens, les exercices de « constitution » sont des exercices d'analyse intentionnelle ; ils consistent à partir d'un « sens » déjà élaboré dans un objet qui a une unité et une permanence devant l'esprit et à défaire les multiples intentions qui s'entrecroisent dans ce « sens » ; d'où le nom d'analyse intentionnelle. *Ideen I* pratique cette méthode sur l'exemple privilégié de l'objet perçu : on remonte ainsi de la stabilité indivise de la chose, telle qu'elle « apparaît » au regard, au flux des profils, aspects, esquisses à travers quoi la conscience anticipe et présume l'unité de *la* chose. L'analyse intentionnelle prend toujours pour « guide transcendantal » un objet, un sens, dans lequel se nouent des visées de conscience ; elle n'aborde jamais

---

1. Les *Archives-Husserl à Louvain*, dirigées par le Dr H. L. Van Bréda, ont transcrit déjà une partie considérable de ces inédits ; une copie est déposée à l'Institut de Philosophie de l'Université de Strasbourg. Les éditions Martinus Nijhoff de la Haye ont entrepris la publication des « œuvres complètes » de Husserl ; trois volumes de *Husserliana* ont déjà paru : *Die Idee der Phänommologie, fünf Vorlesungen* (éd. et introd. par Walter Biemel) ; *Ideen zu einer reinen Phänomenologie und phänomenologischen Philosophie*, livre I (éd. par Walter Biemel) ; *Cartesianische Meditationen und Pariser Vorträge* (éd. et introd. par S. Strasser), 1950.

directement la génialité sauvage de la conscience ; son rationalisme implicite la porte vers l'un, l'ordre, le système dans quoi elle se dépasse polairement. Quelque unité est toujours le fil d'Ariane dans le divers de la conscience. Une telle méthode ne préjuge rien du sens dernier de la conscience : c'est un idéalisme méthodologique plutôt que doctrinal qu'elle implique ; elle est le serment de ne tenir toute réalité que comme un sens *pour* une conscience et d'épeler en « moments » temporels et en « couches » fonctionnelles les diverses syllabes du sens.

Mais ce sens « *pour* » *une conscience*, Husserl l'interprète comme un sens « *dans* » *ma conscience* ; du même coup il prend une décision métaphysique sur le sens dernier de la réalité et outrepasse la prudence méthodologique de n'interroger que la conscience. Les *Méditations cartésiennes* tirent toutes les conséquences d'une telle décision, avec un courage philosophique exemplaire : le retour à l'Ego conduit à un monadisme selon lequel le monde est à titre primordial le sens que déploie mon Ego. Husserl, assumant lucidement la responsabilité du « solipsisme transcendantal », tente de trouver une issue dans la connaissance d'autrui qui doit réaliser cet extraordinaire paradoxe de constituer « *en* » moi l' « *étranger* » premier, l' « *autre* » primordial : celui-ci, me soustrayant le monopole de la subjectivité, réorganise autour de lui le sens du monde et inaugure la péripétie intersubjective de l'objectivité.

Ideen II reste en deçà de cette problématique proprement philosophique et déploie ses analyses dans les limites de l'idéalisme méthodologique que nous avons caractérisé plus haut. Le « guide transcendantal » de l'analyse intentionnelle est la notion de « réalité dans son ensemble » (*die gesamte Realität*). Ce thème s'articule en deux degrés : la réalité comme nature et la réalité comme « monde spirituel » (*geistige Welt*). La nature elle-même s'analyse en « nature matérielle » et en « nature animale ou psychique ». La « chose », « l'âme », « l'esprit » sont ainsi les trois thèmes directeurs, les trois objets régulateurs de la recherche.

Ce parcours de bas en haut reproduit à première vue un schéma très traditionnel à la fois de la réalité et de l'enchaînement des sciences. Mais il ne faut pas perdre de vue qu'il s'agit chaque fois de « constituer dans la conscience » ces objets directeurs c'est-à-dire de les retrouver au terme des intentions de conscience qui s'y déposent et donc de parler de la nature dans une autre attitude que naturelle, de parler transcendantalement de la nature et de la réalité. De plus il s'agit de constituer également l'articulation entre ces objets, de « fonder » l'une dans l'autre les « couches » du sens : entre les deux niveaux de la nature comme entre la nature et l'esprit il n'y a pas un rapport qu'on trouve dans la nature ou dans l'esprit, mais un rapport constitué par les significations des actes de conscience qui s'édifient les uns sur les autres [1]. Ce rapport « non-réel » est donc élucidé par la seule phénoménologie transcendantale : sans elle le savant ne sait pas ce qu'il dit quand il bâtit l'animal sur le minéral, localise le psychique, englobe la culture dans la nature ou réciproquement. Faute de *constituer* cette relation « dans la conscience », le savant est condamné soit à rabattre toutes les sciences sur une seule (par exemple la physique mathématique), soit à les disjoindre en fonction de méthodologies disparates.

Pourtant ce travail de constitution, dont nous allons rendre compte maintenant, ne permet pas de trancher les hésitations et les ambiguïtés de l'idéalisme de *Ideen I* [2] et de justifier l'interprétation plus cohérente et plus radicale des *Méditations cartésiennes*. On verra se dégager progressivement de l'analyse intentionnelle une curieuse polarité qui n'est pas sans rappeler la polarité kantienne de l'idéalisme transcendantal et du réalisme empirique. *Ideen II* ne travaille pas à dissiper le prestige des idées de réalité, de nature, ni le prestige des sciences objectives de l'homme ; bien au contraire : en les enracinant dans un travail (*Leistung*) de conscience, la phénoménologie les justifie et les dresse vis-à-vis de la subjectivité transcendantale comme les *objets* qui lui donnent sens, la sauvent de l'irrationalité menaçante d'un flux de conscience non concordant. L'objet c'est la discordance possible surmontée. *Ideen II* suggère l'image

1. *Ideen I* use plusieurs fois de cette structure de *Fundierung* : pour désigner l'enracinement des valeurs de choses dans l'objectivité de la chose (66-67) ; pour caractériser l'édification des noèmes ou des noèses dans les actes composés de colligation, d'explicitation, de relation, etc. (§ 93 et § 118).
2. *Ideen I* tient à la fois que toute réalité est le « sens » de la conscience *et* que sens : *a*) repose sur l'intuition, sur un *voir* ; *b*) met en forme une matière — une *hylé* — non intentionnelle ; *c*) vise à son tour, par delà lui-même, un objet qui donne la marque ultime de la « réalité » à ce sens et de la « raison » à la conscience elle-même. Ces thèmes laissent le lecteur dans un certain malaise dont E. Fink s'était naguère fait l'écho (*Kantstudien*, 1933)

d'une vaste respiration qui fait alterner un mouvement d'influx ou de *retour réflexif* à l'Ego pur de la phénoménologie et un mouvement d'expiration ou d'*objectivation* par quoi la conscience se stabilise dans du *réel*, dans des significations unes et dignes d'être dites, dignes du λέγειν et du λόγος. C'est ainsi que la marche de *Ideen II* est jalonnée par la triple polarité de l'Ego transcendantal et de la chose, piège du dehors absolu, — de l'Ego et de l'âme qui elle aussi est dehors parmi les choses, — de l'Ego et de l'esprit qui est objectif dans les personnes et les groupes historiques. La phénoménologie montre, certes, la relativité de ces faux absolus à la conscience qui les vise, mais ne montre-t-elle pas aussi ce que serait la vanité et la folie d'une conscience qui ne se dépasserait pas dans un « sens »[1] ?

Ire PARTIE
LA CONSTITUTION DE LA NATURE MATÉRIELLE

La structure de la première partie de *Ideen II* est assez simple ; l'étude centrale, constituée par l'analyse intentionnelle du « *sens* » de la chose, est faite au chapitre II ; mais elle est précédée par une réflexion sur l'*attitude* générale dans laquelle la chose apparaît comme chose : cette attitude découpe en face d'elle, sinon un « sens » avec ses caractères précis et ses couches ou niveaux de signification, du moins une « idée » — l'idée de nature en général, — c'est-à-dire un thème régulateur qui exclut certaines déterminations *a priori* telles que l'utile, le beau, le bon, etc., et prescrit certains comportements théoriques : ainsi le sens de la « *chose* » se profile sur fond de « *nature* » (chap. I) ; l'analyse intentionnelle de la chosé̈ité (chap. II) appelle, à son tour, un changement de perspective : le sens de « la chose même », telle qu'elle se donne, n'est pas complet tant qu'on ne fait pas entrer en ligne de compte ses interférences avec les dispositions corporelles et psychiques du sujet : à cette occasion Husserl développe pour la première fois sa très importante interprétation

---

1. Cette étude consacrée à la mise en œuvre de l'analyse intentionnelle préconisée par *Ideen I* est, dans mon esprit, la contre-partie d'une autre étude consacrée à la motivation de l'idéalisme des *Méditations cartésiennes* et que publiera en 1952 la *Revue Philosophique de Louvain* ; j'y justifie la distinction d'un idéalisme méthodologique impliqué par la phénoménologie transcendantale et d'un idéalisme doctrinal qui serait issu de l'interprétation de second degré de la méthode intentionnelle par le philosophe.

de la fonction percevante du corps (chap. III) ; mais cette théorie n'est ici qu'une étape en direction de l'analyse complémentaire de l'objectivité de la chose : en effet, l'entrée en scène de la subjectivité individuelle provoque un clivage entre les traits et les aspects de la chose qui restent relatifs à un seul individu et ceux qui sont non-relatifs et vrais pour tous ; cette référence de l'objectivité à l'intersubjectivité achève de constituer le sens de la nature matérielle (nous soulignerons cette inflexion finale de l'analyse du chap. III, en scindant un chap. IV qui rattache les conclusions atteintes par la théorie du « corps percevant » à la question du sens de la chose, telle qu'elle est élaborée au chap. II, consacré précisément aux différentes « couches » du « sens de la chose comme telle »).

I. — L' « Idée » de la nature en général.

La première démarche du phénoménologue est pour circonscrire *a priori* le champ d'appartenance de la nature par le type d'intérêt ou d'attitude dont elle est le corrélat. Nous ne savons pas *quels* objets sont de la nature, mais de *quelle* conscience ils sont le vis-à-vis. En ce sens nous avons une *idée* de la nature, règle de cette ontologie régionale que nous allons élaborer.

Cette attitude Husserl l'appelle expérience (*Erfahrung*[1]) et plus précisément doxique-théorétique (*doxisch-theoretisch*). Dans le langage du phénoménologue, expérience dit plus que perception. Le sens de la perception n'apparaît que par la réduction de certains caractères de l'expérience, réduction qui en met à nu l'aspect besogneux et inachevé. L'expérience nous met déjà au niveau d'une perception traversée par une « thèse », c'est-à-dire par *une croyance qui pose son objet comme étant* ; nous vivons la perception en faisant crédit à la véhémence, si j'ose dire, de la présence, au point de nous y oublier, de nous y perdre. Cette croyance (*doxa*) a pour mode fondamental la certitude, dont le corrélat est l'indice de réalité qui s'attache au perçu et où l'on peut reconnaître ce que les Anciens désignaient du nom de « manifeste » (ἐναργής). En effet, la croyance est une créance, un crédit, en deçà du jugement proprement dit qui prend position

---

1. *Das gesamte räumlich-zeitliche Weltall* [ist] *der Gesamtbereich möglicher Erfahrung.*

sur le vrai et le faux. La modalité d'être que la *doxa* confère au réel est préalable à l'opération du *oui* qui souligne, repasse sur la croyance, et à celle du *non* qui biffe¹. C'est ce caractère « thétique », positionnel qui, une fois aperçu, peut être neutralisé, suspendu. La conscience, au lieu de s'engluer dans son monde, se reprend sur cette puissance enveloppante et se découvre posante, donnante : en même temps le monde est réduit à son « sens » délesté de la lourdeur et de l'opacité de « l'étant ». C'est cette péripétie qui est implicite à la constitution de la nature.

Mais si en un sens l'expérience est plus riche que la simple perception, elle est en un sens plus pauvre qu'elle : par son côté théorétique elle procède par abstraction de tous les accents affectifs et pratiques que la réalité doit à mon activité évaluante et volitionnelle : ignorant positivement le beau et le bon, l'utile et le valable, je me fais pur spectateur ; ôté l'aspect *Wert*, il reste l'aspect *Sache* (dans la langue de Husserl, *Ding* nomme la chose par opposé à l'être animé, *Sache* la chose par opposé à la couche de valeur). « La nature est là pour le sujet théorétique ». Les évaluations de l'homme n'interfèrent pas avec le regard du savant : elles ne sont pas constitutives de l'idée de la nature².

Ainsi nous nous faisons savant à la fois par un acte de crédit et par un acte de défiance, par un acte de position et par un acte de réduction ; nous accordons « l'étant » et retirons le « valable ». C'est cette double action de conscience (*Leistung*) que Husserl appelle *objectivation*. Cette objectivation une fois commencée dans le cercle des choses peut se retourner à son tour contre ce qu'elle a exclu, partir à la conquête des prédicats affectifs, axio-

---

1. Sur tout ceci, cf. *Ideen I*, § 103 et suiv. Les modalités de la croyance (certitude, supputation, conjecture, question, doute) et les modalités de la réalité qui lui correspondent du côté de l'objet (réel, possible, vraisemblable, problématique, douteux) sont elles aussi d'un niveau pré-judicatif. — Je me demande si cette analyse remarquable de la *doxa* par Husserl n'est pas un bon guide pour départager les analyses classiques du jugement et de la croyance chez Descartes et Spinoza. Peut-être pourrait-on dire qu'ayant confondu tous deux croyance et jugement explicite ils ne parlent pas de la même chose et ne s'opposent pas au même niveau. Descartes a raison au niveau du jugement véritable qui est un acte responsable, volontaire et libre. Spinoza a raison au niveau de la croyance préjudicielle, où l'opération positionnelle (*doxisch*) est en quelque sorte tissée dans la « représentation » même : il faudrait ajouter que le moment de « crise » qui sépare la *doxa* du jugement c'est la contestation, celle qui biffe, et non l'affirmation, celle qui souligne.
2. « Nous accédons à une idée de la nature, délimitée *a priori*, où le monde est monde de pures choses (*Sachen*), en devenant nous-même sujet purementthéorétique ». (31.)

logiques, pratiques et les incorporer à leur tour au savoir théorétique. Et ainsi le processus d'objectivation, par quoi je pose et délimite une nature, dépasse la nature même, mais toujours sur le modèle de la nature : la nature des choses devient alors exemplaire pour une psychologie, une sociologie, une esthétique « naturalistes ».

II. — Le « sens » de la « chose » en général.

Nous savons dans quelle attitude la chose apparaît comme chose : maintenant que nous savons que la chose est « pour » une certaine manière de regarder, nous ne pouvons plus craindre d'interroger « la chose même » et de la prendre pour guide. Nous allons pratiquer ce que *Ideen I* appelle réflexion noématique ; c'est une réflexion, puisque, au lieu de vivre simplement, nous questionnons le sens de ce que nous vivons ; mais c'est une réflexion noématique, parce que c'est le cogitatum, non le cogito, — le noème non la noèse — qui est élucidé [1]. Nous touchons sur le vif, dans l'analyse qui suit, le type proprement husserlien de transcendantalisme : ce qui intéresse Husserl dans la conscience ce n'est pas sa génialité, sa puissance d'inventer en tous sens, mais les significations stables, unifiées, dans lesquelles elle se dépasse et se noue. C'est l'*objet* qui est toujours le « guide transcendantal » qu'il faut suivre dans le dédale des intentions enchevêtrées. C'est pourquoi, s'il est vrai que la conscience est un « je peux » — Husserl le répète dans tous les grands exposés philosophiques de sa méthode —, cette puissance de la conscience ne l'intéresse pas en tant que gratuite, mais en tant que législatrice. La phénoménologie est une philosophie du « sens » beaucoup plus que de la liberté. C'est peut-être là le secret de sa parenté plus grande avec Kant qu'avec les phénoménologies « existentialistes » : celles-ci lui doivent une méthode et des analyses particulières ; mais l'esprit vient d'ailleurs et le souci est autre.

Interrogeons donc la chose même, — le sens de la chose — et demandons-nous ce qui la distingue de l'ordre spirituel (*Geis*-

---

1. D'où le titre du chap. II : *Die ontische Sinnesschichten des anschaulichen Dinges als solchen*. — Sur « noème » et « sens », cf. *Ideen I*, § 90 et §§ 129 et suiv.

tigkeit). La réponse de Husserl est double : l'extension (*Ausdehnung*) est ce qui signale la chose, mais la matérialité est son attribut essentiel ; autrement dit, l'extension ne peut manquer sans que manque la chose, et pourtant l'extension qualifiée n'est pas encore chose, mais seulement, comme on dira, « fantôme ».

L'étude de l'extension dans *Ideen II* n'a rien de remarquable par rapport, par exemple, à l'*Esthétique transcendantale* : la division de l'espace est division de la chose même ; toute qualité survient ou disparaît dans l'espace, le « remplissant » en quelque sorte (ce « remplissement » diffère d'un registre sensoriel à l'autre : la couleur « couvre », l'odeur se « répand », etc.) ; les qualités ne peuvent que se remplacer ; il n'y a pas de vacance absolue de la qualité.

Par contre, une notation intéressante pour l'analyse ultérieure du psychique est introduite ici : le psychique ne s'étend pas, ne remplit pas un espace, n'est pas divisé par lui ; il est localisé dans l'espace, ce qui n'est pas la même chose, ou, si l'on veut, il s'ordonne à l'espace : cette relation de fondation (*Fundierung*), qui s'éclairera le moment venu, n'est pas par hasard, mais par essence.

Qu'est-ce qui fait d'un espace étendu une *Res*, une *Realität* ? (comme on l'a dit, il s'agit de dégager une essence : l'essence de la choséité, de lire cette essence sur un exemple bien choisi, cet exemple pouvant être aussi bien emprunté à la mémoire ou à la libre imagination [1]). Faisons une hypothèse : supprimons de la chose tout changement à tous égards — quant à la forme et quant à la qualité ; coupons-la de tout contexte qui puisse faire apparaître un *changement en relation avec* le reste de la situation : il reste un « schéma sensible », forme peinte, sonore, etc. ; tandis que la forme sans qualité est impensable, la forme qualifiée peut être abstraite, par variation imaginative, de toutes les autres déterminations matérielles. Or, que manque-t-il à un tel fantôme ? Il lui manque ce « surcroît » qui permet d'attendre de lui ceci ou cela ; il est apparaître pur, fermé sur soi et devenant sans cesse autre ; il échappe à la question : « Qu'est-ce ? » cet apparaître où *quelque chose* n'apparaît pas échappe au discours.

En suspendant toute relation à un contexte, nous avons sus-

---

1. On ne saurait sousestimer le rôle des variations imaginatives dans la réduction husserlienne du fait à l'essence ; cf. *Ideen I*, § 4 et 23.

pendu ce qui fait la réalité de la chose matérielle : le sens de chose ne se manifeste que quand nous levons la parenthèse : le rapport du fantôme à des *circonstances* (*Umstände*) paraît alors le moment décisif de la chuséité ; considérons l'une de ces circonstances : l'éclairement ; sous des lumières différentes, le fantôme de l'objet varie sans cesse ; mais nous disons que c'est la même chose qui est autrement éclairée ; nous départageons donc du flux des variations une *constance* de qualité ou de forme ; et ce flux de variations, nous le *rapportons* en même temps à des variations dans les circonstances. Cette référence du variable à des circonstances variables est l'envers de la *Dingsetzung*, par quoi nous posons une chose comme la même chose. La matérialité est donc ce qui s'annonce comme indépendant des circonstances à travers les variations du schéma sensible : la couleur objective, c'est celle que la chose a, dans la nuit comme au soleil ; toute propriété tire sa réalité matérielle (*reale*), objective, d'une opération relationnelle du même ordre et la réalité est aussi multiple qu'il y a de propriétés qu'on peut traiter comme « des unités persistantes par rapport aux multiples schémas réglés sur les circonstances correspondantes » (55).

Cette analyse de la *realisierende Auffassung* — qui élève l'apparaître passager au rang « d'état » durable (*Zustand*) — appelle quelques remarques. Elle surprendra aussi bien les phénoménologues « existentialistes » qui la trouveront trop intellectualiste et les philosophes accoutumés aux analyses de Lagneau et d'Alain, à plus forte raison les penseurs formés par l'*Analytique transcendantale* de Kant.

D'un côté, en effet, cette « position de chose » est une opération relationnelle : sous le nom de « circonstances », Husserl évoque sinon la relation de causalité, du moins un style causal [1] qui serait la racine, la forme originelle d'une relation explicite appartenant à la couche supérieure du *Denken* : du même coup Husserl engage toute l'analyse ultérieure dans une direction qui décevra les lecteurs accoutumés à l'opposition de « l'existence » et de « l'objectivité », telle qu'on la trouve, par exemple chez Gabriel

---

1. « Connaître une chose, c'est savoir par expérience comment elle se conduit quand on la presse, la heurte, la courbe, la brise, la chauffe, la refroidit, bref comment elle se comporte dans l'enchaînement des circonstances causales (*im Zusammenhang seiner Kausalitäten*), par quels états elle passe, comment elle demeure la même à travers ces états. »

Marcel, puis chez Merleau-Ponty. Il ne s'agit pas, dans *Ideen II*, de retrouver un type de présence du monde, dont les significations seraient projetées par le déroulement de mes pouvoirs corporels, en deçà des relations objectives du niveau intellectuel et scientifique. Un tel dessein est absolument étranger à Husserl, en tous cas à l'époque de *Ideen II*. C'est, au contraire, la détermination progressive de l'objectivité qui l'intéresse. Ce souci sera encore plus manifeste au niveau de la *Psyché*, qu'il s'agira précisément d'élaborer comme le thème valable d'une psychophysiologie objective.

Et pourtant, d'autre part, cette analyse n'est pas intellectualiste : cette « causalité » n'est point pensée ; elle est une dépendance vue, perçue comme un aspect de la situation perçue : quand l'éclairement d'une figure colorée varie, la dépendance à l'égard de l'éclairage vient elle-même se donner originairement. Husserl oriente l'analyse dans le sens d'une investigation de relations dont on peut dire qu'elles sont à la fois concrètes et perçues. Sans doute accorde-t-il que faire attention à la constance de la forme ou de la qualité et faire attention à la dépendance causale sont deux directions différentes du regard, enracinées pourtant dans le même « schéma » ; mais la relation de tel « état » à telle « circonstance » est incorporée à la base perceptive du fantôme ; elle fait partie du perçu et de son sens. Le schéma se prête ainsi à de multiples « appréhensions causales » qui indiquent des séries possibles de perceptions, fonctionnellement rapportées à des séries possibles de circonstances (par exemple, je m'attends à telle apparence du même rouge sous la lumière solaire, sous une lumière bleue, à l'ombre, etc.). Même lorsque Husserl rattache les « états » à une « substance », il reste au niveau de cette *doxa* perceptive dont nous parlions au début et parle d'une monstration originaire (*originär... aufweist* ; 56-57) des propriétés réelles dans les états dépendants des circonstances.

On voit les tendances générales de l'interprétation : 1º d'un côté la science ne pose pas de problèmes absolument nouveaux par rapport à la constitution perceptive de la chose ; c'est donc celle-ci que le phénoménologue doit interroger, au lieu de subordonner le perçu au scientifiquement connu. *Ideen II* accentue ainsi la tendance de *Ideen I* à déplacer l'intérêt de la philosophie des sciences à la phénoménologie de la perception [1].

2º En retour la conscience perceptive amorce la conscience scientifique par son caractère relationnel : la causalité comprise plonge ses racines dans une relation perçue de dépendance des propriétés intuitives à l'égard des « circonstances », elles-mêmes intuitivement perçues.

3º La phénoménologie de la perception est possible parce que la constitution de la chose comporte une « essence » qu'on peut saisir sur quelques exemples. Ce point est passé sous silence par les modernes philosophies de la perception qui justifient difficilement leur droit de parler de la perception au lieu de la vivre, c'est-à-dire leur droit de parler réflexivement du pré-réflexif, de parler rationnellement du pré-rationnel. Husserl, à tort ou à raison, justifie ce droit par une théorie des essences : il y a des significations *a priori* telles que extension, fantôme, relation à des circonstances, réalité, substantialité qui sont lues, par inspection directe, sur les choses mêmes. En retour cette prétention à accéder à des essences de noèmes, à déchiffrer par intuition eidétique l'essence de choséité, pose un problème grave solidaire du précédent : les structures de la chose élaborées par la science ont une histoire progressive, Husserl voudrait que celles que le phénoménologue dégage n'en aient pas ; c'est pourquoi il lui faut enraciner la « chose physique » dans la « chose perçue », afin que l'*histoire des sciences*, où Brunschvicg instruise sait le sens de la réalité, ne dévore pas l'*eidétique de la perception*. Il semble que Husserl, après 1930 et à l'époque de la *Krisis*, ait considéré cette position comme plus difficile à tenir : d'un côté il dut accentuer le côté irrationnel de ce *Lebenswelt*, qui est comme la matrice de notre existence, et en particulier en souligner le caractère pré-relationnel ; de l'autre il dut souligner la rupture introduite par la révolution galiléenne, par la mathématisation du réel, dans notre lecture des choses et donc remettre en question cette continuité entre perception et la science et faire jouer le rôle décisif à la vision scientifique du monde : du même coup il lui fallut intégrer les *a priori* de la *Dingauffassung* dans une histoire de la culture, avec toutes les difficultés que l'histoire introduit dans une philosophie des essences.

Mais *Ideen II* compense aussi cette interprétation de la conti-

---

1. *Ideen I*, § 40 et suiv.

nuité entre la *Dingauffassung* perceptive et la *Dingauffassung* scientifique par une vue sur leur discontinuité : ce changement de perspective apparaît quand on considère une autre dimension du perçu, à savoir sa relation aux dispositions corporelles et psychiques du percevant ; c'est sous cet angle nouveau que se justifie la coupure entre la « subjectivité » de la chose perçue et « l'objectivité » de la chose physique.

III. — LE PERÇU RAPPORTÉ AU CORPS PERCEVANT.

C'est à l'occasion du passage à la dernière « couche constitutive » de la *chose réelle* que Husserl élabore pour la première fois dans *Ideen II* sa doctrine du corps. Pourquoi ce recours au corps à ce moment de l'analyse ? Parce que l'ultime élaboration de l'objectivité suppose que l'on fasse attention à toutes les allusions, à toutes les références que la chose garde à l'égard d'un sujet sentant et incarné ; l'objectivité s'arrache à une subjectivité jusqu'ici non remarquée, qui s'omettait elle-même en quelque sorte en se dépassant dans les aspects même du perçu. Il faut donc s'apercevoir qu'on n'a mis en place jusqu'à présent que les aspects de la chose pour un sujet isolé et qu'il faut passer à la « chose pour tous » ; par conséquent il faut d'abord faire réflexion sur les modes non remarqués d'implication de mon corps dans « l'appréhension des choses ».

Cette manière d'introduire le corps mérite d'être soulignée : c'est par un mouvement régressif que nous remontons du perçu, dans quoi la conscience se dépasse, au corps percevant, de l'objet à l'organe ; cette démarche rompt délibérément avec tout traitement « naturaliste », avec toute psycho-physiologie de la sensorialité : une fois qu'on a situé la sensation spatialement dans cette partie du monde qu'est l'œil ou la peau, comme une chose arrivée au monde, jamais plus on ne retrouve sa signification de vis-à-vis pour une conscience, de *Gegenstand* ; par contre la première signification du corps est élaborée par le mouvement de réflexion qui surprend le corps « esthétique » — comme dit Husserl — *dans* les αἰσθητά.

L'omission du sujet et du corps « esthétique » ne peut, à vrai dire, être totale ; je ne puis appréhender une chose sans qu'elle renvoie par certains traits à l'aspect « animal » du sujet.

Au niveau d'abord de ce que nous avons appelé le « fantôme » ou le « schéma sensible », le corps est signalé comme le centre d'orientation, l'origine zéro, le hic et nunc d'*où* je vois tout ce que je vois ; cette référence au *Nullpunkt* est aperçue *sur* le réel même qui comporte une relation concrète d'orientation : à droite, à gauche, loin, près, etc. De même la libre mobilité du corps est aperçue dans sa fonction « esthétique » comme une dimension même du spectacle des choses : en toute perception, le corps est *mit dabei*, comme totalité librement mue des organes des sens.

Mais cette libre mobilité ne prend tout son sens qu'au niveau de ce que nous avons appelé la « matérialité », ou encore la « réalité » des propriétés de chose. Or, à ce niveau de la *Dingauffassung*, on s'en souvient, un aspect devient réel quand il demeure à travers un flux de « circonstances » changeantes ; cette notion de « circonstance », comme catégorie concrète, pré-intellectuelle, de la causalité, était donc la clef de cette fonction du réel. Le corps propre est élaboré comme une dimension originale de la relation très générale du type *wenn-so* ou *weil-so*.

Si l'on considère, en effet, les sensations kinesthésiques de l'œil, de la main par exemple, elles diffèrent du tout au tout des sensations de couleur, de rugueux, de chaleur qui constituent immédiatement les aspects de la chose même, par le moyen des « appréhensions », des « visées » intentionnelles qui les traversent ; ces sensations ne sont donc atteintes qu'abstraitement, par une analyse de l'intention qui se termine à la couleur *de* la chose, au rugueux *de* la chose, etc. Au contraire, les sensations kinesthésiques ne se dépassent pas dans la chose même, mais me révèlent mon existence corporelle ; et pourtant cette révélation du corps reste encore une fonction du perçu, non plus il est vrai comme hylé — comme matière brute — mais comme circonstances « motivantes » du cours de la perception : la chose peut m'apparaître ainsi, *si* je tourne la tête, les yeux, *si* j'étends la main ; ainsi le cours même de la perception renvoie polairement à un flux de vécu kinesthésique, comme à un groupe typique de circonstances : la relation de motivation, la référence vécue à un ordre motivé des apparences fait donc encore partie de l'appréhension des « choses ». Et comme toutes les autres sensations peuvent être « motivées » dans une motion spontanée de mon corps, l'ensemble de la sensorialité apparaît comme une unique opération à double pôle : d'un côté la sensorialité se dépasse dans l'ordre spatial de la chose, de l'autre elle se motive dans la libre spontanéité d'un cours de conscience.

(On verra plus tard l'importance de cette analyse pour la « constitution du psychique » : s'il est vrai que le psychique se donne immédiatement comme « localisé » dans le cas unique des sensations tactiles et kinesthésiques, nous tenons ici une des racines maîtresses de cette constitution bipolaire de la réalité de la chose et de la réalité du psychique.)

Arrêtons-nous un instant à cette corrélation qui subordonne le corps au perçu comme une « condition » de perception ; cette corrélation se prête à son tour à une sorte de clivage interne qui sépare le « normal » des « anomalies ». Nous avons déjà vu comment nous rattachons « la « vraie » qualité, la « véritable » couleur, la forme « réelle » à des conditions « normales » de perception (il y a un « bon » éclairage sous lequel on voit bien : à cet égard le rythme du jour et de la nuit, le nycthémère des Anciens, est une structure de la perception ; la lumière du jour tient au perçu comme son medium privilégié ; il y aurait de même toute une phénoménologie du « milieu » aérien, du brouillard, des écrans, de la transparence et de l'opacité et en général des milieux interposés) ; il y a de même une « fausseté » de la perception correspondant aux « anomalies » du corps esthétique ; le corps, habituellement omis, se rappelle à notre attention comme « circonstance anormale ».

Mais la grande différence entre le conditionnement psychophysique et les circonstances telles que l'éclairage, etc., est que ces dernières apparaissent elles-mêmes dehors : alors l'altération de l'apparence est aperçue elle-même comme « produite par » les « mauvaises » conditions de sa perception ; c'est pourquoi la confusion de la perception, par exemple, se donne comme une altération de la perception normale, mais comme une altération « vraie ». Or, il est exceptionnel que l'intervention de mon corps comme une « troublante » du perçu soit elle-même aperçue, comme quand ma main fait de l'ombre ou heurte un objet ; l'ingestion de santonine qui altère ma perception des couleurs n'est pas elle-même une circonstance perçue ; aussi l'altération de la chose n'apparaît pas elle-même comme une altération « vraie », mais comme un « simulacre » (*Scheinveränderung*) :

je crois voir toutes les couleurs changées ; parce que la dépendance à des circonstances n'est pas donnée dans le champ phénoménal je n'ai pas l'occasion de rapporter l'altération du perçu à des circonstances défavorables, donc de la tenir pour « réelle » ; c'est « comme si » une autre source de lumière interférait, mais l'ensemble de la situation perçue exclut cette interférence ; aussi ce « comme si » reste en l'air et l'altération, faute de se trouver un conditionnement dans le perçu, est vécue comme « irréelle ». Il faut que je change d'attitude, pour faire surgir des événements de la sphère subjective comme des « conditions » capables de perturber le cours de l'expérience en se combinant à des « circonstances » du perçu. Mais, même lorsqu'elle est trouvée, cette « conditionalité » somatique ne se coordonne pas à la situation perçue et demeure, par rapport à elle, « irréelle ».

(Il est à remarquer que le corps qui apparaît ainsi n'est pas ce que les auteurs français, après G. Marcel, ont appelé corps propre, mais déjà une quasi-réalité psycho-physiologique : à vrai dire, le souci de Husserl dans *Ideen II* ne sera jamais d'opposer « existence » et « objectivité », mais de suivre au contraire le progrès de l'objectivation, non pas sur fond « d'existentiel », mais sur fond de « transcendantal » ; la place tenue par la notion de « circonstances » dans la structure du réel et jusque dans la théorie du corps le garde d'une telle opposition, mais peut-être aussi l'empêche d'aller jusqu'au bout d'une découverte radicale. Nous y reviendrons quand nous reprendrons plus tard l'analyse du corps comme lieu du psychique.)

Qu'est-ce que cette réflexion sur les « anomalies » nous apprend, quant à la constitution de la couche supérieure de la chose que nous avons appelée « réalisation » (*Realisierung*) ? Cette épreuve de « l'irréel » fait apparaître par contraste le rôle muet de la conditionnalité normale du corps dans notre sens du « réel ». Le réel est un apparaître orthoesthétique pour un corps orthoesthétique ; cette constitution préalable de la conditionalité normale est l'*Urbestand*, le statut primordial, par rapport à la modification aberrante. Alors que l'orientation fait partie de la constitution de l'apparaître réel et que les sensations kinesthésiques « motivent » le cours du perçu, les « anomalies » ne peuvent être mises sur le même plan : elles supposent un apparaître canonique pour un corps « sain ». (Le plus souvent une « anomalie » se découpe sur fond de normal ; par exemple une seule main a le toucher malade, un seul sens est troublé par rapport au reste de la sensorialité qui reste normative.) La constitution de la chose suppose donc la priorité du normal sur le pathologique : « c'est la constitution normale qui constitue la première réalité du monde et de mon corps » (87) ; c'est cette constitution normale qui dénonce « l'anomalie » comme modification de la « même » chose perçue normalement ; ce renvoi à la perception normale est l'autre face de cette épreuve de « l'irréel » dans l'apparaître.

Ainsi les anomalies ne coopèrent pas à la *Dingauffassung* ; elles ne font pas apparaître de couche nouvelle de la chose, mais conditionnent les simulacres ; cette fausseté perceptive est d'ailleurs multiple par principe comme est une la normalité de la perception concordante : « il n'y a qu'un unique monde constitué normalement comme le monde vrai, comme la « norme » de vérité, et il y a une multiplicité de *Scheine*, de simulacres, de perturbations du mode de donnée, qui trouvent leur « explication » dans l'expérience de la conditionalité psycho-physique [1] » (95).

Tout au long de cette analyse nous sommes restés fidèles à la méthode phénoménologique qui sans cesse remonte du perçu au percevant : c'est le système déjà constitué de perceptions concordantes, donc le caractère orthoesthétique du perçu, qui fait apparaître par choc en retour le caractère orthoesthétique du corps percevant. L'idée d'une perception intégralement discordante — qui n'est point absurde, selon *Ideen I*, § 47 — permettrait d'entrevoir la possibilité d'une perception radicalement perturbée ; mais cette hypothèse même, qui serait en somme corrélative de celle d'un non-monde, d'un a-cosmos, ne peut faire qu'on mette sur le même plan, comme le font les relativismes et les scepticismes sommaires, les conditions normales et anormales de la perception. La référence de la perception concordante au corps orthoesthétique appartient à l'apparaître réel ; la référence aux troubles psycho-organiques ne constitue rien de réel.

---

1. On peut douter, encore une fois, qu'une pathologie de la perception, même à l'état naissant, appartienne au vécu. L'expérience primitive du corps propre enveloppe-t-elle, sans un renversement d'attitude, cette connaissance physiologique minima ?

Si donc nous étendons à l'ensemble du sujet psycho-physique cette référence du perçu canonique au corps orthoesthétique, nous conquerrons l'idée d'une double *relativité* du perçu à ce sujet : d'un côté, la relativité au corps et à la psyché orthoesthétique définit seulement les conditions « optima » dans lesquelles la chose survient avec les propriétés qui « lui reviennent à elle même » ; loin d'être synonyme de perturbation, cette relativité est la polarité même du « normal » et du « réel ». De l'autre côté, la relativité du simulacre aux anomalies définit la relativité comme perturbation, mais sa signification intentionnelle (perturbation *de...*) la renvoie précisément et la subordonne à la précédente.

IV. — LA COUCHE « INTERSUBJECTIVE » DE LA CHOSE ET LA CONSTITUTION D'UNE « NATURE OBJECTIVE ».

Le nouveau pas consiste à s'élever d'une identité « relative » au sujet à une identité « non-relative » : c'est ici que s'opère la scission entre qualités et quantités. Le travail a été préparé par l'élaboration de la chose « vraie » dans des conditions « normales » de perception : il reste à délier la couche supérieure de la chose de cette relativité au corps « normal » lui-même. Pourquoi le géométrique a-t-il ce privilège et non le qualitatif ?

C'est le passage de l'expérience solipsiste à l'expérience intersubjective qui contient la réponse à cette question ; au reste cette distinction même reposait sur une abstraction qu'il faut maintenant lever.

Mais comment « cette relation à une pluralité de sujets, qui échangent leur expérience, entre-t-elle dans la constitution de la chose et plus précisément de sa réalité objective » ? Ne sommes-nous pas dans un cercle, s'il est vrai que les autres hommes sont appréhendés par leur corps qui fait partie de mon environnement ? Interrogeons plutôt le *sens* de l'expérience, le sens de la chose « objectivement réelle ». Que veut-elle dire ? Quel type de légitimation lui est donc attaché ? Nous lisons sur ce sens « chose objective » une « intention non-remplie » (*eine unerfüllte Intention*) que nous avons négligée dans l'analyse des divers niveaux de constitution de la chose : la chose objective est chose pour tous, pour quiconque ; la chose qui se constitue dans un divers pour un sujet individuel *n*'est *qu*'une pure « apparence » subjective *de* la réalité objective ; l'objectivité est donc contemporaine de l'intersubjectivité.

Il faut avouer que ce tournant est pris assez brusquement ; Husserl identifie rapidement la relation à une communauté de sujets et la *non-relation* de la chose physique à un sujet individuel au niveau logico-mathématique (105). On comprend bien que cette objectivité implique la possibilité d'être connu par un seul ou par tous ; mais cela veut-il dire que la non-relativité à *tels* et *tels* sujets énumérés individuellement fonde la possibilité de principe d'être reconnue par *quiconque* ? La validité de droit de l'objectivité et la condition de fait de l'intersubjectivité sont tenues ensemble par Husserl : son analyse suppose que l'on fonde l'inter-subjectivité dans l'objectivité, puisque c'est le *sens* de cette intention non remplie qui propose l'énigme ; et en même temps le travail de constitution tend à retrouver l'objectivité au confluent des visées inter-subjectives. Cette ambiguïté est peut-être essentielle à une analyse qui prend toujours l'objet comme « guide transcendantal » — qui part du sens, mais ensuite redescend des visées multiples à l'objet un.

Quoi qu'il en soit de cette difficulté, c'est la constitution de l'espace objectif qui est le trait décisif de la constitution de l'objet ; la « relation d'orientation » de chaque chose au *hic et nunc* de mon corps est surmontée dans un système de places, vrai pour tous, auquel il est possible d'identifier tout « ici » et tout « là-bas » : c'est en cette « idéalisation » de l'espace d'orientation que consiste cette « intention » évoquée plus haut comme caractéristique du degré supérieur d'appréhension de la chose.

C'est à cet espace objectif que s'ordonne toute forme, tout mouvement. Le jour où le savant a décidé de récuser tout aspect du réel qui ne s'ordonne pas à l'espace objectif, il a accédé à la conception physique du monde ; c'est cette mathématisation du réel que Husserl évoque dans les dernières pages de la 1re partie de *Ideen II* et qui sera le point de départ des réflexions de la *Krisis* sur le conflit de l'attitude objective et de l'attitude transcendantale. *Ideen II* se borne à situer par rapport à l'édifice des couches d'intentions cette détermination « intersubjective-objective » qu'une fois encore il interprète comme la détermination « irrelative et par là en même temps intersubjective » de la réalité.

IIe PARTIE

LA CONSTITUTION DE LA NATURE ANIMÉE

La IIe Partie de *Ideen II* est consacrée à l'âme (*Seele*). Par âme il ne faut pas entendre un principe métaphysique, res cogitans ou pneuma, mais un niveau de réalité, l'ordre du psychique, j'oserai traduire : la Psyché. Cette nouvelle dimension de la réalité fait encore partie de l'idée de la nature, en même temps qu'elle fait éclater la structure descriptive de la chose. Elle sera donc abordée avec les mêmes ressources méthodologiques que naguère la chose : on tentera d'interroger le *sens* de cette réalité telle qu'elle s'annonce, de déployer les intentions de conscience qui s'entrecroisent dans le sens : Psyché ; ce sens, on le portera au niveau de l'intuition éidétique, c'est-à-dire qu'on usera du double auxiliaire de l'expérience effective et de l'imagination pour élucider le « genre suprême » qui régit la région du psychique en tant que tel.

La marche de Husserl est très remarquable : le psychique est un ordre de réalité très *ambigu* qui doit être cerné par deux approches convergentes : d'un côté, le psychique est la limite d'un mouvement d'objectivation par lequel le moi se met dehors, se fait chose, se « *réalise* » ; de l'autre côté, le psychique est la limite d'un mouvement d'intériorisation par lequel le corps reçoit une nouvelle couche de signification, « *s'anime* ». Réalisation du moi pur et animation du corps-objet *constituent* la Psyché.

Cette marche est très différente de celle des phénoménologues marqués par l'existentialisme qui essaient de se situer d'emblée au niveau d'une expérience où le psychique et le corps propre viendraient se donner. Rien de tel chez Husserl. Il faut d'abord faire le rude chemin de la réduction transcendantale, qui seul enseigne ce que signifie *Ego*, et *ensuite* le mêler au monde : il n'est pas de plus court chemin que celui du moi constituant au moi constitué. Inversement il faut construire le vivant sur la chose : il n'est pas d'économie possible du corps objet ; c'est lui qu'il faut animer. La phénoménologie existentialiste tente au contraire d'élaborer une compréhension directe d'un psychisme incarné dont le moi réfléchi et le corps-objet seraient la limite supérieure et la limite inférieure, atteintes par une opération seconde, réflexive dans un cas, objectivante dans l'autre. Husserl met en question la possibilité de faire œuvre phénoménologique sans la double référence de l'Ego pur et du corps-chose et d'atteindre l'ambiguïté autrement que par double approximation.

I. — « Réalisation » de l'Ego : du « moi-pur » au « moi-homme ».

La distinction du moi-pur, issu de la réduction phénoménologique, et du moi-homme, réalité de ce monde, est une constante de la pensée de Husserl : c'est elle qui clive phénoménologie et psychologie. Mais la psychologie ne se comprend pas elle-même, est littéralement égarée, si elle ne s'adosse pas à la phénoménologie. C'est elle qui l'instruit de l'essence de la subjectivité ; qui ne sait point ce qu'est le moi pur, — constituant de toute réalité, celui pour qui et en qui sont choses, bêtes et hommes, — ne saura pas ce qu'est le psychisme, réalité constituée, tissée dans l'environnement du moi pur. Moi pur et réalité psychique sont à élaborer polairement comme le constituant unique et un constitué *parmi* d'autres. Et pourtant la Psyché n'est pas un constitué *comme* les autres, puisqu'elle est le *même* moi, la même subjectivité, le même flux du vécu, sans commencement ni fin, mais « aperçu » dans un corps, entrelacé avec lui de façon à former une unique réalité. L'Ego se constitue comme Psyché par ce retour de lui-même aux choses. C'est donc comme contrepartie de la réduction que la réalisation du moi se comprend : en réduisant les choses, je réduis le moi-homme et soudain il devient étonnant d'être dehors, réel.

Ce mouvement signifie que je ne puis faire l'éxégèse de l'être-au-monde sans ce recul, cette « abstraction » (124) du corps ; en quoi Husserl reste fidèle à Descartes : je comprends l'union de l'âme et du corps à partir du Cogito qui opère un certain exil de la corporéité. L'incarnation est alors aperçue comme cela que cet exil annule. De même que l'épaisseur lourde du monde m'est rendue à la limite de la destruction idéale du monde par la méthode des variations imaginaires (*Ideen I*, § 49), de même le lien de la condition incarnée est ce qui annule l'ἐποχή qui pourtant contestait ce pacte avec ma chair.

Conscience pure et conscience empirique.

La difficulté est par contre de bien entendre le moi pur. Les variations de Husserl depuis la Ve *Étude Logique*[1] jusqu'à *Ideen I*[2] et *II* attestent qu'il n'est pas aisé d'élucider en quel sens toute cogitatio est cogitatio d'un Ego.

Ideen II groupe une série de notations progressives. On part de l'image de *Ideen I* : toute pensée est un « rayon du moi » ; le moi rayonne « à travers » ses actes ; *Ideen II* complète ainsi cette image : ce rayonnement « du » moi se signale par un contre-rayonnement issu des objets ; dire que je désire c'est dire que l'objet *m*'attire ; je hais : l'objet haï me répugne ; je sombre dans la tristesse, je suis emporté par la colère, soulevé d'indignation ; je cède, résiste, etc.... Ce sont là autant de manières du moi de « se comporter en se rapportant », comme disait déjà *Ideen I*. Le moi n'est donc ni acte, ni objet, mais se révèle comme *Ichpol* dans un certain « moment » de ses actes ; qu'il soit passif, inattentif, oblitéré, c'est encore une manière d'être « je » ; c'est par là que tout cogito est prêt pour une modalité « vigilante » (*waches*) du moi, que « le moi peut accompagner toutes mes représentations », y faire pénétrer son regard, sans altérer la situation.

2. La manière dont le moi est *saisi* est la réflexion, dont le propre est d'instituer l'identité du réfléchissant et du réfléchi. Cette identité n'est pas quelconque, surtout n'est pas logique, en raison de la temporalité ; c'est pourquoi Husserl évoque (131-133), dans le même sens que certaines allusions de *Ideen I*, une *auto-constitution du moi dans le temps* : il est « l'unité du temps immanent avec lequel il se constitue » ; il n'en est ni un moment, ni une partie : il est « l'identique du temps immanent ».

3. A ce titre, si le moi « passe », il ne passe pas comme un événement ; il n'arrive pas, mais tout ce qui arrive lui arrive. Tout au plus peut-il cesser ou commencer de réfléchir, c'est-à-dire « d'opérer » l'acte réflexif du Cogito, mais non de rayonner de ses actes[3]. C'est sa façon d'être *immuable*. Son identité n'est donc pas celle de l'objet que je maintiens le même dans le divers des

---

1. *Log. Unter*, V §. 4 de la 2e édition qui corrige la conception « non égologique » de la conscience, telle qu'on la trouvait dans la 1re édition.
2. *Ideen I*, § 80.
3. Il ne peut *entstehen* ni *vergehen*, mais seulement *auftreten* et *abtreten* : il n'est capable ni de naissance ni de dépérissement mais d' « insertion » et de « désertion ».

circonstances, comme la vraie couleur sous des éclairages différents, ni même celle de la personne qui se montre la même sous des éclairages sociaux différents ; c'est que le moi pur n'apparaît pas du tout, ne s'exhibe pas par face ; il est sans côté ; il est l'ipséité absolue [1].

Ce moi qui n'est pas du tout objet, qui n'est pas du tout une unité visée, noématique, n'est-il donc qu'un *je ponctuel*? Certaines expressions le feraient croire : il est dit « centre fonctionnel » (d'où l'image du centre de rayonnement), terminus a quo, contre-pôle de l'objet, dont le corps comme centre d'orientation et comme regard sera l'analogue. Husserl tente néanmoins de dépasser cette abstraction :

4. Ce qui a été dit de la vigilance et de la temporalité laisse prévoir que le moi pur, bien que « non-réel » est pourtant une vie, un « vivre » (*E leb:is*) ; c'est ainsi qu'il *a* des « habitus », que Husserl entend bien ne pas confondre avec les dispositions «réelles» que le psychologue accorde au psychisme réel. Que sont ces « habitus » qui jouent un si grand rôle dans la *IVe Méditation cartésienne* ? C'est une nécessité de structure du temps immanent que toute opération — opinion, jugement, affect, volition, etc., — « demeure » de telle manière que son « thème » soit reconnu dans sa permanence ; c'est moi-même durable que je retrouve et reconnais. Entendons bien : il ne s'agit pas de la reconnaissance du même objet, — d'une identité noématique, — mais de la reconnaissance de moi-même comme demeurant dans la même visée, comme retenu dans la rétention du même « thème ». Cette manière de se comporter avec cohérence (145) n'est donc pas plus constituée dans la réalité du moi empirique que dans l'identité de l'objet visé ; elle ressortit plutôt à cette constitution par soi-même du temps originel (ce n'est en aucun sens une constitution de transcendance, mais d'immanence) ; ce n'est pas la permanence d'un contenu, mais d'un acte et d'une manière ; l'habitus marque la flexion de l'être à l'avoir (153), du moi au mien, par une sorte d'inertie de la durée : « toute visée est une fondation (*Stiftung*) qui demeure la possession du sujet aussi longtemps que

---

[1] « Vielmehr ist es in absoluter Selbstheit und in seiner unabschattbaren Einheit gegeben, ist in der reflektiven, auf es als Funktionszentrum zurückgehenden Blickwendung adäquat zu erfassen. Als reines Ich birgt es keine verborgenen inneren Reichtümer ; es ist absolut einfach, liegt absolut zutage, alles Reichtum iegt im cogito und der darin adäquat erfassbaren Weise der Funktion. » (134.)

ne surviennent pas des motivations qui impliquent un changement (145) ».

On voit la complexité de cette doctrine du moi pur : Husserl a voulu à la fois aller à l'extrême de l'abstraction de toute condition humaine pour fonder polairement le moi réel dans sa mondanité, et donner à ce moi pur une sorte de statut concret, en lui conférant la spontanéité d'un regard vigilant ou assoupi et la permanence d'un habitus ; c'est la temporalité qui fonde cette liberté dans l'instant et cette constance dans la durée. Les *Méditations cartésiennes* accentueront cette double tendance : le moi pur sera à la fois pôle des actes et monade concrète.

Réalité de la psyché.

Adossé au moi-pur, le moi réel et son paradoxe.

Moi — un tel — je suis un canton du monde : cette affirmation radicale met l'âme dehors. La psyché est un vis-à-vis (*Gegenstand*) du sujet, comme toute « transcendance ».

Et pourtant son statut d'objet est insolite : elle n'est pas dehors comme les choses ; penser l'homme comme psychique, c'est aller droit en lui à l'Ego, à l'alter ego, lire là dehors un pôle sujet, irradiant de toutes ses intentions de conscience, piqué dans son environnement. Moi-pur et moi-objet réalisent donc une paradoxale coïncidence : le sujet pur est devenu objet, le terminus a quo de toute noèse s'est fait terminus ad quem du regard.

Dans *Ideen I* la conscience était dite « entrelacée » (*verflochten*) au monde naturel d'une double manière : par incarnation et par perception. Le style de *Ideen I* comporte de subordonner l'union de la conscience au réel par incarnation à son union par perception [1]. La naturalisation de l'intentionnalité sous les formes que la psycho-physiologie connaît est la clef de cette naturalisation globale de la conscience psychologique devenue réalité intramondaine. Toutefois, *Ideen I* consacre deux paragraphes à ce

---

1. § 39. — Dans *Ideen I* la « réduction » du caractère incarné de la conscience est un aspect de la réduction générale de la « thèse du monde » ; cela est clair dans le cas de la perception ; on ne peut suspendre le caractère « naturel », « mondain » du rapport percevoir-perçu sans suspendre l'incarnation de la conscience ; dans la nature la chose agit physiquement sur le corps ; pour comprendre qu'elle est pur perçu *pour* une conscience, il faut délier le percevoir de la psycho-physiologie ; la suspension du moi empirique et de son incarnation est ainsi le présupposé de la phénoménologie de la perception.

processus de venue au monde (*Hineinkommen*) de la conscience : elle est un abandon (*preisgeben*) d'immanence, par anticipation (*Teilnahme*) aux choses. Mais *Ideen I* n'élucide pas le rôle constituant du corps ; aussi « l'aperception » de la conscience comme « réalisée » reste une énigme ; seule est soulignée l'identité du moi pur et de cette conscience « liée » au corps (*Anknüpfung*) et pourtant « devenue autre chose ».

La psychologie est donc intra-mondaine comme son objet : elle étudie un étagement d'états (*Zustände*) et de propriétés constantes ; mais à la différence de la physique, elle n'a aucune intelligence directe de son objet ; elle ne se comprend pas elle-même, si elle ne comprend pas son objet comme une non-réalité réalisée ; il y a plus et non pas moins dans un phénomène psychologique que dans un vécu phénoménologique ; il y a ce vécu, *plus* sa *Naturbedeutung*.

Ideen I attache une telle importance à cette subordination de la psychologie à la phénoménologie qu'il prend bien soin de noter que l'hypothèse fantastique de la « destruction du monde », qui me renvoie à une conscience capable d'un non-monde comme d'un monde, est une ascèse nécessaire au psychologue lui-même : la destruction du monde, c'est aussi celle des corps, des êtres animés et des hommes [1]. Cette manière de s'annuler animal pour se trouver pensant nous restitue le psychisme comme « relatif », « contingent », « transcendant » : il apparaît alors que l'incarnation n'est pas une structure transcendantale, mais une « régulation empirique » à l'intérieur du phénomène du monde. La double « union » de la conscience au monde par incarnation et par perception, est ainsi conquise par compensation de la purification phénoménologique de la conscience et de sa mondanisation ; c'est par contraste avec cet acte d'arrachement, par lequel la philosophie commence, que surgit le *problème* même de l'incarnation ; avant cette élaboration de la conscience pure par *réflexion*, l'incarnation était « toute naturelle » ; le geste qui repousse la

---

1. « Il est certain qu'on peut penser une conscience sans corps, et aussi, paradoxal que cela paraisse, sans âme (*seelenloses Bewusstsein*), une conscience sans personne (*nicht personales*), c'est-à-dire un flux de conscience où ne se constitueraient pas les unités intentionnelles empiriques qui se nomment corps, âme, sujet personnel empirique, et où tous ces concepts empiriques, y compris par conséquent celui du vécu au sens psychologique (en tant que vécu d'une personne, d'un moi animé) perdraient tout point d'appui et en tout cas toute validité » *Ideen*. I, p. 106.

nature comme « l'étranger », comme « l'être autre », rend insolite
cet entrelacement de la conscience au monde.

La psyché et la chose.

Avant de dire comment le sujet se réalise par la constitution
du corps comme corps « animé », tentons de reconnaître le type
de réalité qui va nous servir de guide transcendental dans ce
travail de constitution. Prenons donc en bloc le sujet dans son
animalité et interrogeons cette expérience : la rencontre d'un être
animé ; distinguons son sens de celui de la chose, sans tenir compte
du rapport entre sa couche psychique et sa couche corporelle.

C'est ici qu'éclate le caractère ambigu de la psyché : réelle
parmi les réalités, mais non point réelle comme les choses.

Husserl ne tente pas d'innover en psychologie : il la prend dans
l'état où il la trouve, dans les laboratoires et les instituts allemands
du début du xxᵉ siècle, comme un département des sciences naturelles. Le *psychique* s'ordonne à la réalité parce qu'il en respecte
e signalement le plus général, à savoir un étagement entre « des
états » qui demeurent dans la variation des circonstances, des
« propriétés » ou des « dispositions » qui coordonnent ces états
par rapport à des groupes de circonstances de deuxième degré,
et un sujet d'inhérence (ici le métal, là l'électron, et maintenant
la psyché). Nous parlons de l'homme comme d'un substrat qui
a des propriétés (*Eigenschaften*). Ces propriétés, sans doute, sont
très originales en tant précisément que psychiques ; l'analogie
est du moins complète au point de vue formel : une propriété
psychique (aptitude, trait de caractère, fonction) « s'annonce »
peu à peu ; c'est une *Einheit der Bekundung* qui s'éprouve, elle
aussi, dans la variation des circonstances (ex. l'acuité visuelle,
l'émotivité générale, la ténacité de la mémoire, l'intelligence des
relations ou des situations, etc.). La psychologie comme la
physique élabore des unités de degrés superposés, qui sont non
les faits eux-mêmes mais ce qui s'annonce dans les faits. La différence n'est pas dans la forme de l'expérience, mais dans le style
des faits eux-mêmes ; la psychologie empirique répond intégralement au critère général de l'expérience : atteindre des propriétés à
travers des états en les rapportant causalement à des circonstances.

Cette analogie entre la psyché et la chose qui permet dans les deux cas de parler d'expérience, de réalité, de propriété, d'état, de circonstance, repose sur la communauté d'une même ontologie matérielle qui règle les concepts communs pour toute la région de la nature.

Et pourtant ces déterminations doivent être tellement corrigées qu'elles seront *presque* annulées par le style même des faits psychiques : s'il est vrai que le réel c'est, dans tous les cas, un être persistant dans des circonstances variables, la réalité « psychique » n'a ni la même persistance que la chose, ni une dépendance à des circonstances du même type que la chose.

On se rappelle que dans le cas de la chose la première couche c'est le « schéma » qui s'esquisse à travers des aspects variables selon l'orientation du corps ; puis le schéma est réalisé en propriétés constantes à mesure qu'un style de comportement se dégage du jeu variable des circonstances.

Autre est la manière dont la réalité psychique annonce des « propriétés » dans des « états » : car ces états ne sont plus de l'ordre du schéma, mais de l'ordre du vécu. La transcendance de l'homme (au sens husserlien du mot transcendance) *tend* à s'annuler ; faute de schéma initial, le processus de mathématisation du réel manque ici de base ; on ne peut plus parler d'en-soi, au sens « d'index » fixe des propriétés intuitives de la chose. Il semble que tout ce qui a été dit plus haut soit renié : « l'âme n'a pas d' « en soi » comme la nature, ni une nature mathématique comme la chose de la physique, ni une nature comme la chose de l'intuition, puisqu'elle n'a pas d'unité schématisée » (169). Ce qui tient lieu de l'en-soi de la chose, c'est, précisément, d'être en flux : « flux » s'oppose ici à « forme spatiale », à « schéma ». Les propriétés sont en flux, l'âme est en flux et on ne retrouvera plus une stabilité comparable à celle de la chose, avant le niveau des communautés de type social dont la forme de constance rappellera la forme spatiale de la chose.

D'autre part, le type de « dépendance à des circonstances » ne mérite pas non plus le nom de « causalité » ; on peut parler d'une « fonctionnalité réglée par des lois », mais son statut est particulièrement équivoque. En effet, l'unité du flux psychique a sa cohérence propre à travers sa dépendance au corps : cela est absolument insolite par rapport à la dépendance unilatérale de la chose à des circonstances.

Plus précisément, plusieurs espèces de dépendances s'enchevêtrent dans le type de fonctionnalité qui convient au psychique Au plus bas degré, nous trouvons une dépendance psychophysique, ou mieux « physio-psychique » : l'appréhension constituante du psychique attribue des propriétés réelles à l'âme en *fonction* des « circonstances » corporelles. Cette dépendance concerne principalement les sensations et leurs reproductions, les affects sensibles et instinctifs, mais de proche en proche s'étend à toute la vie psychique ; en un sens, on peut indéfiniment poursuivre cette lecture physio-psychique de l'homme. Mais à un autre niveau une dépendance « idio-psychique » interfère avec cette dépendance « physio-psychique » : l'âme dépend de soi ; elle se motive elle-même, sur le mode associatif ou sur des modes plus subtils d'enchaînement (comme on voit dans le cas de l'altération des convictions intellectuelles, des goûts affectifs, des décisions volitives, etc.). Ce deuxième type de dépendance excède, plus encore que le premier, l'analogie avec la nature matérielle.

Mais ces deux types de dépendance qui s'entrecroisent dans la psychologie laissent encore hors de jeu un type plus essentiel de dépendance qui fait craquer les limites de la psychologie : il s'agit des dépendances intersubjectives qui constituent le niveau de la Personne. Cette nouvelle dimension sera constamment tenue en suspens dans cette deuxième partie consacrée au psychique. Si le psychique excède le naturel où il s'ordonne, le personnel excède le psychique qui garde toujours la marque de sa dépendance à la nature par la médiation du corps. La personne s'annonce par d'autres traits que par sa relation « naturelle », « réelle » à un environnement, à savoir par des conduites en milieu humain, dans des circonstances sociales (droit, mœurs, religion, etc...).

A vrai dire, nous changeons ici d' « attitude » : l' « attitude personnaliste » et « l'attitude naturaliste » (au sens le plus large englobant le psychique) sont deux *Auffassungsweisen* éidétiquement différentes. Nous feindrons par la suite que la personne se résorbe dans l'âme et nous mettrons entre parenthèses la *Geisteswissenshaft-Auffassung* (qui fera l'objet de la IIIe Partie) pour rester dans les limites de la *psychologische Auffassung*, nous dirions au niveau de l'union de l'âme et du corps, ou, comme dit Husserl, au niveau de la nature organo-psychique (*leiblich-seelisch*)

Il en résulte que c'est par omission de la couche de la personne que la psychologie se prête encore à une vue naturaliste, qu'elle ne s'insère dans la nature qu'en la reniant *presque* : on a vu comment la dépendance « idio-psychique » récuse la dépendance toute extérieure de la chose à des circonstances causales et comment le caractère historique de l'âme récuse le type d'unité spatiale de la chose et exclut *a priori* toute mathématisation du psychique. L'âme est, si l'on peut dire, au carrefour d'une réalité « surnaturelle » et d'une réalité « naturelle ». Sa dépendance physio-psychique et sa dépendance idio-psychique trahissent cette nature mêlée ; il vaudrait mieux parler de « quasi-nature » et de « quasi-causalité ». Enfin il ne faut pas perdre de vue que la « réalité » de l'âme ne concerne que l'unité globale, massive de l'homme dans sa liaison du psychique au corporel : comme on l'a déjà dit plus haut, « ce que nous opposons à la nature matérielle à titre de deuxième espèce de réalité ce n'est pas l'âme, mais l'*unité concrète* du corps et de l'âme, le sujet humain (ou animal) » (178). Il reste à reconnaître, par analyse intentionnelle, la couche du corps animé et de la psyché animante dans cette quasi-nature de l'homme-animal. Du moins à ce stade de l'analyse avons-nous curieusement renouvelé la vieille idée que l'âme est un « mixte » (176) ; elle est constituée au point de convergence où le Je pur *réalise* son corps et sa psyché dans le monde et où la nature physique est surélevée par une couche signifiante qui l'*intériorise* et l'incline vers l'immanence.

II. — LE CORPS ET LA PSYCHÉ.

Il nous faut maintenant nous placer à l'autre pôle et voir comment, sur la base du corps matériel (*Körper*) s'édifient les couches psycho-organiques (*leiblich-seelischen*), en deçà néanmoins du niveau du *Geist*.

Le mouvement de pensée de Husserl s'articule en deux démarches distinctes : la première prend son origine dans l'analyse de la Ire Partie : *le perçu rapporté au corps percevant* ; elle se développe dans le cadre limité d'une omission, d'une mise entre parenthèses : nous ferons abstraction de la connaissance mutuelle, de l'*Einfühlung* et plus généralement de tout ce que nous devons à l'intersubjectivité. Nous allons donc nous borner volontairement à une expérience solipsiste, afin de dégager tout ce qu'il est possible d'une expérience du corps propre. Dans un deuxième temps nous réintroduirons la dimension omise : l'abstraction préalable aura permis de faire surgir le sens original que l'intersubjectivité confère au corps animé et au psychisme. Cette distinction d'une expérience solipsiste et d'une expérience intersubjective n'a aucune signification « historique » : elle ne préjuge pas de l'antériorité chronologique de l'une sur l'autre ; elle n'a pas d'autre portée que méthodologique ; cette méthode d'abstraction consiste à préparer un champ d'expérience en le délimitant, afin de mieux *distinguer* les significations enchevêtrées.

Le niveau de l'expérience solipsiste.

Nous partons donc des allusions que tout objet perçu fait à mon corps ; la constitution de la nature matérielle, nous l'avons vu, renvoie à ce corps *avec lequel* je perçois. Husserl annonce ainsi les recherches des auteurs français sur le « corps propre ». Mais ce qui est remarquable et ce qui l'oppose à ces auteurs, c'est que son souci n'est pas d'expliciter le sens du corps propre en *opposition* à la connaissance objective, scientifique, biologique du corps, mais au contraire de montrer comment une réalité « physio-psychique » prend sens en *corrélation* avec une nature matérielle. Encore une fois, l'opposition de l'existence et de l'objectivité est étrangère à Husserl. Les problèmes de constitution ne recoupent pas cette opposition : l'analyse intentionnelle commence plutôt au niveau du corps propre et s'achèvera manifestement au niveau du corps objet quand l'intersubjectivité sera entrée en jeu.

L'expérience primordiale est celle où le corps se révèle comme organe du percevoir, impliqué dans le perçu. Qu'est cette révélation ? Déplaçons l'attention de la *chose* constituée « à travers » la fonction organe et reportons-la sur les *sensations locales* dont le corps est le porteur. Nous surprenons le psychique en quelque sorte au ras de la fonction organe (le cas du double contact est le plus révélateur : je touche ma main gauche avec ma droite ; mon corps paraît deux fois : comme *ce qui* explore et *ce que* j'explore).

Interrogeons la sensation de contact. Elle a une fonction double bien remarquable : c'est la même sensation qui « présente » la chose explorée et qui révèle le corps. Tout tact au sens large (tact superficiel, pression, chaud et froid, etc...) se prête à deux « appréhensions » (*Auffassung*) où se constituent deux sortes de choses (*Dinglichkeit*) ; l'extension *de* la chose et la localisation *de* la sensation s'élaborent en quelque sorte en surimpression ; d'un côté, les profils s'élaborent en un schéma sensible fluant, lequel se dépasse dans un objet identique ; de l'autre côté, la sensation annonce son appartenance à une psyché et du même coup révèle mon corps comme mien.

Cette première expérience atteste le privilège du tact dans la constitution du corps animé ; l'œil n'apparaît pas visuellement et la même couleur ne peut pas montrer l'objet *et* apparaître localisée comme sensation ; l'expérience du double contact — du « touchant-touché » — est sans équivalent ; il n'y a pas de « voyant-vu » : « toute chose vue peut être touchée et, à ce titre, renvoie à une relation immédiate au corps, mais non au moyen de sa visibilité. Un sujet purement oculaire ne pourrait avoir de corps qui apparaît » (192) ; il verrait son corps comme chose ; les sensations kinesthésiques me révèleraient au plus ma liberté de mouvement, non l'appartenance de mon corps : « c'est comme si le moi, indiscernable de cette liberté, pouvait sur le plan kinesthésique mouvoir la chose matérielle « corps » avec une liberté immédiate » (193). On voit la parenté et la distance entre Husserl et Maine de Biran : c'est aux prises avec les choses que je m'apparais corps ; mais le rôle révélateur appartient au tact comme tel, non à l'effort : « les sensations de mouvement doivent fondamentalement leur localisation à leur combinaison constante avec des sensations localisées à titre primaire ».

Le sens du corps, révélé par cette localisation primaire des sensations tactiles, c'est d'être une chose sentante qui « a » des sensations ; bref, le psychisme se montre étalé dans la spatialité vécue du corps et réciproquement le corps est vécu comme champ de localisation du psychique.

Tous les autres aspects qui opposent le corps à la chose matérielle supposent cette localisation primaire du psychique ; d'abord sa propriété d'être un organe de volonté, d'être le seul objet immédiatement docile à ma spontanéité motrice : tout mouvement mécanique des choses est médiatisé par un mouvement non-mécanique, spontané et immédiat. On a vu plus haut le rôle de cette spontanéité dans la constitution du perçu ; mais elle ne s'absorbe pas seulement dans la constitution des choses, elle se reprend sur cette constitution pour coopérer à celle du corps comme *Gegenglied* de la nature matérielle ; cela est possible parce que d'abord le corps appartient au moi à titre de champ de localisation de mes sensations.

D'autres sensations, impliquées dans les actes d'évaluation, participent à cette constitution du sujet corporel : ces sentiments « sensibles » (tension et relâchement, plaisir, douleur, agréable, désagréable, etc.) sont l'infrastructure « matérielle » (*stoffliche*), non-intentionnelle, ou, comme dit Husserl, la *hylé* des vécus intentionnels, où s'élaborent non plus les choses, mais les valeurs. Comme tout à l'heure les sensations tactiles, ces affects sont chargés d'une double fonction : ils portent une intention vers... et en même temps ils exhibent une localisation corporelle immédiate, quoique diffuse, et par là révèlent leur appartenance immédiatement intuitive au corps comme corps propre (*als seinem Leib selbst*).

Telle est l'idée intéressante de ces pages : c'est toute l'infrastructure hylétique de la conscience qui se donne comme immédiatement localisée. Le moment intentionnel en tant que tel n'est pas localisé : « Les vécus intentionnels ne forment pas une couche du (*am*) corps ». Ainsi pour le tact ce n'est pas le toucher, comme appréhension de la forme, qui réside dans les doigts, mais la sensation tactile. L'intentionnalité qui est le sens même de la conscience n'est localisée qu'indirectement, par sa *hylé*.

L'ambiguïté du psychique au niveau solipsiste.

Au point où en est notre analyse, la question se pose à nouveau de la « réalité » du psychique. Si la *hylé* informe est la face localisable de la conscience, toute l'unité n'est-elle pas du côté du corps-chose qui, en quelque sorte, est le lieu d'implantation de cet étrange envers de conscience ?

Nous retrouvons le problème, abandonné plus haut, de la quasi-réalité du psychique, mais avec les ressources d'une analyse nouvelle du psychique localisé.

Husserl pose la question en ces termes : « comment le contenu de sensation se lie-t-il au constitué et comment le corps qui est en même temps chose matérielle a-t-il en soi et à soi (*in und auf sich*) les contenus de sensations ? » (196). La position même du problème est frappante : il s'agit de savoir ce que signifie l'attribution du psychique au corps connu comme chose. La question n'est pas de recueillir et de protéger une expérience non-objective, « existentielle » de la conscience incarnée, mais de reprendre la connaissance physique du corps pour lui attribuer des sensations. En quel sens le corps a-t-il la propriété de sentir ? En quel sens la sensibilité appartient-elle au corps ? C'est donc la possibilité de la psycho-physique et de la psycho-physiologie qui est en question et non le repérage d'une expérience existentielle irréductible.

Les exemples que donne Husserl ne laissent pas de doute : il considère le problème psycho-physique des variations concomitantes d'une série d'excitants mécaniques et d'une série de sensations tactiles localisées ; l'exemple suppose que la chose perçue est prise au niveau le plus objectif : c'est « l'excitant » au sens du physicien, rapporté au corps comme champ de sensations. C'est sous cette condition qu'est instituée une relation de dépendance entre des « états » et des « circonstances », ce qui, nous le savons, est l'essentiel de la pensée objective. Et comme le champ des sensations localisées est toujours occupé par des sensations, les variations de l'excitant provoquent des variations d' « états » dans une « propriété » permanente d'être affecté : « la sensorialité (*Empfindsamkeit*) se constitue donc entièrement comme propriété « conditionnée » ou psycho-physique » (198).

Dès lors, percevoir un corps comme chose, c'est aussi « co-appréhender » (*Mit-auffassung*) sa sensorialité : à cette chose corps *appartiennent* des champs sensoriels. Cette appartenance n'est pas un phénomène existentiel hors-série, mais une application de la relation de dépendance (*wenn-so*). La main est « aperçue » comme main *avec* son champ sensoriel, avec ses « états » sensoriels « co-appréhendés ». Husserl ne voit donc pas d'opposition entre le corps comme chose et comme vécu ; comprendre un corps animé c'est saisir une chose imprégnée par une nouvelle couche de propriétés extra-physiques qui en font une unité « *physisch-aesthesiologische* », — unité concrète au regard de laquelle le physique et l'esthétique ne sont plus que des abstractions.

Nous avons donc bien, avec le corps animé ou avec l'âme corporellement localisée, une « réalité », puisque c'est quelque chose qui conserve ses propriétés identiques dans le changement des circonstances externes ; en outre, il est toujours possible d'élaborer de nouvelles propriétés, de nouveaux pouvoirs (*Vermögen*) en fonction de nouvelles circonstances ; et ainsi la relation à des circonstances intra-mondaines (*reale*) permet de traiter tout le psychique comme intra-mondain. Au début de l'analyse intentionnelle le corps était le *Mitglied* de toute perception de chose, il en est maintenant le *Gegenbild* ; le corps est cette chose qui « a » des sensations localisées et par elles porte la Psyché.

Il reste que ce corps animé est la quasi-réalité que nous disions plus haut ; les traits qui annulent presque son statut de réalité intra-mondaine sont invincibles :

D'abord comme centre d'orientation il est « l'origine o », l'ici pour lequel tout objet est là-bas, l'ici qui demeure et par rapport à quoi le reste change de place. Dans la perspective solipsiste qui est encore la nôtre, mon corps n'est pas lui-même quelque part, en un lieu objectif ; il est « l'ici » originel pour tout « là-bas ». Je n'ai pas, d'autre part, la possibilité de faire varier l'angle, le côté, l'aspect sous lequel mon corps m'apparaît, de m'éloigner de lui, de le faire tourner ; en ce sens l'organe de perception est un perçu inachevé, « une chose constituée de manière étonnamment incomplète » (203).

Nous sommes ainsi ramenés à l'ambiguïté du psychique : il participe du subjectif, puisque c'est l'âme qui a son corps, et de l'objectif, puisque c'est la chose corps qui a des sensations. Ce corps est une partie des choses et pourtant le psychique qui l'habite est le centre autour duquel le reste du monde se regroupe ; le psychique se prête aux relations causales et pourtant il est le point où la causalité rebrousse de l'ordre physio-psychique à l'ordre idio-psychique.

Mais il manque à cette réalité des traits qui n'apparaîtront qu'en sortant du solipsisme et en rentrant dans l'intersubjectivité ; alors l'objet naturel « *homme* » sera tout à fait le répondant de l'attitude naturaliste.

Le niveau intersubjectif.

La connaissance d'autrui, que *Ideen I* appelait déjà *Einfühlung*, fournit le principal accès au *psychique* en tant que réalité de la nature ; voici les hommes, là, dehors, parmi les choses et les bêtes. Je comprends qu'ils ont leur vie psychique, que ce monde est le même pour eux et pour moi et qu'ensemble nous formons le monde psychique des hommes.

L'analyse intentionnelle qui commence ici est la première ébauche de ce que sera la *Vᵉ Méditation cartésienne* ; mais alors que les *Méditations cartésiennes* se situent sur le plan de l'interprétation idéaliste de la méthode et tentent de résoudre par l'*Einfühlung* le paradoxe du solipsisme transcendantal auquel semble devoir acculer la réduction du monde à mon Ego, à ma monade, *Ideen II* n'use pas de la connaissance d'autrui pour résoudre l'ensemble du problème philosophique de l'objectivité, mais le problème limité de la constitution du psychique. Aussi Husserl n'insiste pas encore sur le paradoxe de la constitution de l'*alter ego* lui-même, lequel se constitue comme « l'étranger », bien qu'il se constitue « en moi » ; le tour de l'analyse reste ici plus descriptif ; constituer signifie seulement interroger un sens en explicitant les intentions signifiantes dont le sens est le répondant ; ce travail de constitution reste donc en deçà du niveau de l'interprétation philosophique.

Le point de départ est la présence « en original » — *Urpräsenz* — du corps d'autrui ; tel est le corps d'autrui pour quiconque, présent comme toute chose ; par contre, la subjectivité n'est présence originaire que pour un seul ; elle n'est exhibée qu'indirectement par le corps d'autrui : elle n'est pas *Urpräsenz*, mais *Appräsenz*.

Comment se constitue cette « apprésence » ? Sur la base de la *ressemblance* entre tous les corps considérés comme chose (c'est ce phénomène que la *Vᵉ Méditation* appellera « appariement » — *Paarung*). A la faveur de cette ressemblance, la « localisation » directe et indirecte du psychique dans le corps, celle que montre l'expérience solipsiste de mon corps animé et de mon âme incarnée, est *transférée* (*überträgt sich*) à tous les corps analogues.

Ce processus de transfert prend une telle extension que, de proche en proche, j'apprends à coordonner du psychique à de l'organique perçu ; ainsi une localisation « apprésentée » du psychique fait suite à la localisation vécue au niveau du tact et des affects ; les « localisations cérébrales » sont de ce type ; le cerveau est toujours le cerveau de l'autre ; c'est à titre indirect que je donne un sens à l'expression : le cerveau est le siège du psychisme ; la localisation ne signifie plus ici qu'une pure correspondance fonctionnelle entre deux séries de changements ; c'est une corrélation empirique élaborée au niveau de la conscience théorétique, donc au même niveau que « la chose physique » qui structure le perçu.

Ainsi « l'apprésentation » du psychisme d'autrui a sa référence originelle — son *ursprüngliche Vorlage* — dans l'expérience solipsiste d'une *comprésence* totale du psychique et du physique ; là seulement, et plus précisément dans les seules sensations tactiles et affectives, l'unité de l'homme est présente ; « l'apprésence » du psychisme d'autrui « en » son corps est une comprésence transposée (*eine übertragene Kompräsenz*) ; l'autre sent et pense *comme* moi ; son corps aussi est « champ psychique », comme le mien était à titre originaire champ sensoriel. Mais la carrière de ce transfert est illimitée ; toute comprésence se transmute dans l'intropathie (*geht dann in die Einfühlung über*) : la main de l'autre que je vois « m'apprésente » le toucher solipsiste de cette main et tout ce qui tient avec ce toucher ; tout un monde naît à cette main, un monde que je ne peux que me figurer, me « rendre » présent (*vergenwärtigen*) sans qu'il me « soit » présent. Ainsi se forme peu à peu un art des signes, une vaste grammaire des expressions, dont le langage est l'illustration la plus éminente : comprendre ces signes, c'est constituer l'homme, appréhender l'autre comme « analogue de moi-même » (214) [1].

La première conséquence de l'intropathie est son choc en retour sur l'expérience solipsiste : je m'applique à moi-même ces corrélations empiriques, non originaires, mais moins bornées, entre le psychique et le physique : « Ce n'est qu'avec l'intropathie et par l'orientation constante de l'observation expérimentale sur la vie psychique apprésentée avec le corps d'autrui et constamment prise objectivement avec le corps que se constitue l'unité

---

1. On remarquera que Husserl n'élimine que le *raisonnement* par analogie, mais non une certaine action spontanée de l'analogie, un transfert de l'Ego à l'alter ego et ne va pas jusqu'à une expérience primitive du psychique en 2ᵉ personne. On peut se demander si l'interprétation philosophique de la réduction du monde à l'Ego n'a pas opéré ici une sorte d'inhibition de la méthode descriptive en imposant la priorité méthodologique de l'expérience solipsiste sur l'expérience intersubjective.

close (*abgeschlossene*) homme ; cette unité je me l'applique ultérieurement à moi-même » (213). Ainsi je me mets au bénéfice de la connaissance d'autrui.

Deuxième conséquence : la quasi-localisation de l'âme. En vertu de ces corrélations nouvelles du psychique au corporel, le changement de l'âme est *comme un co-déplacement* de l'âme (*gleichsam auch seine Seele sich mitbewegt*). Certes l'âme n'est nulle part, mais son lien avec le corps la met quelque part ; elle n'est localisée que parce qu'elle est ordonnée à un lieu par une régulation empirique (*regelmässig zugeordnet*). En ce sens, l'homme se déplace, s'éloigne, se rapproche ; par cette quasi-localisation l'homme est incorporé avec sa subjectivité à mon environnement spatial. L'analogon de moi-même est là-bas.

Mais — troisième conséquence — en participant à la manière dont autrui perçoit les choses, je me mets moi-même dehors ; j'achève d'objectiver mon propre corps ; j'anticipe son aspect pour autrui ; à partir de l'autre « ici », d'un « ici » apprésenté comme lieu originaire d'autrui, je me représente ma place comme un « là-bas » pour autrui. A ce moment tout le monde est dehors, même moi, et je puis dire avec Husserl : « L'objet homme est donc object extérieur, transcendant, l'objet d'une intuition externe » (215). L'intropathie achève la « réalisation » de l'homme : comme les autres réalités, il est une *unité d'apparitions*, « à savoir l'identique d'un divers d'apparitions et d'états qui s'unissent sous forme de dispositions » (216).

Quatrième conséquence : si maintenant on considère que cette objectivisation de l'homme se situe au même niveau intersubjectif que la mathématisation du reste de la réalité, on entrevoit jusqu'où il est possible de « réaliser » la conscience. La mathématisation du réel refoule les qualités perçues dans le « subjectif » ; la « chose vraie » est alors le X pensé comme règle de construction de tels et tels vécus de perception ; du coup, la nature mathématisée devient un absolu : l'ordre « esthésiologique » est lui aussi posé absolument comme une dépendance de cette nature ; le vécu de conscience devient une sorte d'épiphénomène de tels et tels corps situés dans la nature absolue ; la chose physique porte tout l'édifice comme existant en soi.

Ainsi, tandis que le psychique est « réalisé » par sa *liaison* au physique, le physique se *délie* du psychique en se mathématisant. Ce processus précipite la totale naturalisation de l'homme.

En face de ce processus, Husserl n'est pas du tout soucieux de récupérer l'expérience originelle du corps propre qui a été la base de départ de ce mouvement de « réalisation », « d'objectivation » ; au contraire, ce qui paraît l'intéresser c'est le déplacement progressif de l'accent du vécu originaire à la réalité psycho-organique de niveau expérimental. L'expérience solipsiste a fourni le sens originaire de l'unité psycho-organique, l'intropathie a procuré le transfert de ce lien au corps d'autrui qui est un objet véritable, la physique a donné la base mathématique et absolue de la réalité.

La riposte de Husserl à ce processus n'est pas existentielle, mais transcendantale : plus l'âme est « objectivée », plus l'Ego pur doit être soustrait à l'objectivation. Husserl ne rêve donc pas d'une fusion du transcendantal et de l'objectif dans une expérience ambiguë qui les tiendrait en quelque sorte en suspension indivise. *Ideen II* est plutôt construit sur la *polarité extrême d'un* « *Ego pur* » *exilé et d'un* « *homme* » *objectivé*. C'est pourquoi la IIe Partie se termine par l'opposition soudaine du sujet absolu *pour qui* se constitue une nature physique et animale et de la nature tenue pour absolue où s'inclut le psychisme [1]. Je suis aux deux extrémités : comme homme à l'extrême de l'objectivation, comme Ego transcendantal à l'extrême de la subjectivité [2].

Cette analyse rappelle la distinction kantienne de la conscience transcendantale portant sur le « je pense » et de la connaissance empirique portant sur le moi psychologique. Elle s'en rapproche plus, me semble-t-il, que des tentatives contemporaines pour ressaisir une expérience vécue située en deçà de cette polarité du transcendantal et de l'empirique.

---

1. « Mais toute cette « appréhension » [des choses et des hommes comme édifiés sur une nature exacte] présuppose ce qui jamais ne peut être transformé en un simple « index » : à savoir le *sujet absolu* avec ses vécus, ses visées, ses actes rationnels, etc., *pour qui* se constitue l'ensemble de la nature, physique et animale » (218).

2. « Les hommes sont des objectivités intersubjectives, dont les corps sont le X identique — l'index — d'apparitions corporelles de sujets, sous la régulation de lois et dans l'enchaînement total de la nature physique ; quant à l'âme, elle est liée à cet X objectivement déterminé et prise dans le réseau des déterminations substantielles-réelles ; ainsi est-elle objectivement déterminable elle aussi ; elle est une unité qui, dans sa dépendance à l'objet naturel « corps physique » et dans sa liaison objectivement réelle à ce corps, est une réalité dans l'espace et dans le temps ». C'est cette naturalisation de l'homme qui renvoie à un autre domaine de l'être et de la recherche : « *das ist das Feld der Subjektivität, die nicht mehr Natur ist* » (219).

IIIᵉ PARTIE

LA CONSTITUTION DU MONDE SPIRITUEL

La IIIᵉ Partie de *Ideen II* est consacrée au *Geist* (esprit). On peut être surpris par ce rebondissement de l'analyse. *Ideen II* paraissait s'orienter vers une antithèse : celle du « dernier sujet », pour qui est la réalité, et de la nature objective ; le moi empirique venait s'inscrire dans cette réalité mathématisée, dans la mesure où il s'édifie sur le corps et celui-ci sur la chose. Le mouvement de naturalisation et le mouvement de « retour à l'ego » ne paraissaient pas laisser de place pour une autre expérience plus ambiguë où l'antithèse serait en quelque sorte tenue en suspens.

Les premiers mots d'introduction nous avertissent que cette nouvelle péripétie de l'analyse intentionnelle est proposée par l'existence, au temps de Husserl, de *Geisteswissenschaften*, de sciences de l'esprit, dont il reprend à Dilthey et à quelques autres (Windelband, Rickert, Simmel, Münsterberg) l'expression et l'intention. La phénoménologie prend donc appui, ici, sur une réaction, issue du milieu scientifique lui-même, contre la « naturalisation » de l'homme. Du même coup, Husserl trouvait une compensation à son étude de l'homme qui consolidait plus qu'elle n'ébranlait le style « objectif » de la psycho-physiologie ; la constitution de la psyché laisse un « résidu » : le moi « naturel » n'égale pas le moi réel ; le psychisme animant un corps n'égale pas les réalisations culturelles et communautaires de l'homme. En réintroduisant la dimension de la personne et de la communauté, Husserl complète la polarité Ego-Psyché par un nouveau schéma où le *Geist* n'est pas la contrepartie empirique du sujet pur de la phénoménologie, mais une sorte d'équivalent culturel, beaucoup plus malaisé à situer dans l'édifice phénoménologique.

Mais Husserl ne veut pas procéder à une simple « répétition » des *Geisteswissenschaften*. Il entend les justifier en leur donnant le fondement qui leur manque, c'est-à-dire précisément la *constitution de leur sens*[1]. Le savant pratique ces sciences comme une

---

1. Sur Dilthey p. 220-221 : le premier il a vu les limites d'une science naturelle de l'âme ; mais cet homme « d'intuition géniale » a manqué de rigueur dans la formation des problèmes et des méthodes et dans la « théorétisation scientifique ».

science spécifique ; seul le phénoménologue peut rendre raison des rapports complexes des deux groupes de science. Sa tâche sera de constituer : 1° le *sens* même de l'opposition nature-esprit (chapitre I) ; 2° le sens de la loi fondamentale de *motivation* qui ordonne le monde de l'esprit, comme celle de causalité ordonnait la nature (chapitre II) ; 3° le sens de la « préséance ontologique du monde spirituel sur le monde naturel » (chapitre III). Ce triple travail qui ouvre un champ possible d'investigation par une opération signifiante préalable, consiste, selon l'expression du début de *Ideen II*, à déterminer une « Idée ». L'idée d'esprit va ainsi servir de guide transcendental, comme auparavant celle de chose et celle de corps animé (ou de psyché incarnée).

I. — L'opposition entre Esprit et Nature

La possibilité de principe d'opposer une attitude à une attitude repose sur la possibilité plus radicale de se retirer de toute attitude, c'est-à-dire de procéder à la réduction phénoménologique. Cet acte premier rompt le charme de l'attitude naturaliste et ainsi rend disponible pour une autre attitude. Avant même d'instituer la priorité d'une attitude sur l'autre, le phénoménologue rend possible une *autre* attitude par la liberté primordiale du « letzte Subjekt » pour qui la nature n'est plus que le pur « sens » des actes constitutifs de la nature ; ainsi il rend compte de la coupure même des sciences par la coupure des attitudes où elles s'enracinent ; il enseigne à démultiplier les perspectives sur l'homme par changement d'attitude, parce qu'il est le *regard désintéressé* sur toutes les attitudes ; sous ce regard désintéressé, les pratiques intéressées perdent leur naïveté et avec elle leur puissance captative, leur créance exclusive dans « l'étant » qu'elles considèrent.

Faisons donc apparaître le sens : personne.

Le phénoménologue va-t-il créer par dialectique cette nouvelle Idée ou la tirer par déduction de la précédente ? Pas une ligne de cette troisième partie ne nous autorise à interpréter ainsi la constitution. C'est toujours à partir d'un sens déjà là que Husserl déploie les intentions de conscience qui s'y croisent. C'est donc sur *l'apparaître* même de l'homme que nous lisons l'opposition de deux mondes, le monde naturaliste et le monde personnaliste.

Autre, dirons-nous d'abord, est le sens âme, autre le sens personne. Je vois l'âme « à » son corps, le toucher à la main, la joie au visage. C'est au ras des corps, eux-mêmes insérés dans la texture des choses, que je vois sourdre le psychisme et s'y résorber ; attente et souvenirs viennent rabattre leur temps vécu sur le temps objectif du monde, avec ses coïncidences et ses intervalles ; les institutions sociales sont elles-mêmes susceptibles d'être comprises comme un jeu d'excitants et de réactions au niveau des comportements du corps animé. Il n'y a rien de l'homme qui ne puisse être traité dans le style psycho-physiologique. Ainsi dans l'attitude naturaliste l'homme tombe dans une zoologie : telles sont les tendances d'une étude de la sensorialité et des localisations : être animé c'est véritablement être animal (Husserl dit d'ailleurs *animalia*). Or ce n'est pas dans cette attitude que nous sommes quand nous vivons ensemble, quand nous parlons, échangeons nos expériences, vivons dans la famille, l'État, l'Église, etc. Nous ne voyons pas alors l'homme comme être de nature, mais de culture ; nous ne remarquons pas l'animal quand nous attendons la personne ; c'est pourquoi une psychologie de la socialité, qui se borne à une interpsychologie où l'homme est pour l'homme un « excitant » de fonctions psychiques, est en défaut par rapport à l'homme.

1º Le premier trait nouveau caractéristique du *Geist* est que la personne est au centre d'un *Umwelt*, c'est-à-dire d'un environnement qualifié par ses propriétés perçues, affectives, pratiques, enrichi par la culture, la science et l'art et par conséquent toujours en devenir, à mesure que son sens est remodelé par l'histoire même de l'homme ; ainsi la « réalité physique » — atomes, etc. —, tenue tout à l'heure pour un absolu, ne fait partie de mon *Umwelt* que si je la « sais », si la science en tant qu'activité culturelle a modifié le spectacle et la conception du monde où je vis. Pour l'historien, pour le sociologue, la nature, c'est le paysage d'une civilisation à une certaine époque, tel que les hommes le voient, l'éprouvent, le valorisent, avec ses caractères d'utilité, de désirabilité, de praticabilité, etc. Ainsi l'*Umwelt* présente tous les caractères affectifs et pratiques que l'attitude *theoretisch-doxisch* suspend ; en cela mon environnement excède ce que le savant appelle nature. Tel est le monde pour le savant lui-même hors de l'acte scientifique. Nous comprendrons mieux cette relation à l'environnement quand nous l'aurons comprise sous la loi de motivation qui se substitue à la loi de causalité, implicite à la notion psycho-physique d'excitant.

2º La deuxième ligne de rupture entre notre nouvelle lecture de l'homme et celle du naturalisme est la relation *mutuelle* de personne à personne ; par principe le « lien personnel » excède toute explication purement psycho-physiologique, condamnée à rapporter causalement du psychique à de l'organique et à du physique. Or nous sommes les sujets d'un « environnement commun » : la mutualité des subjectivités et la communauté de l'*Umwelt* constituent un seul et même fait qu'il faudra comprendre par la même relation de motivation. L'objectivité scientifique elle-même est subordonnée à l'élaboration en commun d'un environnement par une culture commune : « chaque moi ne peut devenir pour toi et pour autrui une personne au sens normal, une personne dans un lien à d'autres personnes (*im Personenverband*) que quand la compréhension institue une relation à un monde environnant commun » (246). Ce qui est donc implicite à cette élaboration commune d'un *Umwelt*, c'est la formation de « tout » dont chacun est « membre » et dont le réseau d'échanges constitue un *kommunikative Umwelt* : « se » comprendre « mutuellement » pour comprendre « ensemble » le même monde. Ainsi il faut reporter le monde au niveau des communautés, comme un « objet social » (le monde grec, le monde médiéval, etc.). La science naturaliste connaît des réciprocités entre objets, non des *Gegensubjekte* capables d'instituer des « subjectivités sociales » pour lesquelles le monde est une « objectivité sociale ».

Il est à remarquer que dans ces pages (250-260) Husserl va très loin dans le sens de la « conscience collective » au sens du Durkheim ou de « l'esprit objectif » au sens de Hegel. C'est pourtant le thème de l'individu et de « l'individuation primordiale » de l'esprit qui sera le dernier mot de ce livre ; dès maintenant cette ultime inflexion de l'analyse est préfigurée dans l'exégèse de la subjectivité sociale : ce même monde que nous percevons en commun n'est finalement perçu de manière *originaire* que par moi ; le monde vu par l'autre n'est qu'imaginé sympathiquement (*eingefühlt*) autour de la conscience de l'autre ; si bien que la « subjectivité sociale » n'est pas et ne peut être une réalité dernière ou première, mais une manière de conscience dérivée que le phénoménologue aura toujours la tâche de constituer dans les échanges très complexes de l'intersubjectivité et de subordonner finalement à l'unique conscience originaire, la mienne.

Il y a là une difficulté qui se présente en sens inverse dans la Ve *Méditation cartésienne*. Dans *Ideen II*, Husserl va droit à ces « communautés de personnes » qui élaborent primitivement, semble-t-il, à titre d'œuvres culturelles, le sens des choses, des valeurs et des personnes ; mais il laisse entrevoir que la réduction phénoménologique, appliquée aux sciences de l'esprit, dénoncerait la naïveté de toute conscience collective faussement originaire ; le « retour à l'Ego », à partir des sciences de l'esprit, jouerait le rôle de l'ironie socratique, de l'inscience feinte, à l'égard du sens prétendu absolu de l'histoire, à l'égard de la conscience collective, de la classe, etc., et forcerait à revenir au seul *vécu* que je *vive* originairement, le mien, dans son « présent vivant ». La Ve *Méditation cartésienne*, au contraire, débouche immédiatement de l'impasse du solipsisme transcendantal ; elle se pose la question paradoxale de constituer *l'autre* comme un « étranger » et pourtant « en » moi ; l'expérience d'autrui ne m'est représentée que par transfert, sur la base d'un « appariement » entre les manières d'apparaître des corps d'autrui et du mien, à l'intérieur de ma sphère d'appartenance. C'est pourquoi autrui est « présentifié par imagination sympathique » ; seul mon vécu est « présenté originairement » ; c'est sur cette base que s'instituent des relations intersubjectives de moi *avec* l'autre, avec cet autre qui pourtant est « en » moi, comme échappant toujours à mon expérience originaire.

Il faut revenir à ces raisons fondamentales pour comprendre pourquoi la philosophie transcendantale doit rester en tension avec toute sociologie de la conscience collective et toute philosophie de l'histoire. Elle en justifie le thème — « subjectivité sociale », « esprit objectif » — sur le plan de la réalité constituée par le même geste qui en ruine la prétention absolue.

II. — La motivation comme loi fondamentale du « monde de l'esprit ».

Le second chapitre constitue le cœur de cette vaste investigation de l'ordre « spirituel » ; abandonnant l'opposition de l'esprit à la nature, nous amorçons une exégèse interne de ce nouveau règne de la réalité. Les quelque cent pages qui lui sont consacrées portent essentiellement sur les catégories propres à ce règne : au centre, la catégorie de motivation qui réplique à celle de causalité du règne précédent.

Mais Husserl place en tête de ses réflexions sur la motivation une longue réflexion sur le « je » et la subjectivité afin de situer d'emblée la nouvelle recherche sur un plan inaccessible à la naturalisation. A vrai dire, Husserl sort ici d'une stricte thématisation de l'objet des sciences de l'esprit telles qu'elles sont pratiquées ; il développe sa propre phénoménologie de l'ego comme présupposition d'une juste compréhension de la réalité personnelle et sociale. Tout de suite l'analyse se porte à ce foyer de la subjectivité à qui le corps appartient, qui agit et opère ses actes, qui prend position ; c'est ce moi des actes qui seul peut être dit « affecté » et « réceptif » à l'égard de ses tendances et de ses états ; c'est donc à une lecture de haut en bas de la vie du moi que nous sommes invités avant toute chose : c'est pour le moi de la libre spontanéité qu'il y a du « pré-donné », de « l'avoir subjectif ». Cette reconnaissance d'une subjectivité qui n'est pas acte, spontanèité, qui se constitue comme passivité, tendance affective, habitude est du plus haut intérêt ; elle marque le premier effort de Husserl pour instituer une expérience totale de la subjectivité où l'involontaire et le corps propre ne sont pas abandonnés à une explication naturaliste, mais récupérés dans leur subjectivité vécue (p. 275-280).

C'est à partir de la subjectivité que la *motivation* peut être comprise : elle est d'abord le style selon lequel un moi spirituel *se rapporte* à son environnement ; la pensée naturaliste connaît bien une relation de circonstances physiques à événements psychiques ; mais elle ne l'interprète pas comme relation d'un « monde-pour-un-sujet » *à* un « sujet-qui-se-comporte-par-rapport-à... » ; or, même un objet illusoire peut motiver le « comportement du réagir à quelque chose » ; la motivation en ce premier sens couvre tout le champ du : être incité à..., déterminé à.... Le monde motivant n'est plus celui que le physicien élabore, mais celui que je perçois, valorise, traite pratiquement comme sillonné de voies et barré d'obstacles. Dans son noyau de sens la relation de motivation est donc élaborée phénoménologiquement, mais en retour c'est son usage dans les sciences de l'homme qui alerte le phénoménologue ; on peut dire à cet égard que Husserl lui doit essentiellement l'éclatement de son logicisme initial et son intérêt pour une sorte de phénoménologie de la conduite — ou, comme on voudra, du comportement ou de la praxis — qui déborde largement une simple théorie de la connaissance.

Mais Husserl élargit de proche en proche ce sens primaire de la motivation jusqu'à lui faire couvrir la totalité du champ « spirituel » : on y fera donc rentrer les justifications rationnelles et volitionnelles (je pose ceci parce que...) au double sens de rendre raison et d'invoquer une raison ; on y ajoutera maintenant toutes les liaisons irrationnelles : associations habituelles, liaisons obscures justiciables de la psychanalyse (289) ; (ce point n'est pas négligeable : comme le diront les phénoménologues français, la psychanalyse n'a de sens que si elle invoque des relations de motivation entre significations et non des relations de causalité entre des faits psychiques traités comme des choses). Husserl fait pleine justice à cette motivation « verborgene », où la conscience ne « pose » rien : aussi bien l'expérience externe elle-même se constitue-t-elle dans des synthèses passives ; « là non plus le moi opérant n'a pas besoin de vivre dans ses motivations » (295).

C'est donc la motivation qui désigne la loi selon laquelle une conscience fait suite à elle-même, s'enchaîne temporellement, réagit au monde, comprend la conduite d'autrui dans un environnement de personnes et de choses. Et nul progrès dans la connaissance des causalités mises en jeu ne nous fait avancer dans la compréhension des motifs d'une conduite ; non point que la causalité soit suspendue ou rompue par l'irruption de la subjectivité ; *mais la compréhension d'un cours de motivation ne se fait pas dans l'attitude où l'on appréhende une série causale dans la nature.*

On voit que l'opposition causalité-motivation recoupe à peu près l'opposition connue entre expliquer et comprendre ; Husserl lui-même y a recours, mais comme un cas particulier de l'opposition entre les deux grandes attitudes naturaliste et spirituelle ; elle lui sert à débrouiller les implications nouvelles de la vie corporelle dans la vie spirituelle ; c'est même la dernière application qu'il fait de la loi de motivation (309-324). Comprendre, dans son langage, s'applique très précisément à la saisie d'une unité de sens spirituel dans une diversité naturelle. La première application qu'il fait de la notion n'est pas la compréhension d'une intention ou d'une expression sur un visage, un geste, une conduite ; le thème initial est donné par l'examen des objets culturels animés par un sens : un livre, une œuvre d'art, plus simplement une phrase lue ou entendue ; la compréhension va à l'unité d'un objet culturel ; elle signifie que je ne suis pas dirigé vers les lignes que je vois en lisant : « je vis, par compréhension, dans le sens » ; le spirituel empreint en quelque sorte le physique de son sens au point d'annuler la dualité du sens et de son porteur ; le livre est là dans l'espace, à cette place ; le sens, qui n'est pas là, l'anime pourtant de son intention et le résorbe en quelque manière dans sa spiritualité. Ainsi sont tous les objets d'art et de culture jusqu'aux humbles ustensiles de la vie quotidienne : transmutés en une objectivité d'un nouveau genre qui les introduit, avec la conscience, dans le monde de l'esprit ; ce sont ces objets culturels qui permettent de parler d'un « monde » de l'esprit, car ils sont en vérité les figures de « l'esprit objectif ».

Outre son intérêt propre, cette élucidation de l'objet de culture a la fonction capitale d'introduire une nouvelle interprétation du rapport esprit-corps et de faire rebondir l'analyse de la IIe Partie qui ne dépassait pas le niveau d'une psycho-physiologie : le corps est empreint d'un sens comme l'objet culturel, livre ou temple. J'appréhende le sens dans son unité sur le vivant qui en est empreint ; comme dans la phrase, les articulations du corps se fondent dans le dessin total du sens. Il est important de remarquer que c'est par le détour d'une compréhension culturelle que Husserl corrige sa première interprétation de « l'animation » qu'il avait conduite dans un style très naturaliste dans la IIe Partie. Le langage est le témoin de ce décalage de plan entre une phénoménologie de la culture et une phénoménologie du psychisme. C'est même cette nouvelle description qui souligne, après coup, combien une interprétation de l'âme à partir de ses sensations localisées était restée naturaliste. C'est le *Geist* qui dénonce les limites d'une psycho-logie.

Ce mouvement de réflexion annonce incontestablement le passage de l'objectivation à la compréhension existentielle des successeurs de Husserl, mais il est tout autrement conduit : Husserl a d'abord consolidé l'interprétation naturaliste du psychisme au niveau de la perception commune ; ce n'est plus au niveau d'une phénoménologie de la perception, mais d'une phénoménologie de la culture qu'il récupère le sens des « expressions » humaines : l'homme pour qui un visage est spirituel, pour qui une conduite veut dire quelque chose, c'est celui pour qui le langage a un sens de culture, celui pour qui des objets culturels sont déjà constitués dans l'unité d'un sens spirituel et d'un support physique. C'est ainsi que le problème classique de la conscience et du corps est dédoublé par Husserl en une théorie naturaliste de « l'animation » et une théorie culturelle de « l'expression »; la première ne va pas plus loin que la localisation des champs sensoriels dans l'extension corporelle : c'est le corps qui est le terme de référence ; la seconde reprend le sens du corps à partir des intentions de la conscience et le corps s'y efface entièrement comme le son prononcé ou le mot imprimé, dans le dialogue ou la lecture, se résorbent dans le sens compris.

Au terme de cette réflexion le moi n'est plus l'annexe de son corps ; c'est au contraire la personne qui lui sert de référence, le subissant, le conduisant, s'exprimant à travers lui, lui cédant ou lui résistant. Tout est la « geste » de l'esprit, dans les sciences de l'esprit ; c'est par rapport à cette libre spontanéité que réactivité et passivité ont elles-mêmes un sens, que l'être du moi se prolonge dans un avoir qui se dégrade jusqu'à la nécessité subie.

III. — LA RELATION DE LA NATURE A L'ESPRIT.

Au terme de *Ideen II* Husserl pose la question que le lecteur attend depuis que l'élucidation du *Geist* a introduit une péripétie nouvelle dans le problème de la constitution de la réalité. Si l'esprit est *autre* que la nature quelles relations sont pensables entre ces deux réalités ?

1º La question est susceptible d'une réponse à partir du *Geist* seulement, mais non réciproquement : l'esprit, nous l'avons vu a un « soubassement », un « envers » qui est nature. C'est cet envers qui se prête à un traitement naturaliste ; le complexe psycho-organique dont traitent les sciences naturelles de l'homme est le commentaire objectif, l'index en style naturaliste, de cette face naturalisée de l'esprit.

L'action volontaire est un bon exemple de ce passage de l'esprit à la nature : l'esprit « œuvre » dans le monde, tel que les personnes le comprennent et l'éprouvent ; mais ces « œuvres » selon l'esprit sont aussi des « choses » selon la nature. Le corps « organe » de cette « œuvre » est *aussi* le corps que la physique connaît et où la psycho-physiologie localise le psychisme. Le psychisme lui-même est à la fois le faisceau des tendances à travers lesquelles l'esprit meut son corps propre et la réalité naturelle qui dépend du corps-objet [1].

C'est dans le corps que se croisent les deux lectures. La IIIe Partie de *Ideen II* justifie donc la notion de « corps propre » dans le cycle d'une investigation de l'esprit ou de la personne, alors que la IIe Partie traitait du psychisme et de l'organisme en langage naturaliste.

La relation que le corps institue entre l'esprit et la nature ne mérite aucunement le nom de causalité ; tout au plus peut-on parler de condition, non de cause. Et cette relation n'a pas de sens en dehors du double statut du corps, comme siège de sensations en style naturaliste, comme organe de volonté en style personnaliste (*aesthesiologische Leib* et *Willensleib*) (374) ; on dirait aussi bien que nature et esprit sont médiatisés par le double statut de la psyché, où l'on peut lire tour à tour un phénomène mondain conditionné par la chose-corps et un soubassement spirituel par lequel l'esprit pâtit et agit au monde. L'ambiguïté n'est pas aux extrêmes : chose — esprit, mais dans le complexe médiateur : corps animé ou psyché incarnée. Pour une vision naturaliste, tout, de proche en proche, est chose, même l'esprit que seules ses œuvres attestent ; pour une vision spiritualiste, tout, de proche en proche, est esprit, même les choses qui sont le théâtre et le point d'impact de l'agir et du pâtir. Mais c'est au niveau âme-corps que la motivation s'infléchit en causalité ou que la causalité rebrousse en motivation.

2° Est-ce à dire que la possibilité de *passer* d'une lecture à l'autre leur confère une égale dignité ? C'est ici que Husserl entend affirmer la « prééminence ontologique de l'esprit sur la nature » (C'est le titre même du chapitre III de la IIIe Section).

---

1. Les pages consacrées aux tendances comme intermédiaire vécu entre l'intention et le mouvement corporel sont étonnamment perspicaces et d'une grande portée pour une phénoménologie de la volonté (373 et suiv.).

Comme on va le voir, c'est cette prééminence même qui pose la question la plus embarrassante de *Ideen II* : celle de la situation exacte de ce que Husserl appelle *Geist* dans cet ouvrage par rapport à ce que toute son œuvre appelle la « conscience », le vécu de conscience conquis par la réduction phénoménologique.

La prééminence de l'esprit sur la nature apparaît assez bien si on reprend la question à partir de la théorie classique, à l'époque de *Ideen II*, du « parallélisme psycho-physique ». Le parallélisme a deux postulats que la théorie du *Geist* récuse : d'un côté *toute* réalité de conscience est la réplique d'un événement physique ; de l'autre c'est l'événement physique qui joue le rôle explicatif. Or il faut dire exactement le contraire : l'élucidation de l'esprit donne les raisons de principe qui excluent que l'explication des sensations par l'organisation du système nerveux, par exemple, puisse être généralisée à *toute* la vie de la conscience ; en outre, le type propre d'intelligibilité que comporte le *Geist* domine par principe l'explication psycho-physique. Considérons ces deux points séparément.

Déjà dans la deuxième partie Husserl avait présenté comme un fait, sans le justifier, que seule la face « hylétique » de la conscience se prêtait à une explication par le corps, en entendant par « hylé » la face non-intentionnelle, non- « noétique » de la conscience (sensations, affects, pulsions). Pourquoi doit-il en être ainsi ? Parce que l'enchaînement des moments intentionnels en une conscience qui se continue elle-même en « retenant » ses moments récents et en « tendant » vers ses moments imminents, cet enchaînement obéit à des lois *a priori* de compatibilité (*Verträglichkeit*) entre vécus de conscience. Ces lois *a priori*, le phénoménologue les met à nu par la réduction du monde des choses, des corps, des âmes : il demeure une monade qui s'implique elle-même en un système temporel clos. Cette possibilité de principe de suspendre la prétention absolue des choses — par excellence de cette chose cerveau — à porter la conscience, atteste que le côté noétique de la conscience ne peut être, sans absurdité, une dépendance de l'organisme. Ces « lois eidétiques *a priori* de la conscience », qui prescrivent le style d'enchaînement temporel d'une conscience, *limitent* l'extension de l'explication psycho-physique aux « régulations de fait » que cette auto-constitution permet, ou, comme dit Husserl, « laisse *ouvertes* » (empirisch bedingt sein kann nur das, was die Wesenszusammenhänge *offen* lassen) (386). C'est alors à l'expérience seule et à l'expérimentation d'établir la dépendance de fait de la face hylétique à l'organisme, dans les limites ouvertes par la connexion interne de la conscience.

Ainsi Husserl pense réfuter radicalement le parallélisme sans se laisser enfermer dans l'alternative fictive du « parallélisme » ou de « l'influence réciproque du mental et de l'organique ».

Cette réfutation contient en même temps, dans ses motifs, l'affirmation cardinale sur laquelle se termine le livre : « la nature est relative et l'esprit absolu ». Biffez la nature : il reste le moi qui biffe par le geste réducteur ; biffez l'esprit, la nature s'effondre, faute d'une conscience pour qui et en qui son sens s'articule.

L'argument nous ramène au principe même de l'idéalisme husserlien ; l'esprit dont il est question ici n'a pas de sens hors du contexte de la fameuse réduction phénoménologique et ne se soutient que par l'*ego meditans* qui penserait encore sans monde. Nous reviendrons à l'instant sur cette énigme des rapports entre le *Geist* des *Geisteswissenschaften* et le *Bewusstsein* de la phénoménologie. Husserl n'en dit rien et termine son livre sur une autre cadence.

La notion dans laquelle il fait culminer l'étude de l'esprit est celle de l'individu et de l'individuation. Une réalité réglée par une loi interne de motivation, une réalité qui s'enchaîne selon une loi propre de compatibilité entre vécus de conscience, une telle réalité est par excellence un « individu ». La façon dont elle s'individualise est exactement contraire à la façon dont une chose s'individualise : une chose n'est jamais qu'un *cas* d'une règle générale, d'un Quid tiré à d'innombrables exemplaires ; et chaque chose individuelle a sa raison hors de soi dans l'ordre du monde, dans la totalité de ses relations externes. Chaque esprit, au contraire, est unique par son style de motivation, par la cohérence de son histoire ; il n'advient qu'une fois (einmaliges). Dira-t-on qu'être « tel » (Dies) est un cas particulier de l'ecceité (Diesheit) ? Le sophisme est clair : l'ecceité est une pure forme et non un genre commun (die Form des Dies ist keine Washeit und in diesem Sinn kein Wesen. Es ist allgemein im Sinne der Form). Cette méditation sur l'individuation, retrouvée à partir du thème de la motivation et de la suite que fait avec soi-même une conscience

— et qui, soit dit en passant, est bien dans la ligne d'une philosophie leibnizienne de l'individualité — cette méditation confirme et consacre « la prééminence ontologique de l'esprit sur la nature » : l'esprit réalise l'individuation primordiale, absolue ; une chose n'acquiert d'individualité que pour une conscience qui la *présume* dans un cours d'apparences ; son individuation est « l'individuation seconde du vis-à-vis » (des Gegenüber) ; autrement dit, une unité d'apparitions — celle de la chose — est *relative* à l'unité absolue que forme avec soi-même, à titre primordial, une conscience. L'âme et le corps, dans leur ambiguïté, participent de l'une et de l'autre individuation : comme naturalisation de l'esprit, ils en irradient l'individualité première ; comme objet des sciences naturelles ils sont une manière d'unité d'apparitions.

Ainsi se termine *Ideen II*. Le lecteur est surpris de la différence de ton entre la IIe et la IIIe Partie. La IIe Partie dressait peu à peu en face du moi cet objet insolite, le psychisme, fortement ancré dans la nature, immergé dans le corps-chose ; l'analyse se terminait par une brusque *opposition* entre un Ego, radicalement purifié par la réduction transcendantale, et une réalité empirique de l'homme, fortement polarisée par une nature elle-même mathématisée à l'extrême. Nous avions pu comparer cette polarité à celle du Je transcendantal et du moi empirique chez Kant. Il est bien difficile de situer l'exégèse de l'esprit par rapport à cette polarité.

D'abord cette analyse ne fait pas vraiment suite à la précédente. L'esprit n'est pas fondé dans le psychisme, comme celui-ci dans les choses ; cette étude constitue un nouveau départ, appelle une sorte de conversion qui ramène l'attention en deçà du stade final de l'objectivation atteint par l'étude antérieure : l'*Umwelt* qui motive ma vie personnelle, avec ses arbres et ses livres, ses lacs et ses temples, serait plutôt à ressaisir au stade initial de la *Dingauffassung*, quand le corps est encore corps « esthétique », impliqué dans le perçu, et quand le perçu n'est pas encore remanié par la vision scientifique de l'univers ; le monde de la culture s'implante non dans l'univers scientifique mais dans le perçu préalable à toute objectivation scientifique. De là la structure étrange de *Ideen II* : l'analyse est poussée dans une première direction, jusqu'à la conception naturaliste de l'homme et des choses à la fin de la IIe Partie ; puis elle rebrousse chemin pour repartir dans une autre direction, jusqu'à cette apologie de la conscience absolue à la fin de la IIIe Partie. Au fond, cette manière d'opérer n'est pas sans rappeler l'opposition qui était dans l'air à la même époque entre expliquer et comprendre : on explique le psychisme, on comprend l'esprit.

Mais alors il n'est plus possible d'opposer, du moins de la même manière, la « réalité de l'esprit » à l'Ego transcendantal ; l'esprit n'est pas comme la chose, ni même comme le corps animé et le psychisme, un contre-pôle empirique. Toutes les catégories de la personne et de la socialité résumées sous le titre de motivation sont au fond des catégories phénoménologiques et se retrouvent dans *Ideen I* ou les *Méditations cartésiennes*. L' « esprit » n'a-t-il pourtant pas été introduit au début de *Ideen II* comme un secteur de la réalité totale, comme un constitué en face du constituant ? Comment peut-il être célébré à la fin du même livre comme l'absolu auquel toute nature est relative ?

Il y a là, assurément, une énigme dans l'architecture jusque là simple de *Ideen II*. On peut l'expliquer ainsi, semble-t-il. Husserl trouve dans les sciences humaines de son temps un mouvement de réaction contre le naturalisme régnant. Il intègre ces sciences de l'esprit à son système articulé de la réalité, en superposant le nouveau thème, l'esprit, à la série chose-corps-psyché ; cette série ayant sa cohérence propre dans l'attitude naturaliste, il organise ces nouvelles sciences sous le titre d'une nouvelle attitude qui reste à l'intérieur de la réalité, puisque elles sont nées en marge de la réduction transcendantale et demeurent dans la « naïveté » de toute science qui pose son objet comme un étant. Mais d'autre part, pour intégrer cet objet nouveau à la réalité, il faut en constituer l'idée, c'est-à-dire déployer les actes intentionnels dont les concepts de base des *Geisteswissenschaften* sont les corrélats : ces actes de base se découvrent alors comme identiques aux opérations réflexives dont use le phénoménologue ; le *Geist* n'était donc que l'Ego de la phénoménologie, mais sans la lumière de la réduction phénoménologique. C'est une réalité, la réalité de la personne dans ses relations à son environnement, à des groupes sociaux et à d'autres personnes ; mais le sens, l'Idée directrice qui permet de thématiser les catégories des sciences humaines c'est le moi pur de la phénoménologie.

Ce statut ambigu du *Geist*, Husserl le reconnaît lui-même en quelques pages importantes [1] : le « moi personnel », à la différence du « moi pur », est encore une espèce d'objet, quoique non-naturel. Je puis prendre distance à son égard, comme à l'égard de toute « expérience », de toute expérience relative à une « réalité » ; que je définisse la personne comme le foyer de ses actes, comme celui qui a son corps, comme le substrat de ses propriétés caractérielles, comme l'unité d'un cours de développement, comme un « organisme de pouvoirs », comme un être responsable et raisonnable, — dans tous ces cas la personne est trouvée (*vorgefundene*), découverte comme une réalité préalable. L'adhérence d'une zone d'ombre, de passivité, de motivation cachée, à cette spontanéité du « Je peux » souligne encore plus ce caractère préalable du prédonné, du pré-réflexif dans la découverte de la personne. Comme dit fortement Husserl, le *personales Ich* est un *Mich*, un Je à l'accusatif et non au nominatif (332), un « Je-objet-pour-moi ». C'est bien pourquoi dans *Ideen I* il succombe avec le monde à la réduction phénoménologique. Cela n'empêche point qu'il puisse jouer le rôle d'un analogon du moi pur, d'un révélateur phénoménologique.

Dès lors le schéma, en somme très kantien, atteint au terme de la IIe Partie est bouleversé : entre le moi pur et la psyché en son corps (où nous avions pu reconnaître comme un écho du Je transcendantal et du moi empirique), la IIIe Partie introduit le terme intermédiaire, si étranger à la mentalité criticiste, de la personne dans son environnement de choses et de personnes. Husserl se trouve ainsi à une des sources de ces philosophies de la personne, de l'existence, du sujet concret, etc., qui tentent de combler le hiatus creusé par Kant entre la réflexion transcendantale et la psychologie empirique. Mais en même temps qu'il inaugure cette psychologie compréhensive de la personne, il en montre les limites : la personne n'a pas la pureté du sujet phénoménologique ; elle n'est pas le dernier *Ego*. Elle est encore dans le monde de « l'expérience » ; elle y est enfoncée par toutes ses motivations ; sa « naïveté » pré-critique c'est précisément de se définir par son comportement dans un *Umwelt* ; preuve en est le caractère réversible du rapport moi-monde : je comprends une personne par ses motifs, les influences qu'elle subit, etc. Husserl maintient, par

---

1. *Reines Ich und persönliches Ich als Objekt der reflexiven Selbstapperzeption*, p. 324-330 et *Constitution des persönlichen Ich vor der Reflexion*, p. 330-333.

delà tout engouement pour la personne et pour l'existence son idéal de la philosophie qui est l'émergence d'un *Ego meditans* qui n'a point part à sa propre praxis.

Du moins ce thème intermédiaire entre l'empirique et le transcendantal, entre le naturalisme et la phénoménologie pure, apprend-il au savant à démultiplier sa notion de la réalité, à l'enrichir d'autant de registres qu'il y a de styles méthodologiques. De son côté, le philosophe trouve dans la fréquentation de la psychologie compréhensive, de l'histoire de la culture, une manifestation réelle, dans le champ même des sciences, de la conscience qu'il cherche et que lui dépeignent les objets culturels (monuments, œuvres et institutions) ; cette familiarité avec la conscience l'incline à opérer ce retour à l'Ego pur qui est, selon Husserl, le commencement toujours imminent de la philosophie.

SUR LA PHÉNOMÉNOLOGIE

1. — PHÉNOMÉNOLOGIE ET PHÉNOMÉNOLOGIES

Platon enquêtant sur « la population du monde des idées » (selon l'expression pittoresque de Sir David Ross) se demandait avec perplexité s'il fallait aussi supposer une « Idée » du poil et de la crasse. Aujourd'hui, où la moindre analyse d'expérience ou de sentiment se drape du titre de phénoménologie, on attendrait plutôt une phénoménologie du poil et de la crasse. Peut-être d'ailleurs a-t-elle été écrite ou va-t-elle l'être incessamment [1].

On ne voit pas du reste au nom de quoi on réglementerait l'usage du mot ; si l'on s'en tient à l'étymologie, quiconque traite de la manière d'apparaître de quoi que ce soit, quiconque par conséquent décrit des apparences ou des apparitions, fait de la phénoménologie. Décidera-t-on que la phénoménologie est la chasse gardée de Husserl et de ses héritiers orthodoxes ou hérétiques ? Mais la *Phénoménologie de l'Esprit,* de Hegel, est largement plus célèbre que l'œuvre de Husserl ; et avant Hegel, Kant et ses contemporains (J.-H. Lambert, par exemple) employaient le mot [2]. Au fond, la phénoménologie est née dès que, mettant entre parenthèses — provisoirement ou définitivement — la question de l'être, on traite comme un problème autonome la manière d'apparaître des choses. Il y a phénoménologie rigoureuse dès que cette dissociation est réfléchie pour elle-même, quel que soit son sort définitif ; elle retombe en phénoménologie banale et diluée dès que l'acte de naissance qui fait surgir l'apparaître aux dépens de l'être ou sur fond d'être n'est pas du tout aperçu ni thématisé : sous le nom de phénoménologie on ne fait plus qu'une

---

[1]. Le poil est (c'est-à-dire se donne pour) la fine pointe de l'ambiguïté ; il est entre le pour soi et l'en soi, entre l'être et l'avoir ; quand il tombe, il chute du corps propre dans la chose ; il préfigure ainsi le cadavre que je deviens ; si bien que quand il pousse, c'est mon être-pour-la-mort qui grandit en moi.

[2]. Kant, dans sa fameuse lettre à Marcus Herz du 21 février 1772 où l'on trouve la première expression du problème « critique », annonce que la Métaphysique sera précédée d'une Phénoménologie. C'est cette phénoménologie qui est devenue la *Critique de la Raison Pure.*

présentation populaire d'opinions, de convictions, sans prendre parti à leurs propos.

Il semble alors qu'on puisse discerner trois branches maîtresses d'une phénoménologie digne de ce nom, selon la signification ontologique du phénomène, c'est-à-dire selon la manière de situer, par par rapport à une éventuelle *réalité absolue*, la manière d'*apparaître* des choses, des idées, des valeurs ou des personnes. La phénoménologie de Husserl, du moins sa tendance finale dans les grands inédits de la dernière période, n'est que l'une de ces branches maîtresses.

Il y a d'abord une phénoménologie *critique* du type kantien ; on peut dire que la recherche des conditions de possibilité de l'objectivité du côté de la structure du sujet est une phénoménologie ou contient une phénoménologie, d'ailleurs médiocrement faite par Kant ; elle est constituée par une investigation des actes fondamentaux de ce que Kant appelait le *Gemüt* ; mais Kant était trop préoccupé de justifier la part *a priori* des connaissances mathématiques, physiques et métaphysiques pour mener à bien une investigation des « fonctions » de l'esprit, sans distinguer la part de l'*a priori* et celle de l'*a posteriori*. Il y a donc une phénoménologie implicite ou ébauchée dans le kantisme, à la fois présupposée et masquée par le problème critique de l'objectivité. Mais ce qui est important pour notre propos, c'est que la phénoménologie *critique* ne tient pas lieu de métaphysique ; l'investigation du phénomène est même expressément articulée sur une position absolue de réalité, sur un *en soi* qui limite les prétentions du phénomène à se donner pour l'absolu. C'est en ce sens qu'elle est une *critique* : non pas seulement en ce qu'elle est limitée à une justification de l'*a priori* dans les sciences, mais parce qu'elle est une élucidation des *limites* actives, si l'on peut dire, que la connaissance phénoménale subit et souffre de la part de la pensée de l'absolu, de l'inconditionné. La position de l'en soi signifie très précisément ce « halte-là ! » opposé à la prétention des phénomènes, c'est-à-dire de nous-même, législateur des phénomènes. Dès le début la phénoménologie implicite ou ébauchée du kantisme est mesurée par une ontologie impossible — du moins impossible spéculativement.

Le terme de phénoménologie ne s'est pas imposé pour qualifier la *Critique de la Raison Pure* parce que l'exploration des actes constituants est masquée doublement : par la préoccupation de justifier un savoir *a priori*, et par le souci de départager l'être et l'apparaître en limitant celui-ci par celui-là.

Que s'écroule la doctrine de l'être et sa fonction limitante, que s'efface la préoccupation de justifier les sciences, la critique se révèle comme une phénoménologie, c'est-à-dire comme une investigation interne de l'empire des phénomènes comme tels, *en tant* qu'ils me révèlent ma puissance de mettre en ordre, en forme, en signification, et me montrent ce pouvoir constituant qui est moi-même. Mais le statut de la phénoménologie dans le kantisme, c'est précisément de n'être pas la philosophie elle-même, ni même la critique, mais seulement la présupposition des Prolégomènes. Ceux qui ont lu Kant sans la chose en soi et sans ses préoccupations épistémologiques ne s'y sont pas trompés ; Hegel déclare : « La philosophie kantienne est une phénoménologie », c'est-à-dire un savoir de la conscience en tant que ce savoir est seulement pour la conscience. Mais peut-être faut-il détruire le double motif conducteur de la « critique » pour en dégager la phénoménologie captive.

Un second style phénoménologique est possible : que l'empire des apparences soit l'ordre des apparitions même de l'être, en tant que l'être est pour soi ; la phénoménologie qui parcourt ces apparitions ne sera plus alors en tension avec une ontologie impossible ou différée, mais sera l'approche d'une nouvelle ontologie. Elle sera une *phénoménologie de l'esprit* selon le titre de Hegel. L'entreprise présuppose que l'Absolu n'est pas une nuit d'inconscience, mais enveloppe le soi, par la médiation même des apparitions progressives du Soi ; la phénoménologie sera dès lors la philosophie même de l'Absolu, mais sous l'aspect de ses apparitions progressives. Hegel a mené cette entreprise d'une manière qui, par bien des traits, annonce le respect et la générosité husserliennes à l'endroit de l'expérience humaine ; laissant parler l'expérience la plus vaste des hommes — expérience éthique, juridique, religieuse, esthétique, pratique et non pas seulement théorique et épistémologique — il livre la philosophie au rude écolage de la douleur et de l'échec. La phénoménologie fait ainsi accéder à la dignité philosophique le cheminement des romans de culture, de l'*Emile*, des *Années d'apprentissage de Wilhelm Meister*, de *Faust*. Mais à la différence de ces romans qui racontent, sur un rythme de contingence, l'éducation de l'esprit humain, la phénoménologie scande méthodiquement l'itinéraire, retrouve la nécessité des passages, thématise le rôle du « négatif » — du doute, du désespoir, de l'échec —, discerne dans ce « négatif » la voie même du « dépassement » d'un stade dans l'autre, replace le « négatif » et le « dépassement » dans la présence totale, — et ainsi résorbe, autant qu'il est possible, le tragique dans le logique, en même temps qu'elle montre le logique sur le tragique.

La phénoménologie de type hégélien n'aura donc que l'autonomie d'un aspect, d'une approche méthodique par rapport à une ontologie de l'Esprit. Du moins la phénoménologie subsiste-t-elle, même chez Hegel, comme un aspect indestructible du savoir absolu, non seulement parce que la manifestation de soi — thème par excellence de la phénoménologie — est essentielle à l'Esprit, mais parce que le devenir de l'Esprit dans la conscience des hommes reste inachevé, au sein même du savoir qui a toujours transcendé l'inachèvement de sa propre histoire. Mais cette histoire est une autre histoire ; j'y reviendrai dans une prochaine chronique à propos des ouvrages de Hippolyte sur Hegel.

Je crois qu'il faut avoir présente à l'esprit cette double tradition d'une phénoménologie en tension avec une ontologie — impossible ou ajournée — et d'une phénoménologie en marche vers une ontologie où elle se supprimerait, pour expliquer que parmi la descendance même de Husserl nous retrouvions des penseurs comme Heidegger qui reviennent à l'ontologie *par* la phénoménologie : la phénoménologie n'est alors dès le début qu'une méthode qui, d'ailleurs, finit par être abandonnée, comme il paraît dans les derniers écrits de Heidegger ; si l'homme n'est pas le seigneur de l'étant — c'est-à-dire le législateur des phénomènes — mais le « berger de l'être », la phénoménologie paraît liée, en dernier appel, à ce primat usurpé de la subjectivité qui, depuis Socrate, offusquerait et dissimulerait la primauté véritable de l'être. La phénoménologie qui se voudrait mesure de l'ontologie participerait à ce grand oubli de l'être qui caractériserait la philosophie occidentale.

Ainsi la phénoménologie, par le fait qu'elle privilégie l'apparaître, prétend originellement contester toute position naïve d'en soi avec sa sempiternelle question : comment cela se montre-t-il ? dans quelles opérations vécues ? à partir de quelles positions primordiales de sens ? Mais cette même phénoménologie est aussi originellement contestée par une question qui attaque sa propre question : qu'est-ce que l'être en tant que « clairière de lumière » pour toute question issue de la subjectivité humaine, pour toute position de sens, pour tout projet ?

La phénoménologie se développe donc dans une double insécurité, celle qu'elle inaugure elle-même par son style d'investigation des apparences ou apparitions, celle qui l'investit du côté de ce dont il y aurait apparence ou apparition.

Mais il y a une troisième possibilité pour la phénoménologie : c'est qu'elle ne soit ni en tension avec une ontologie, ni en marche vers sa suppression dans une ontologie ; c'est qu'elle soit la réduction sans retour de toute ontologie possible ; c'est qu'il n'y ait rien de plus dans l'être ou dans les êtres que ce qui apparaît à l'homme et par l'homme.

La phénoménologie de Husserl ne serait-elle pas un effort fantastique de quarante ans pour éliminer l'ontologie, aussi bien au sens classique hérité de Platon et d'Aristote et conservé par Descartes et Kant, qu'au sens hégélien et heideggérien ? Ne serait-elle pas en marche vers une philosophie sans absolu ?

2. — L'UNITÉ D'INTENTION DE LA PHÉNOMÉNOLOGIE HUSSERLIENNE

Que le vœu d'une philosophie sans ontologie soit le « pathos » de la méthode même de Husserl, c'est en gros la conclusion d'une excellente étude consacrée par Pierre Thévenaz à Husserl et à sa descendance spirituelle [1]. Pour lui, les véritables héritiers de Husserl sont les existentialistes français. La démarche à la fois « méthodique et tâtonnante » de Husserl doit être déchiffrée dans une lecture « à rebours ou plutôt en zig-zag, sinon (comme ce fut le cas des premiers disciples qui avaient trouvé dans les *Logische Untersuchungen* une méthode féconde et un réalisme salutaire et se scandalisaient ensuite de l'idéalisme des *Ideen*) nous croirons discerner dans l'évolution de Husserl des discontinuités, des volte-face inintelligibles, voire des trahisons qui n'existent que dans notre imagination » (21). Si le problème de Husserl est celui du *fondement*, sa marche est une radicalisation progressive de la question même du fondement. D'abord, à première approximation, le « fondement » d'une vérité logique ou mathématique, c'est son « essence » ; mais, en seconde approximation, l'essence se révèle comme « sens visé », par conséquent comme « phénomène » pour l'évidence. La réduction phénoménologique qui ramène au JE n'est plus alors un reniement : elle est l'acte global de rupture appliqué à notre relation au *monde*, et non plus à tel secteur du savoir. Mais cette rupture à son tour ne sépare pas une prétendue réalité intérieure de la réalité dite extérieure, comme on distinguerait une région d'une autre ; elle fait au contraire surgir notre véritable rapport au monde, notre relation intentionnelle, relation qui reste voilée dans l'attitude naturelle.

Husserl ainsi se fraye une voie entre les philosophies de l'absolu et les naturalismes : « en vertu de l'intentionalité la notion même d'une réalité en soi ou d'un objet absolu devient absurde, impensable en tous cas ; et d'autre part l'idée (cartésienne par exemple) d'une conscience fermée sur elle-même qui ne percevra pas le monde *lui-même* et qui aurait pour première tâche de s'assurer qu'elle perçoit bien la réalité « en original » est également exclue » (26-7). Aussi Thévenaz ne voit pas de rupture entre l'idéalisme des *Méditations Cartésiennes* et l'apothéose du monde de la vie à laquelle aboutit la phénoménologie transcendantale : « cette grandiose consécration du vécu comme fondement radical de la philosophie est bien fidèle à l'intention première de la phénoménologie, animée comme le berg-

---

[1]. *Qu'est-ce que la Phénoménologie ?* Revue de Théologie et de Philosophie de Lausanne, 1952, I, 9-30 ; II, 126-140, 294-316. Cette étude est en même temps un précieux parcours de la bibliographie du mouvement phénoménologique (Husserl, Heidegger, Sartre, Merleau-Ponty) et une introduction à la fois simple et pénétrante aux intentions, aux méthodes, aux thèmes et aux résultats de la phénoménologie.

sonisme d'un profond respect du réel. Ce primat du vécu permet de comprendre la continuité avec la phénoménologie post-husserlienne et avec certaines formes d'existentialismes » (30).

Dès lors le « dépassement » de la phénoménologie par Heidegger signifie sans doute aussi son « abandon » : « comme les mystiques spéculatifs allemands, Heidegger remonte de Dieu à la « Divinité » (*die Gottheit*), de la Divinité au « Sacré » (*das Heilige*), du Sacré à la Vérité de l'Etre » (137). Le style husserlien, sobre, lucide et réfléchi, a été sacrifié à une « pensée » qui se veut plus radicale et plus pensante que la raison » (*ibid*).

C'est pourquoi l'existentialisme français apparaît à Thévenaz comme une *radicalisation* de la phénoménologie de Husserl, mais dans la ligne de son génie.

D'un côté la conscience sartrienne, vidée d'en soi, vidée même de soi et totalement hors de soi, c'est la conscience husserlienne radicalisée par une super-réduction. Et si Sartre paraît opposer une philosophie du choix et de l'action politique à l'attitude contemplative du « spectateur désintéressé » selon Husserl, c'est encore là une radicalisation de la réduction phénoménologique, le moi s'arrachant à lui-même, se faisant de part en part projet en avant de soi. Toutefois Thévenaz voit poindre, avec le thème de la « mauvaise foi » et de « l'inévitable et impossible » morale, l'hydre de l'échec, le rocher jamais remonté de l'aliénation ; « et Husserl, ajoute-t-il, ne se reconnaîtrait plus dans cette lointaine postérité » (305).

De l'autre côté Merleau-Ponty paraît à Thévenaz prendre le contrepied de Sartre : en comprenant la réduction comme une prise de distance qui nous assure de notre impossible distance au monde et nous réapprend que nous sommes voués au monde, en réduisant l'arrachement sartrien au monde à un simple envers de notre engagement universel dans le monde, la *Phénoménologie de la Perception* prolonge la dernière philosophie husserlienne, celle où le monde de la vie apparaît comme le sol toujours préalable de toutes les sciences, de toutes les vérités et du jugement lui-même.

Entérinerons-nous ce schéma du développement de la phénoménologie ? Que Husserl ait ainsi une descendance double et opposée, que la réduction puisse être radicalisée en des sens différents, cela même nous invite à remettre en question la cohérence de dessein de la phénoménologie husserlienne. Peut-être comportait-elle deux desseins en voie d'exclusion. Thévenaz, précisément, ne le croit pas : « La phénoménologie combine la rupture la plus radicale avec notre attitude première et naturelle vis-à-vis du monde (en ce sens elle est ascèse de l'esprit) et l'approfondissement ou la consécration de cette attitude originelle (en ce sens elle est respect du réel et engagement dans le monde). » (315)

Je me demande si l'existentialisme ne révèle pas une subtile faille de la phénoménologie même de Husserl et si ce n'est pas ici la raison des hésitations de Husserl à publier les applications *effectives* de sa méthode et la raison de ses scrupules rétrospectifs à l'égard des œuvres publiées qui restent purement programmatiques, comme *Ideen I*, et qui développent surtout une *interprétation* philosophique de la méthode, comme les *Méditations Cartésiennes*.

Pour ma part, plus je lis Husserl, plus j'avance dans la conviction que la méthode *pratiquée* tire le philosophe dans un sens de moins en moins compatible avec la méthode *interprétée* philosophiquement. La méthode pratiquée tend vers « l'approfondissement ou la consécration de [l'] attitude originelle » d'engagement dans le monde. La méthode interprétée tend vers un idéalisme solipsiste qui déleste définitivement la « chose » de son altérité relative et qui ne réussit pas à rendre compte de l'altérité absolue d'autrui, de la seconde personne.

C'est pourquoi j'attache une importance considérable au livre de Tran-Duc-Thao sur Husserl.

3. — « PHÉNOMÉNOLOGIE ET MATÉRIALISME DIALECTIQUE [1] »

Le livre remarquable de Tran-Duc-Thao dans sa première partie, rédigée de 1942 à 1950, est une analyse historique et critique de l'entreprise husserlienne ; conçue dans les perspectives mêmes de Husserl, elle aboutit à la constatation d'une contradiction interne de l'œuvre elle-même. La deuxième partie, achevée en 1951, se situe entièrement sur le plan du matérialisme dialectique ; la phénoménologie y apparaît comme la dernière figure de l'idéalisme, mais un idéalisme qui a la nostalgie de la réalité ; la phénoménologie court après l'ombre de la réalité dans la conscience ; le marxisme seul saisit la réalité effective dans la matière travaillée par l'homme ; mais la phénoménologie ne se supprime pas seulement, comme tout idéalisme dans le marxisme, elle y réalise le sens des analyses concrètes du vécu menées par Husserl, avec un scrupule et une patience admirables, en dépit de la philosophie idéaliste qui leur sert d'horizon. Ces analyses concrètes qui sont le « contenu effectivement réel » de la phénoménologie trouvent leur vérité dans une philosophie du travail.

Prenons l'une après l'autre les deux parties du livre.

Tran-Duc-Thao interprète le mouvement d'ensemble de l'œuvre de

---

[1]. TRAN-DUC-THAO : *Phénoménologie et matérialisme dialectique*, Ed. Minh-Tan, Paris, 1951.

Husserl comme un dépassement incessant aiguillonné par un désir de réalité et de présence, mais qui débouche finalement dans une nouvelle sorte de relativisme sceptique.

Cet appétit de réel, Thao excelle à le discerner jusque dans la première philosophie des « essences » qui, dit-il, est authentique dans la mesure où l'essence n'est pas un possible séparé, mais la possibilité du réel, le sens de son objectivité. C'est pourquoi « l'essence », comme sens *du* réel, devait ramener au sujet, c'est-à-dire à l'intentionalité de la conscience constituante du sens. Thao voit déjà dans les *Recherches Logiques* un second et fondamental indice de cette passion pour la réalité effective, dans la thèse selon laquelle l'intuition catégoriale, — c'est-à-dire la mise en présence directe (et non point vague et symbolique) des articulations d'une proposition (*katêgoreīn* = énoncer) — se fait toujours sur fond de monde : l'intuition catégoriale est fondée sur l'intuition sensible ; elle est originale mais dépendante en tant qu'édifiée sur...

Thao voit à juste titre dans cette édification de l'ordre du jugement sur un ordre de la perception ayant son mode propre de présence, sa structure et son sens propre, le motif directeur de l'œuvre husserlienne de 1900 à 1938.

Dès lors Husserl était pris dans un mouvement de radicalisation où les essences renvoyaient à un sujet constituant ; et comme le sens du jugement renvoie à la présence perçue du monde, ce sujet ne pouvait plus être le sujet en général de Kant, un moi ponctuel, simple porteur des conditions de possibilité de l'objet universellement valable, mais le moi concret, le sujet de l'expérience réelle. C'est pourquoi le mouvement de la réflexion ramenait au-delà de Kant, à Descartes ; mais à un Descartes qui aurait renoncé à suspendre son Cogito à Dieu, qui n'aurait cherché la valeur d'éternité du Cogito que dans l'acte effectif de la subjectivité singulière.

Mais — et c'est ici que commence à poindre la critique de Thao — l'entreprise se développe dans l'horizon d'un idéalisme qui condamne à n'étreindre jamais que l'ombre du monde et à n'édifier qu'un rêve bien réglé, au lieu de cette présence « en chair et en os » à laquelle prétend l'intuition husserlienne. En effet toute l'œuvre de Husserl est dominée par « la constitution de la chose » ; or la réduction phénoménologique qui introduit à cette constitution et en définit le sens, pose que l'être de la chose se réduit à *être-constitué* dans un flux de profils, de silhouettes. Voilà un philosophe qui veut « thématiser l'origine du monde et répondre aux dernières questions : il est d'autant plus pénible pour le lecteur de ne trouver qu'un système de silhouettes » (87). Le vice de la constitution apparaît bien quand, dans la *V*ᵉ *Méditation cartésienne,* Husserl élabore la constitution d'autrui. Cette tâche se propose tout de suite dans les termes d'un paradoxe : autrui doit être constitué comme un autre moi, comme un étranger, parce que c'est dans le sens d'autrui d'être un moi *comme moi.*

Selon Thao, la constitution d'autrui reste dominée par le prestige de la constitution des choses, qui ne sont que des unités présumées d'apparitions, alors que Husserl a aperçu, par la pratique même de la phénoménologie, comme on voit dans *Ideen II* (troisième partie), que les personnes ne peuvent être constituées comme un aspect de la « nature » et sont l'unité d'une manifestation absolue et non l'unité d'un flux de silhouettes en moi. L'échec de la constitution d'autrui trahirait l'échec dissimulé de toute constitution ; l'idéalisme vaut pour briser le prestige de l'en soi ; il a une valeur de rappel : rien n'est qui n'apparaisse à quelqu'un ; mais en retour l'idéalisme ruine l'effort pour reconnaître la réalité absolue des personnes telles qu'elles se donnent. La constitution oscille ainsi entre une création des choses et une reconnaissance des personnes ; mais le premier usage emporte le second.

Thao reprend alors, à la lumière de cette critique, la tentative finale de Husserl pour dépasser l'idéalisme de la période des *Ideen* et surtout celui des *Méditations Cartésiennes,* et pour élaborer une *genèse* de l'évidence elle-même. Le livre atteint son plus haut niveau dans les pages consacrées à la constitution temporelle de la vérité et à la naissance conjointe de l'erreur et de la vérité. Ces pages sont pleines d'une grande sympathie pour cette œuvre que l'auteur connaît fort bien. Thao discerne dans les derniers travaux de Husserl un effort désespéré pour restaurer, en dépit du préjugé idéaliste, l'originaire, le primitif, l'effectif, l'actuel, toujours recouverts par le sédimenté, l'habituel, le symbolique, l'acquis. A ce stade la phénoménologie est bien plus qu'une description des curiosités de l'esprit humain ; c'est une entreprise de vérité, en ce sens qu'elle tente de mesurer la pensée prétendue à la pensée effective dans le *présent vivant* de la conscience. La raison n'est pas autre chose que cette critique d'authenticité.

Mais quel est le « résultat » de cet effort ? Effroyablement décevant. La logique renvoie au jugement de réalité ; le jugement à la perception et celle-ci renvoie de ses aspects acquis, solidifiés, à la pure impression dans le présent vivant. La phénoménologie s'achève dans un scepticisme total, renouvelé de Protagoras.

Comment offrir une issue à l'appétit de réel qui est la passion directrice de la phénoménologie mais qu'inhibe le préjugé idéaliste et que frustre la désolante insignifiance du « résultat » de toutes ces réductions ? Il faut changer d'horizon philosophique, répond Thao ; replacer la description du vécu dans le cadre d'un « naturalisme d'un nouveau genre », d'un matérialisme non mécaniste, mais dialectique, bref dans le cadre du marxisme. Posez comme réalité absolue le devenir-humain de la nature et vous verrez le « vécu » retrouver sa vérité qui est de jalonner par la conscience le devenir-humain de la nature dans son effectivité. Thao fait plus que réclamer ce renversement philosophique et que préconiser cette récupération de la phénoménologie dans le matérialisme dialectique ; il tente dans la seconde partie de son livre de retracer :

1° La dialectique du comportement animal, où viennent s'insérer les meilleures analyses de Husserl sur l'impression, la sensation, le champ sensoriel, l'objet fantôme, l'objet réel ou la « chose ».
Car « contrairement à un préjugé répandu, le domaine privilégié de la phénoménologie pure n'est pas dans les significations humaines, mais bien dans les couches primitives et proprement animales » (297). C'est aussi à ce niveau, dépassé par les dialectiques proprement humaines du travail, qu'être c'est être perçu.

2° La dialectique du travail humain et des mystifications religieuses et philosophiques, pour lesquelles il n'y a plus rien à tirer de Husserl.

Je voudrais parcourir les difficultés auxquelles se heurtent cette « suppression » et cette « réalisation » de la phénoménologie dans le marxisme, afin de revenir aux questions initiales de cette chronique et d'esquisser un autre redressement possible de la phénoménologie.

1° Qu'est-ce que la « dialectique du mouvement réel » (comportement animal et travail humain) récupère et peut récupérer des analyses de Husserl ? Des « données », des « résultats », des « contenus effectivement réels », répond Thao. N'est-ce pas déjà subtilement pervertir la phénoménologie que de s'y fournir en « résultats » ? Il apparaît soudain que toute la première partie du livre avait été conduite vers cette déposition de bilan où la phénoménologie est sommée d'exhiber le « contenu effectivement réel » atteint par les genèses successives de l'expérience humaine. Le mouvement de la *méthode* est soudain figé dans son résultat positif, coupé de la trouvaille. Cette crainte se vérifie dans le détail : les données sensorielles, les kinesthèses, les configurations patiemment décrites dans les derniers inédits et que Thao sauve dans la deuxième partie de son livre, au niveau du singe et du nourrisson, sont précisément les facteurs qui se prêtent le mieux à un traitement positif et pour tout dire à une naturalisation du vécu. Il n'est pas inutile de remarquer qu'à l'époque des *Ideen*, ces éléments figuraient l'envers « matériel » (hylétique, disait Husserl) de la visée de conscience, laquelle, dépassant ses contenus, présume une unité de sens (je reviendrai plus loin sur cette question de l'unité de sens que Thao, d'accord avec les existentialistes, sous-estime tout à fait dans la problématique phénoménologique).

C'est donc une conscience ramenée à ses « contenus » que Thao confronte avec le comportement réel. C'est parce qu'il a substitué le résultat à la méthode, le contenu de conscience à la visée, que Thao devait considérer la doctrine de l'Ego transcendantal « comme une clause de style qui cache sous le vocabulaire philosophique la valeur créatrice du travail humain » (7) ; le concept de transcendantal devait être « superfétatoire dès l'origine puisqu'il maintient une stricte identité de contenu entre la « conscience pure » et la conscience naturelle » (9).

Retenir de la phénoménologie « son contenu effectivement réel », c'est quitter la phénoménologie et retourner à la conscience naïve que la phénoménologie met en question et du même coup en suspens.

Car cette nature prise pour absolu, avec son enchaînement de règnes, d'ordres et d'espèces, avec sa phylogenèse et son ontogenèse, avec ses stades de comportement, est reçue des *sciences* naturelles, c'est-à-dire appartient à une couche du savoir édifiée secondairement sur le monde perçu. On ne peut donc intégrer dans cette nature « sue », un vécu de conscience qui se donne phénoménologiquement comme l'horizon perceptif dans lequel se constitue la science de cette nature ; on ne peut élaborer « dialectiquement » le perçu à partir de la nature, alors que, dans ce perçu, la nature scientifiquement connue s'édifie sur le socle du monde de la vie. Je ne vois aucun moyen de faire coïncider le « monde de la vie », tel qu'il est vécu originairement, et la « nature », telle qu'elle est connue dans le mouvement d'une science fortement théorétisée, orientée par des hypothèses de travail et structurée par une méthodologie à la fois mathématique et expérimentale.

La phénoménologie, bon gré mal gré, renverse l'attitude naturaliste, y compris la marxiste, en tant qu'elle prend naïvement pour terme premier le dernier terme constitué dans les couches scientifiques de l'expérience humaine et qu'elle le pose comme un en soi qui a aboli l'histoire de sa propre constitution.

On me dira : vous n'avez rien compris à la dialectique ; vous vous attardez au procès d'un naturalisme non dialectique. L'absolu, ce n'est pas la nature, mais le *devenir-humain* de la nature. La subjectivisation de la nature est le mouvement réel où peut s'intégrer le vécu. C'est donc vers la dialectique de la nature qu'il faut nous tourner.

2° Qu'est-ce que cela *veut dire* : le devenir-humain de la nature ? Thao tente de le montrer en détail, au niveau animal d'abord, celui auquel Husserl est utilisable ; la série des formes de comportement (contraction - déplacement réflexe - locomotion - appréhension - détour) va se réfléchir dans la série phénoménologique (impression, sensation, champ sensoriel, fantôme, chose) ; la prise de conscience d'un stade de comportement se fait quand le vivant a déjà accédé au stade suivant, le vécu étant toujours en retard d'un stade sur le comportement effectivement réel. Or, comment s'opère le passage du comportement au vécu ? Par des *esquisses motrices réprimées*, la répression n'étant qu'un effet de la structure hiérarchique du sys-

831

tème nerveux dont chaque étage fonctionnel assure l'inhibition du mode réactionnel de degré inférieur. « La conscience, comme conscience de l'objet, n'est justement que le mouvement même de ces esquisses réprimées. » (244) C'est ainsi que l'organisme vivant devient sujet : dans ces esquisses réprimées le mouvement atteint *idéalement* son terme ; en tant qu'esquissé il donne le noème de l'intention vécue, en tant que réprimé il constitue la noèse, le soi de l'intention.

Nous venons de surprendre sur une analyse précise la grandiose métamorphose de la nature dans le pour soi de la conscience. En fait, la virtuosité hégélienne — qui permet à un quelque chose de se supprimer tout en se conservant et ainsi de se dépasser en autre chose — ne peut plus masquer la difficulté précise du passage d'un mouvement réprimé à une intention vécue en première personne. A chaque moment de l'analyse de Thao, je bute sur une opération inintelligible : un processus réel qui se « reflète », se « reproduit », se « symbolise », se « transpose » (l'expression varie mais désigne chaque fois le même mystère) dans la conscience [1]. L'énigme de la dialectique vient se resserrer dans l'énigme de la conscience « reflet » ; c'est cette dernière qui se dissimule dans une proposition comme celle-ci : « L'acte de conscience dans son sens vécu se définit de manière exhaustive par la dialectique du comportement. » (243) L'énigme ressurgit à chaque étape de cet effort pour « thématiser l'activité concrète humaine comme devenir-sujet de la réalité ». (243) Et si le passage du comportement au vécu paraît aisé, c'est parce que le « vécu » a été préalablement « naturalisé » et flotte, à titre de « contenu effectivement réel », dans cette région impensable de la demi-subjectivité et de la demi-réalité. A la faveur de cette équivoque, on peut tant bien que mal faire coïncider un mouvement réprimé, connu par un observateur dans des conditions complexes d'expérimentation, avec une intention vécue en première personne ; on peut même pratiquer des contaminations et des échanges de signification entre la réalité du mouvement et le vécu de l'intention, et parler par exemple, de mouvement intentionnel ou de vécu réel ; on parlera encore de « mouvement réprimé et renvoyé à lui-même dans une réflexion sur soi qui définit la conscience de soi » (265).

Le passage « dialectique », lorsqu'on peut le prendre en flagrant délit, ce qui est rare, est donc un passage fictif qui cache la confusion de deux univers du discours dans lesquels on ne peut se tenir à la

---

[1]. « La notion de production rend pleinement compte de l'énigme de la conscience en tant que l'objet travaillé prend un sens pour l'homme comme *produit humain*. La compréhension du sens n'est précisément que la transposition symbolique des opérations matérielles de production en un système d'opérations intentionnelles où le sujet s'approprie idéalement l'objet en le reproduisant dans sa conscience ». Le concept scientifique a sa vérité « en tant qu'il reproduit dans la conscience le processus réel par lequel la vie se constitue dans le mouvement général des structures matérielles ». (241)

fois : le vécu en première ou en deuxième personne et le comportement en troisième personne.

Et pourtant Thao a raison : seule une analyse de l'*action* peut sauver l'analyse du *sensible* ; les stades qu'il propose pour jalonner la série sensorielle peuvent même être retenus ; mais l'intégration ne peut se faire que dans un univers du discours homogène et cohérent, celui du vécu, dégagé du préjugé du primat du « sensible » et élargi à la totalité du souci humain. Cette tâche ressortirait à une phénoménologie de l'agir et principalement de l'involontaire ; les sciences naturelles n'y seraient pas intégrées, mais serviraient de diagnostic objectif pour déceler des intentions motrices vécues ; le comportement du singe ou du nourrisson *expérimentalement connu* ne peut supplanter le vécu de l'homme pour l'homme, mais aider latéralement à détecter un vécu enfoui et submergé.

3° Le passage au stade proprement humain de l'outil, du travail, de la production propose des difficultés nouvelles. Thao veut que la structure du travail effectivement réel tienne en germe toute l'intentionalité du langage et par là tout l'édifice de la raison logique. Le travail deviendrait « idéal » dans le mot, une ébauche musculaire de l'action se dépassant par le moyen d'esquisses réprimées, en direction de l'action achevée.

Outre la difficulté de principe qui tient à la notion de conscience-reflet (celle-ci est maintenant devenue « la forme d'achèvement « idéal » d'un mouvement ébauché de production »), une difficulté additionnelle se présente ici : comment rendre compte du concept comme règle, de la structure symbolique du jugement, de la logique ? On a recours alors à ces règles pré-intellectuelles et purement pratiques que fait cristalliser l'usage sédimenté de l'outil : « Il est clair que ces règles constituent tout d'abord en dehors de la conscience, dans la réalité du comportement, comme une conséquence objective des conditions matérielles de l'usage de l'outil. » (293) « L'universalité n'est qu'un *résultat* où se réfléchit la possibilité indéfinie de répétition impliquée dans la structure objective du processus de l'outil. » (293)

Le vice de cette constitution de l'universalité dans le seul outil, c'est de recéler, *comme toutes les genèses du jugement,* une pétition de principe ; on peut aussi bien faire une genèse de l'outil à partir de la fonction symbolique ; l'universalité pratique passivement constituée en deçà du jugement explicite implique déjà un « vouloir dire » qui est l'essentiel de la fonction du jugement ; ce « vouloir dire » reprend les articulations du travail et de l'outil et les traverse de part en part. J'ai déjà eu l'occasion d'exposer cet empiétement strictement réciproque du faire et du dire à propos du « Travail et de la Parole » (*Esprit,* décembre 1952) ; cette implication mutuelle ruine toutes les dialectiques qui n'iraient pas jusqu'à une relation circulaire entre percevoir, agir, juger, évaluer, etc... Or, une dialectique absolument réciproque et circulaire n'est pas compatible avec un « matérialisme dialectique » que la notion de conscience-reflet ramène sans cesse à un épiphénoménisme. Aussi je ne pense pas que l'histoire du travail producteur épuise la constitution du monde ; c'est par un coup de force dogmatique qu'on substitue à l'équivalence berkeleyenne : être = percevoir ou être-perçu, l'équivalence : être = travailler ou être-travaillé.

4° Les significations dont on a tenté la genèse étaient déjà « idéales », en ce sens qu'elles désignaient intentionnellement une action sans la faire réellement ; mais elles restaient immanentes aux structures objectives de la production sur lesquelles elles repassaient en quelque sorte symboliquement. Thao n'ignore pas l'écart qui sépare les représentations de « l'esprit » humain de ces significations proches du travail. C'est pour rendre compte de cet écart qu'il recourt à la mystification religieuse.

« L'idéalité » de bon aloi des significations du langage se corrompt dans des « transcendances » où la réalité extérieure vient se « supprimer ». Le sacré ou plutôt le *devenir-sacré* est ce mouvement par lequel le réel meurt pour ressusciter à son être mystérieux.

D'où vient cette négation de la réalité ? Elle n'est « rien de plus que la reproduction symbolique des actes réels d'exclusion et d'élimination » (301) mis en jeu par la conduite d'*accaparement* où se constitue la propriété. Ce passage est plus obscur encore que celui du comportement animal aux significations sensibles et même que celui du travail humain aux significations logiques. Pourquoi l'acte d'accaparement qui exclut *autrui* de la possession se refléterait-il dans une exclusion symbolique *de la réalité* ? Sous des dehors fort péremptoires, l'explication est chancelante : on précise une fois qu'en excluant l'autre de l'avoir, le propriétaire exclut la matérialité « en tant que cette matérialité implique la possibilité objective d'une participation de tous » (302) (ce qui n'est jamais vrai, du moins avant une économie d'abondance) ; une autre fois il est affirmé que l'accaparement « dissimule la réalité effective de l'objet et la subtilise aux prétentions d'autrui » (311) ; et plus loin : « Dans le vécu de la transcendance, le sujet se représente non pas l'exclusivisme de son acte d'appropriation, mais l'être approprié lui-même dans la forme de sa négation » (326) ; cette fois c'est le caractère privatif de l'acte qui se cache dans la forme négative de l'objet.

C'est pourtant sur cette base fragile que toute la fin du livre est construite : on voit naître le sacré sur la base de l'appropriation primitive, les dieux du sacrifice sur la base de l'économie marchande, le logos universel sur celle de l'économie monétaire, et la pensée mécaniciste sur celle de l'économie de calcul capitaliste. A aucun moment, il n'est possible d'établir si nous avons affaire à une motivation intégrale et exclusive de la sphère religieuse et idéologique par le processus social de la production, ou seulement à une cause occasionnelle, adjuvante, facilitante, comparable à un frayage social de représentations dont la motivation serait multiple ; le marxiste masque la difficulté méthodologique sous le dogmatisme des formules : « La forme de l'oppression est la clé du mystère de la transcendance. » (13) Or, il est bien difficile de faire reposer l'immense aventure du sacré, depuis le clan totémique jusqu'à Georges Bataille, sur une simple répétition symbolique des processus réels de l'appropriation et de dériver le *tremendum* des douleurs et des menaces de la possession (les « terreurs sacrées qui reflètent les dangers réels de l'exclusion réciproque »...). Outre que le sacré est mal défini par la « suppression » du réel !

On est peu convaincu par l'explication du sacrifice d'Osiris par la dialectique de l'économie marchande (« l'être surnaturel de la propriété marchande où l'acte d'accaparement se justifie pour chacun par le sacrifice de tous » [329]) ; on l'est encore moins par l'amusante explication des neuf hypothèses du *Parménide* de Platon, concernant l'Un et le Multiple, par la dialectique de l'argent - Un avec les marchandises - Multiples dans une économie monétaire. Est-il croyable que la physique mathématique et toute la pensée mécanicienne soit simplement l'expression de l'économie abstraite du capitalisme ? (« Le mouvement idéal des concepts de la physique mathématique n'étant que le symbole abstrait du mouvement réel de l'industrie, comme accord pratiquement réalisé de l'intellect et des choses » [358]). Ne prend-on pas des facilitations pour des causalités complètes ? Et surtout ne sous-estime-t-on pas les motivations immanentes à une discipline, telle que la physique mathématique, le rôle déterminant de ses crises internes et le mouvement autonome de sa problématique et de sa méthodologie propres ? On veut enfin que la phénoménologie elle-même s'explique par l'effort impuissant de quelques couches de la bourgeoisie pour sortir de l'abstraction mécanicienne et retrouver le réel ; mais Husserl, philosophe bourgeois, devait ignorer que le fondement réel de l'œuvre de constitution était le « mouvement réel » de la production et surtout ignorer la clé de ses propres mystifications idéalistes. C'est pourquoi son échec était inévitable.

Ce genre d'explication est aussi intéressant et aussi arbitraire que celui de Freud dans *Totem et Tabou*. Les deux fois vous êtes démasqués : vous croyez penser sacré ou catégorie, transcendance ou transcendantal, âme ou Ego : le « contenu effectivement réel » de votre conscience signifiait calcul économique dans l'horizon des mystifications ancestrales, — à moins qu'il ne signifiât retour au sein maternel ou meurtre du père. Et si vous protestez, vous renforcez, par votre contestation, le diagnostic porté sur vous sans vous, — voire contre vous. Car si le « démasquage » psychanalytique s'achève dans la guérison, par la récupération consciente de l'aboli, le « démasquage » des motivations économico-sociales de la philosophie s'arrête au stade de la dénonciation, qui est une forme spéciale de combat et exclut la discussion, laquelle exige la réciprocité.

Pourtant ce déchiffrage des intentions dissimulées, cette ascèse de la « fausse-conscience » doivent pouvoir être intégrés à la phénoménologie comme critique de l'inauthenticité et comme retour à l'originaire. Mais alors la méthode marxiste, conservée comme hypothèse de travail, *parmi d'autres,* comme système de déchiffrage et de lecture des intentions vécues, *parmi d'autres,* aura été dégagée de sa prétention et de sa naïveté et soustraite à l'esprit d'intimidation et de dénonciation dans lequel la maintiennent les doctrinaires et les polémistes.

4. — DU BON USAGE DE LA PHÉNOMÉNOLOGIE HUSSERLIENNE

Les deux moments antérieurs de cette chronique reposaient sur cette présupposition que la phénoménologie de Husserl est orientée de manière exclusive vers la description du « présent vivant » et du « monde primordial de la vie » ; toute l'œuvre paraît en effet tendre vers l'exégèse des « genèses passives » qui s'élaborent au-dessous du niveau du jugement, bref vers la constitution de la conscience antéprédicative. On est alors conduit à louer ou à déplorer l'achèvement de la phénoménologie dans l'existentialisme.

C'est le défaut d'une lecture « à rebours » de l'œuvre de Husserl de projeter la fin sur le commencement et de ne plus retenir d'elle que ce qui tend vers cette fin. Si on lit au contraire cette œuvre « au fur et à mesure », on est frappé, non seulement par une certaine *radicalisation* des problèmes en direction du « primordial », de « l'originaire », mais aussi par l'*abandon,* en cours de route, de possibilités qui ne seront plus employées. L'œuvre de Husserl est le type de l'œuvre non résolue, embarrassée, raturée, arborescente ; c'est pourquoi bien des chercheurs ont trouvé leur propre voie en abandonnant aussi leur maître, parce qu'ils prolongeaient une ligne magistralement amorcée par le fondateur et non moins magistralement biffée par lui. La phénoménologie est pour une bonne part l'histoire des hérésies husserliennes. La structure de l'œuvre du maître impliquait qu'il n'y eût pas d'orthodoxie husserlienne.

Il faudrait signaler au moins quelques-unes de ces suggestions perdues qui, si elle avaient été suivies, eussent sans doute protégé l'entreprise contre cette espèce de décomposition finale dans l'informe et l'insignifiant que Thao a parfaitement décelée.

La théorie de « l'intuition catégoriale » des *Recherches Logiques* de

1901 était une très grande chose, si on la comprend hors de la naïveté d'un réalisme des essences ; on ne voit pas pourquoi elle serait sacrifiée à la phénoménologie de la perception. Husserl avait plutôt atteint, à un certain moment, un point de maturité, ainsi que lorsqu'il montrait que l'ordre du jugement, avec sa structure de *Sachverhalt* (l'état de chose compris dans le jugement), est *fondé* sur l'ordre de la perception. Or cette relation de *fondation* ne signifie pas seulement un renvoi à la couche plus primitive du perçu, mais aussi une émergence, une novation, par quoi l'intuition catégoriale, la position des valeurs et que la reconnaissance des personnes, surgit dans l'horizon du monde perçu. La tâche de constitution exigeait donc deux mouvements : l'un, régressif et descendant, conduisait effectivement, de « renvoi » en « renvoi », de la science à la chose perçue, de celle-ci au fantôme et ainsi jusqu'à l'impression dans le présent vécu ; c'est ce chemin que les inédits de la fin ont suivi ; c'est au fond le chemin de Hume, qui consiste à *défaire l'objet*. L'autre mouvement, progressif et ascendant, devait compenser le précédent par une critique des synthèses novatrices et des émergences de l'ordre logique, axiologique et personnel dans l'horizon du perçu. Ce chemin, qui est celui de Kant dans les passages les plus phénoménologiques de la *Critique* (imagination et schèmes, analogies de l'expérience, théorie du respect, etc...), a été pris et abandonné.

Car cette voie a été prise ; à l'époque de *Ideen I et II* et des *Méditations Cartésiennes*, Husserl insiste sur une exigence de méthode qu'on ne souligne pas assez : on ne peut explorer le « flux du vécu » qu'avec ce qu'il appelle « le guide transcendantal de l'objet », c'est-à-dire sous la conduite de certaines unités de sens (choses, valeurs, personnes, etc...) qui proposent le « sens » à constituer ; certes ces unités de sens sont seulement « présumées » dans le flux des silhouettes (dans le cas de la « chose » perçue) ; mais en retour toute silhouette se transcende dans un sens présumé. Husserl avait ainsi surpris ce qu'il appelle le « merveilleux » de la conscience, ou encore la « téléologie » de la conscience, c'est-à-dire ce fait étonnant qu'il y ait une concordance des profils et non pas un chaos des apparitions, bref qu'il y ait un monde et non pas un non-monde, comme je puis *imaginer* que cela est radicalement possible. Cet étonnement, cette surprise sont totalement oubliés dans le mouvement régressif vers le présent vivant qui est aussi bien l'exégèse d'un non-monde que d'un monde.

Or le « guide transcendantal de l'objet » renvoie inévitablement à l'intuition des essences ; car il n'est pas possible d'entreprendre une description quelconque sans une *idée* de la structure essentielle de la « région considérée ». C'est bien pourquoi, après avoir écrit *Ideen I* qui expose la méthode phénoménologique et la justifie sur quelques exemples, Husserl avait été obligé de répéter en tête du livre sa théorie de « l'essence » : car c'est une évidence « éidétique » (essentielle) et non précisément « perceptive » que la perception soit un procès sans fin d'esquisses concordantes qui peuvent devenir discordantes. On ne peut descendre à l'originaire, sans remonter à l'idée-guide qui règle le sens de la « région ».

En abandonnant cette voie progressive des émergences de constitution, Husserl tendait à faire de la phénoménologie un traité de la décomposition de l'esprit ; l'énigme du sens était dès lors confiée à la constitution temporelle : il fallait tout attendre du processus de « rétention » des apparitions fugitives, de la « sédimentation » du retenu et de « l'abolition » de cette histoire de la sédimentation dans son résultat constitué ; le procédé ne diffère guère au total de la théorie humienne de l'habitude et se heurte aux mêmes difficultés : pourquoi la temporalisation de la conscience fait-elle de l'intelligible plutôt que du non-sens ? Un retour à l'investigation des structures originales du jugement, selon la première phénoménologie (la première des *Recherches Logiques* commence par le jugement), éviterait les déceptions que ne peuvent manquer d'engendrer toutes ces inflations de temporalité ; Socrate est toujours fort en face de l'héracliteisme de Protagoras.

Si Husserl a pris une voie et laissé l'autre, c'est peut-être à cause de l'interprétation *philosophique* qu'il a faite de la *méthode* même qu'il pratiquait. Ici encore Thao a vu juste en montrant que l'interprétation idéaliste de la « constitution » est responsable de cette volatilisation du sens et de la présence de la réalité. Si les choses se constituent non seulement « pour » moi, mais « en » moi, et « à partir de » moi, la phénoménologie n'est plus la reconnaissance de l'*autre* dans son altérité, mais, comme le dit lui-même Husserl dans les *Méditations Cartésiennes*, « l'explicitation de la monade-moi ». Or la relativité de la perception, comme le dit très bien Thao, ne supprime pas la *réalité* des choses, mais définit seulement son apparaître. Il faudrait alors dégager dans l'œuvre de Husserl un idéalisme *méthodologique* de l'idéalisme *dogmatique* dans lequel il réfléchit philosophiquement sa méthode. Cet idéalisme méthodologique est la décision de ne thématiser la réalité qu'en tant qu'elle se donne, sans décider si la réalité s'épuise dans son être-donné. C'est celui qui est effectivement pratiqué dans *Ideen II* (principalement dans la troisième partie consacrée au monde des personnes). L'autre, dites-vous, c'est ce que je vise en lui ? Certes, mais, quand l'autre est une personne, je vise précisément en lui une existence absolue autre que la mienne.

Arrivés à ce point de notre réflexion, nous pouvons nous demander si la phénoménologie ne requiert pas, pour fonder son propre droit à régner royalement sur l'empire de ce qui apparaît, une *critique* de l'apparaître. Cette chronique revient à son point de départ, — à son point de départ kantien —. La position de la réalité en soi était pour Kant ce qui *limite* spéculativement les prétentions du phénomène à se donner pour l'être ; et le respect pour les personnes, en tant que valeur et qu'existence (en tant qu'existence-valeur) était ce qui *limite pratiquement* les prétentions de notre sensibilité à réduire les personnes à leur manière d'apparaître dans la haine et le désir, voire même dans la sympathie.

Peut-être la phénoménologie ne peut-elle être fondée que par ce qui la limite. En quoi elle ne serait pas la philosophie mais seulement son « seuil ».

Etude
sur les « Méditations Cartésiennes »
de Husserl

A Monsieur le Professeur S. Strasser,
l'excellent éditeur des « Husserliana I ».

I. Husserl et Descartes

La première intention des *Méditations Cartésiennes* est de situer dans l'histoire de la philosophie le motif transcendantal de la phénoménologie, lentement conquis depuis 1905 environ. Ce souci sur lequel s'ouvre le livre de 1929 annonce la manière historique de prendre conscience de la tâche de la phénoménologie qui prévaudra dans la *Krisis* (1935). La *Krisis* voit dans la réflexion transcendantale un mode de philosopher qui a sa propre histoire et qui traverse l'histoire de la « naïveté », c'est-à-dire en gros l'histoire des sciences, des techniques et des philosophies objectivistes qui sont restées fascinées par le naturalisme scientifique. Bien entendu cette autre histoire culmine dans la philosophie *phénoménologique*. Les *Méditations Cartésiennes* voient encore dans la reprise du thème cartésien du Cogito une radicalisation qui suspend l'errance historique. S'il y a une histoire après Descartes qui pourtant prétendait mettre fin aux variations de la pensée et *recommencer* la philosophie, c'est que Descartes n'a pas été assez radical ou n'a pas été assez fidèle à son propre radicalisme. La philosophie surmonterait sa propre histoire et réaliserait son « sens éternel » si elle allait jusqu'au bout de sa tâche. Les *Méditations Cartésiennes* suggèrent cette idée que l'histoire de la philosophie a un sens dans la mesure où elle marche vers la suppression de sa propre histoire par un progrès dans le sens du vrai *commencement*.

On peut dire que toute philosophie est une interprétation de l'histoire de la philosophie, une explication de ses contradictions et une justification de son unité possible par le sens supra-historique de l'acte philosophique, de l'intention philosophique. Ce sens, Husserl l'a cherché, après Descartes, plus loin que Descartes, dans l'idée du *commencement* radical. De ce « sens éternel » — de cet *Urbild* — procède la « tâche » même de philosopher. La *Krisis*, à l'encontre des *Méditations Cartésiennes*, montrera que ce sens éternel, qui est une tâche, un devoir de philosopher, engendre précisément une histoire de degré réflexif, une histoire signifiante, parce qu'elle est le développement de son propre sens.

Pourquoi le Cogito doit-il être radicalisé ? Le Descartes de Husserl n'est pas celui de Gilson, de Laporte ou d'Alquié ; c'est le Descartes lu par un néo-kantien : la grandeur de Descartes selon Husserl est d'avoir fait le projet d'une philosophie qui soit à la fois une science et le *fondement* de toutes les sciences dans le système d'une science universelle. En droit le Cogito c'est le sujet transcendantal. Mais Descartes a trahi son propre radicalisme : le doute devait mettre fin à toute extériorité objective et dégager une subjectivité sans dehors absolu ; et pourtant le Cogito est pris par Descartes comme premier anneau d'une chaîne déductive dont les chainons successifs sont la *res cogitans*, l'existence de Dieu, et par le truchement de la véracité divine, l'existence de la nature objective. Cette interprétation de Descartes mérite qu'on s'y arrête avant toute autre démarche : elle méconnaît totalement la polarité qui supporte toute la philosophie de Descartes : la polarité entre le Cogito qui résorbe en soi toute l'objectivité comme son *sens* (les « idées » physiques et mathématiques sont le sens même du Cogito) — et d'autre part l'existence de Dieu dont tout être dépend à titre de *créature*. Ces deux exigences se recoupent dans l'idée d'Infini qui appartient à la fois au cycle du Cogito, en tant qu'elle est une idée comme les autres, et au cycle de l'être, en ceci qu'elle est la marque de l'être infini dans ma pensée. On peut certes contester la possibilité d'une philosophie à deux foyers — le Cogito et Dieu, — c'est-à-dire nier qu'on puisse tenir à la fois une philosophie où la subjectivité est le pôle de référence de tout le pensable et une philosophie où l'être est le pôle de référence de tout l'existant. En tous cas, méconnaître cette structure du cartésianisme, c'est faire une *autre* philosophie que Descartes et non point radicaliser le cartésianisme. La meilleure introduction au sens des *Méditations*

Cartésiennes de Husserl c'est peut-être cette destruction du sens originel du cartésianisme selon lequel le Cogito est lui-même un être, situé entre l'être et le néant, un moindre être, habité et investi par une idée qui le fait éclater, l'idée d'infini ; cette idée, qui a plus d'être que moi qui la pense, provoque un déplacement du centre de gravité de la subjectivité vers l'être infini.

Toute la démarche de Husserl sera l'omission de cette polarité ; je dis l'omission : car rien ne nous autorise à dire que Husserl ait compris sa philosophie transcendantale comme un athéisme de droit. Du moins l'Ego transcendantal suffit à toutes les tâches d'une *philosophia prima* (§ 2) — terme même que Descartes appliquait à ses Méditations (*Meditationes de prima philosophia*).

La philosophie transcendantale assume courageusement les énormes difficultés, que nous allons essayer de parcourir, d'une philosophie qui ne serait qu'une égologie et jamais une ontologie, d'une philosophie où l'Etre ne serait jamais ce qui non seulement donne un poids de réalité à l'objet, mais surtout fonde la réalité de l'Ego lui-même. Une égologie, c'est-à-dire un Cogito sans *res cogitans*, un Cogito sans la mesure absolue de l'idée d'infini, sans ce *cogitatum singulier* qui serait la marque sur lui d'une toute autre subjectivité fondatrice. Husserl a assumé toutes les difficultés d'une telle égologie : elles culminent à la fin de la *IV*ᵉ *Méditation* dans l'objection du solipsisme transcendantal. C'est pourquoi la *V*ᵉ *Méditation* qui répond à cette objection peut être considérée comme l'équivalent et le substitut par Husserl de l'ontologie que Descartes introduisait dans sa *III*ᵉ *Méditation* par l'idée d'infini et par la reconnaissance de l'être dans la présence même de cette idée. Alors que Descartes transcende le Cogito par Dieu, Husserl transcende l'Ego par l'*alter ego* ; ainsi cherche-t-il dans une philosophie de l'intersubjectivité le fondement supérieur de l'objectivité que Descartes cherchait dans la véracité divine. C'est dire l'importance de cette *V*ᵉ *Méditation* que Husserl, après ses conférences de Paris et de Strasbourg a gonflée au point de lui donner presque autant d'ampleur qu'aux quatre autres réunies. Ces *Méditations Cartésiennes* doivent être considérées comme la montée progressive vers un certain point critique, proche de la rupture, à savoir le *solus ipse* d'une égologie sans ontologie. La constitution de la transcendance d'autrui dans l'immanence de ma sphère propre a la même signification décisive que le passage de l'idée d'infini « dans » le Cogito cartésien à l'être même « de » l'infini hors du Cogito. On peut se demander si Husserl a mieux échappé à ce qu'on pourrait appeler un « cercle husserlien » que Descartes à son fameux « cercle » ; de même qu'on a pu reprocher à Descartes de fonder toute vérité sur la vérité divine et celle-ci sur l'évidence de l'idée d'infini, on peut se demander si Husserl a réussi à replacer « *dans* » l'intersubjectivité l'Ego originaire « *dans* » lequel l'alter ego se constitue. Mais s'il y a une issue dans le cartésianisme, parce que la structure à deux foyers de cette philosophie est primitive, on pourra se demander si Husserl, qui ne professe aucune polarité originelle de l'Ego et de l'être, a réussi à rendre compte de l'*altérité* « d'autrui » et de l'altérité de toute la nature qu'autrui draîne et recentre autour de « lui-même ».

II. LA DIFFICULTÉ DU « POINT DE DÉPART » RADICAL
(Ire *Méditation*)

Il est intéressant de démontrer soigneusement le mécanisme de pensée, qui, à la fin de la *Ire Méditation*, conduit à faire de l'*ego cogito* le principe « réel », le point de départ « réel » (*einen wirklichen Anfang*) de la philosophie. Comme on ne peut partir ni d'un néant de pensée, ni d'une science en tant que fait culturel (Descartes aurait trop vite adopté comme pré-donné l'idéal scientifique de la physique mathématique), il faut partir de l'idée régulatrice (*Zweckidee*) de science universelle, de la tâche de donner aux sciences un fondement absolu. Avant « l'expérience » transcendantale de la *Deuxième Méditation*, il y a donc un avant-point de départ qui est une sorte de *devoir* : il s'agit de s'abandonner (*sich hingeben*) d'abord à la présomption, à la prétention qui anime les sciences, d'en « revivre » (*einleben*) l'impulsion et la visée et ainsi de ressaisir l'idée de science comme le corrélat — le « noème » — de cette « intention » qui anime l'effort scientifique.

C'est dire que la phénoménologie doit *atteindre* son point de départ, en se situant d'abord comme un acte second par rapport à l'acte primaire des sciences ; ainsi quelque chose déjà est décidé avant le point de départ, puisque, à la différence du Heidegger de *Sein und Zeit*, la philosophie situe son acte philosophique par rapport à une activité déjà fortement théorétisée et non par rapport à un pouvoir ou un agir plus primitifs. La *Krisis* corrigera quelque peu cette limitation épistémologique de l'avant-commencement, en repensant les sciences elles-mêmes comme activité culturelle, et même comme un espèce de praxis théorétique.

Ce n'est pas tout ; cette *Zweckidee* serait stérile si elle n'était « différenciée » (selon l'expression des §§ 4 et 5) par une *théorie de l'évidence* qui « répète » les thèmes fondamentaux des *Logische Untersuchungen* ; non seulement il faut admettre, *avant* de commencer et *pour* commencer, l'idée régulatrice de science universelle, mais il faut la documenter dans une *théorie du jugement vrai* selon laquelle la « valeur d'être » du jugement consiste en ce qu'une intention signifiante « vide » est remplie par le « plein » d'une évidence soit empirique soit essentielle (la fameuse intuition catégoriale de la VIe *Etude Logique*).

A cette idée d'évidence il faut ajouter celle d'apodicticité qui n'est pas exactement celle d'évidence adéquate, c'est-à-dire complètement remplie : on le verra, le Cogito n'a d'évidence adéquate que dans son moment présent, non dans ses horizons indéfinis de récence et d'imminence ; l'apodicticité caractérise ce qui est *premier*, à quoi toute évidence médiate renvoie, à savoir : l'inconcevabilité de non-être de la chose ou de l'état de chose évident ; l'apodicticité est donc la résistance de l'évidence de l'essence à l'épreuve critique des variations imaginatives (à laquelle on ne saurait accorder trop d'importance dans la méthode eidétique de Husserl) ; c'est en cela que l'évidence apodictique exclut le doute et peut se redoubler réflexivement sans se détruire. Cette notion d'apodicticité accentue encore le caractère de vision de l'évidence. On retrouvera ce problème de la lumière et du voir chez Husserl : comme la IIIe *Méditation* le montrera, il n'est pas aisé d'accorder cette tendance intuitioniste de la phénoménologie de Husserl avec son effort pour « constituer » les structures de la conscience ; cet effort, en effet, est plutôt de l'ordre du « faire » (*Leistung*) que du « voir ».

Ainsi la philosophie commençante est précédée non par une présence mais 1) par un principe : l'obligation d'assumer l'idée de vérité — et 2) par une définition : la définition de la vérité par l'évidence ; l'obligation préalable devient celle de ne juger que dans l'évidence. Descartes d'ailleurs admettait que le Cogito présuppose des « notions communes » : être, pensée, idée, etc. ; les notions de vérité, d'évidence, etc. élaborées par les *Log. Unters.* jouent le même rôle par rapport au commencement radical des *Méditations* husserliennes. Avant de nous mettre en pésence d'une évidence première, il faut savoir ce qu'est « évidence » et ce qu'est « premier » et adopter le devoir de chercher une telle évidence.

Le problème [1] est alors de passer de l'idée d'évidence à une évidence première réelle. « A quoi nous serviraient ce principe et toute la méditation antérieure, s'ils ne nous fournissaient pas le moyen de prendre un point de départ réel (*wirklich*) nous permettant de réaliser (*verwirklichen*) l'idée de science véritable ? ». Il nous faut donc trouver une vérité qui porte en soi la marque (*Stempel*) d'une vérité première.

La suite de la *Ire Méditation* est claire : il s'agit de déplacer le privilège de première évidence de la présence du monde à la présence de l'Ego. Cette contestation de la pseudo-évidence (*Selbstverständlichkeit*) qui s'attache à la présence du monde est l'ἐποχή transcendantale elle-même ; elle est opérée très rapidement dans les *Méditations Cartésiennes* et ne demande pas les préparations et les précautions interminables des *Ideen*. Son motif n'est pas aisé à surprendre : l'expérience, dit Husserl, n'exclut pas la possibilité que le monde ne soit pas. C'est donc sur l'apodicticité de l'expérience du monde que porte l'effort critique ; on reconnaît là l'application de la méthode des variations imaginatives ; rien ne résiste à l'imagination métaphysique que le monde ne soit pas. Il n'y a plus de trace du vertige et de l'anxiété sceptique des textes de 1905-1907. A vrai dire c'est la certitude du caractère premier de l'*Ego Cogito* qui soutient cette épreuve méthodique par l'hypothèse du non-être et qui ainsi déchire l'illusion qui s'attache à la présence toujours préalable (*vorgegeben*) du monde ; la certitude du caractère apodictique de l'*Ego Cogito* est déjà à l'œuvre dans ce défi jeté à la présence familière et enveloppante du monde toujours-déjà-là. Ce qui se donnait comme « sol ontologique » (*Seinsboden*) s'effondre ; et la « créance ontologique » (*Seinsglauben*) qui lui était accordée se dissipe, ne laissant plus que le phénomène-du-monde-pour-ma-conscience, à savoir un monde — perçu — dans la vie réflexive. Si cette démarche est brièvement rapportée ici, par contre une

---

[1] Les « Conférences de Paris » résument fortement ce premier mouvement de pensée : ce qui *vaut*, c'est ce qui est « *fondé* », « *légitimé* », « *par recours aux choses mêmes et aux* « *états de choses* » (Sachverhalte) *dans l'expérience et l'évidence* (Einsicht) *originelles* », p. 6; Husserl précisait sobrement le rapport entre évidence et apodicticité : « *ne juger que dans l'évidence et éprouver critiquement l'évidence et cela bien entendu à nouveau dans l'évidence* », p. 6. Le sommaire en français est encore plus frappant : *Husserliana*, I, p. 195.

équivoque des *Ideen* est dissipée : cet ouvrage présentait la conscience comme un « résidu », comme ce qui « reste » quand on met entre parenthèses l'être des choses ; les *Méditations* insistent sur le caractère *positif* de l'opération. « Quand je regarde exclusivement ma vie comme conscience de ce monde, je me gagne comme l'Ego pur avec le pur flux de mes cogitations ». Je me gagne, c'est-à-dire je m'approprie mon « propre » (*eigen*), à savoir le pour-moi du monde : « le monde n'est pour moi que ce qui existe et vaut pour ma conscience dans un pareil Cogito ». A vrai dire l'ἐποχή n'est pas une mise entre parenthèses comme le disait encore *Ideen* I, car il n'y a rien dans la parenthèse. Le monde est retenu avec toutes ses modalités (réel, probable, possible ; vrai, faux ; remarqué avec attention, non remarqué, etc.), mais il est modifié en « phénomène d'être ».

La parenté entre le doute cartésien et cette suspension de la « créance ontologique » que nous attachons au monde est évidente ; pourtant, à la différence de la VIe *Méditation* de Descartes, il n'y aura jamais de monde *retrouvé*. L'ἐποχή ne consiste pas à détendre un lien ontologique pour le mieux assurer, elle prétend dissiper sans *retour* l'illusion réaliste de l'en soi. Seule la perception intersubjective de la Ve *Méditation Cartésienne* corrigera le « pour moi » de la Ire *Méditation Cartésienne* en un « pour autrui », un pour « nous » et un « pour tous ». L'intention des *Méditations* de Descartes était tout autre ; bien avant l'apparition de l'idée d'infini dans la IIIe *Méditation*, il est frappant que Descartes aille directement du *Dubito* au *sum* (ce n'est pas le cas dans le *Discours*). Son souci n'est pas tellement épistémologique, transcendantal, qu'ontologique. C'est un être qu'il cherche, autant et plus qu'un fondement de validité. Si effectivement le moi a plus d'être que ses objets, il a moins d'être que l'idée d'infini n'en montre dans son « esse objectivum ». Le Cogito cartésien, intermédiaire entre l'être et le néant, a ce plus-être qui consiste à penser et ce moins-être que révèle la précarité itinérante du Dubito. Une telle évaluation de la grandeur d'être du Cogito est absolument étrangère à Husserl qui interprète Descartes en néo-kantien. C'est ce souvi d'évaluation ontologique qui, dès la IIe *Méditation* de Descartes, et malgré la révolution copernicienne qui centre tout le pensable sur la pensée, rend possible la seconde révolution copernicienne qui, en sens contraire, subordonne l'être du dubitant-pensant à l'être parfait. C'est même ce souci ontologique qui autorise Descartes à traiter le Cogito comme « *res cogitans* », son statut de « *res* » n'étant autre que son statut ontologique. C'est pourquoi le problème de l'être du monde n'est pas réglé par le doute et il pourra être reposé à la *VIe Méditation*, sans que soit remise en question l'inhérence des idées des choses au Cogito lui-même.

Rien de tel chez Husserl : la préoccupation épistémologique n'est pas entrelacée à une autre préoccupation qui la dépasserait après l'avoir suscitée et animée. J'explique par cette absence chez Husserl d'une problématique proprement ontologique le glissement déconcertant en effet, du « *für mich* » au « *aus mir* » dans les textes qui caractérisent l'inhérence du monde à la conscience : « je ne puis agir et porter de jugement de valeur dans un monde autre que celui qui trouve en moi-même et tire de moi (*aus mir*) son sens et sa validité » ; « tout son sens universel et particulier, toute sa *Seinsgeltung*, il les tire (*schöpft*) exclusivement de (*aus*) telles *cogitationes* ». « Le monde objectif qui existe pour moi (*für mich*), qui a existé ou qui existera pour moi, ce monde objectif avec tous ses objets en moi, tire *de* moi-même (*aus mir selbst*) tout le sens et toute la valeur existentielle qu'il a *pour moi* ». Cette oscillation entre le *für* et le *aus* (le « *in mir* » cumulant les deux relations) est caractéristique de toute la démarche des *Méditations Cartésiennes*. Elle comporte une décision non-thématisée et qu'on peut bien appeler « métaphysique » [2] qui se mêle au mouvement proprement « critique » et, croyons-nous, irréfutable et fécond de l'ἐποχή transcendantale ; cette décision consiste à dire qu'il n'y a pas d'autre dimension de l'être du monde que son pour moi, qu'il n'y a pas d'autre problématique que la problématique transcendantale. Alors que Descartes limitait doublement l'être du monde, par le Cogito qui supporte le *pensable* et par Dieu qui supporte le *créé*, Husserl décide qu'il n'y a qu'un système possible de limitation et que la question ontologique *est* la question épistémologique.

---

[2] Ingarden objectait déjà à Husserl dans ses « Remarques » (que le Dr Strasser a heureusement jointes aux textes husserliens: « Dans le cadre de l'ἐποχή je n'ai le droit de porter des jugements que sur moi-même, non sur le monde » (p. 208). Par cette objection Ingarden entend seulement qu'un tel jugement sur le monde est prématuré et ne peut être que le résultat de la constitution transcendantale elle-même et non une proposition initiale, introductive. Mais Ingarden ne s'y trompe pas: un tel jugement sur le monde enveloppe « une décision métaphysique » ... « qui équivaut à une thèse catégorique sur quelque chose qui n'est pas un élément de la subjectivité transcendantale » (p. 210).

La philosophie transcendantale de Husserl sera donc une philosophie du « sens » — en donnant à ce mot sa plus vaste extension par delà toute étroitesse intellectualiste — : sens perçu, sens imaginé, sens voulu, sens éprouvé affectivement, sens jugé et dit, sens logique. Le monde *pour* moi c'est le sens du monde *en* moi, le sens inhérent *à* mon existence, et, finalement, le sens *de* ma vie ; la *IVe Méditation Cartésienne* dira : le monde est la vie concrète *de* ma monade.

Reste à comprendre le caractère « pré-donné » de ce monde, qui est le piège même de la « naïveté » philosophique : pourquoi ce monde qui, au point de vue transcendantal, devient « second », par rapport à l'« Ego méditant », « inintéressé », dont il sera question plus loin, pourquoi ce monde pré-donné est-il premier pour la « Vie » ? Descartes le sauve dans sa *VIe Méditation* ; ce problème qui est renouvelé par la *Krisis* sous le nom de *Lebenswelt* reste sans réponse dans les *Méditations Cartésiennes* ; on verra que le thème de l'évidence originaire dans la *IIIe Méditation Cartésienne* répond en partie à cette difficulté, quitte à susciter une difficulté plus grave encore au cœur même de la notion de « sens ».

Au terme de cette *Méditation*, on peut se demander ce qui reste du *Sum* du Cogito. Husserl le retrouve d'une autre manière ; s'il en élimine ou du moins en omet la dimension ontologique et pour finir théologique (le Cogito comme *ens creatum*), le Cogito dégagé par la réduction phénoménologique est un *sum* en ceci qu'il est un « champ d'expérience », le terme d'une intuition originaire, la réflexion qui l'appréhende est un *voir*, un voir « rempli par la *Selbstgegebenheit* » de la conscience.

La réflexion sur le *sum* du Cogito est donc toute entière contenue dans la notion d'évidence apodictique qui s'attache au Cogito : son être tient à l'apodicticité de l'évidence réflexive, bien que, encore une fois, l'expérience transcendantale ne soit pas une expérience adéquate en raison de la structure « d'horizon ouvert » qui s'attache à la découverte de soi (§ 9). Cette expérience n'est pas adéquate, mais apodictique : cela suffit pour que le *Je pense* se donne lui-même dans son « Je suis ».

Nous sommes ici à un nouveau point critique, qui permet le passage à la *IIe Méditation* et qui consiste à traiter le Cogito, porteur du sens du monde, comme un « champ d'expérience » et la réflexion transcendantale comme une « *expérience* transcendantale ».

III. L'EXPÉRIENCE TRANSCENDANTALE ET L'ÉGOLOGIE
(II° Méditation)

La question initiale des *Méditations Cartésiennes* était de chercher un *commencement* de la science et plus précisément un commencement qui fût un principe « réel ». Ce principe est le Cogito. Comment *continuer* au delà de ce « premier » pas ? C'est ici que le cours des *Méditations* passe par un point d'inflexion : on pourrait s'attendre, dans la ligne de la Ire *Méditation*, à une tentative proprement épistémologique de fonder les sciences sur le principe du Cogito. Il n'en est rien : « Continuer », c'est élaborer une *expérience* du Cogito qui soit en même temps une science. Ce tournant est capital, car il décide de l'existence même de la phénoménologie. La philosophie « critique » ne développe pas une *expérience* du Cogito ; l'idée même d'expérience transcendantale lui paraîtrait un monstre, quelque chose comme un empirisme du transcendantal. Husserl, qui, dans les *Méditations Cartésiennes*, ne se réfère pas à Kant, mais à Descartes, est surtout soucieux d'établir contre celui-ci que la suite du Cogito n'est pas hors du Cogito, mais encore le Cogito. La grande découverte de la phénoménologie c'est que le « Je pense » n'est pas seulement la référence des *autres* sciences, mais pour elle-même une « sphère d'être » (*ein Seinssphäre*) qui se prête à une expérience articulée, structurée : les deux mots *expérience* et *structure* sont les deux mots de passe de la *II° Méditation*, qui a précisément pour titre : « le champ d'expérience transcendantale et ses structures générales ».

La phénoménologie est la *visualisation* du premier principe, érigé en « réalité » transcendantale ; elle est un *exercice d'intuition* appliqué à ce que Kant appelait seulement des conditions de possibilité [3].

C'est dans cette situation qu'il faut chercher, croyons-nous, la clé d'une difficulté de la pensée husserlienne ; il n'est pas aisé de situer l'une par rapport à l'autre la réduction transcendantale, qui suspend la créance à l'en soi du monde, et la réduction eidétique

---

[3] Il n'y a pas chez Kant de thématisation de l'*évidence* du transcendantal, de l'intuition du transcendantal. Et pourtant, quand il ne recourt pas à la méthode régressive, comme dans les *Prolégomènes*, mais interroge directement le *Gemüt*, n'est-ce pas une intuition des structures de la subjectivité qu'il met en œuvre ?

qui va du fait à l'essence. La réduction transcendantale exige la réduction eidétique dès lors que la conscience est traitée comme le champ d'un voir, d'une expérience intuitive ; sinon la phénoménologie n'est en effet qu'un empirisme transcendantal ; si le transcendantal peut être regardé, vu, décrit, il faut que cette intuition saisisse le fait transcendantal en essence, sous peine de sombrer dans la description du contingent. C'est pourquoi elle met en jeu la « fiction », fait varier imaginativement le donné de conscience, et développe l'expérience sur le mode du « comme si » ; la « fiction » est le chemin du fait à l'Eidos de la « réalité » expérimentée et permet de saisir la conscience comme possibilité a priori.

Husserl ne méconnaît pas les difficultés considérables de cette position du problème phénoménologique : si la phénoménologie est une expérience, elle réintroduit une nouvelle naïveté, s'il est vrai que toute expérience s'oublie elle-même dans le propre terme de vision : « nous allons tout d'abord nous abandonner purement et simplement à l'évidence propre au déroulement concordant de cette expérience. Nous réserverons donc pour l'avenir les problèmes d'une critique de la portée des principes apodictiques. Cette première étape n'est pas encore philosophique au sens plein du terme. Nous y procéderons à la manière du naturaliste qui s'abandonne à l'évidence de l'expérience naturelle et qui, en tant que naturaliste, exclut du thème de ses recherches les questions ayant trait à une critique générale de cette expérience même »[4].

D'où l'anomalie d'une expérience transcendantale qui sera, dans son premier temps, précritique ; l'idée même d'expérience transcendantale implique ce genre de difficulté.

Ce n'est pas tout : le traitement du Cogito comme une *Seinssphäre*, comme un « champ d'expérience », tranche l'ambiguïté du Cogito cartésien, du moins tel que la tradition kantienne l'a compris : le Cogito est-il personnel ou impersonnel ? Husserl opte sans équivoque pour le caractère personnel de l'*Ego cogito*. Cette option est solidaire de la méthode elle-même : si le Cogito est un champ d'expérience, ce cogito est le mien, même élevé à l'Eidos de lui-même. La *IVe Méditation*, nous le verrons, ne laisse pas, sur ce point, place au doute. L'*Eidos Ego*, ce n'est pas la fonction moi en général, le pouvoir que vous avez, que j'ai, que quiconque a, de dire je, c'est l'épure de mon moi atteint par les variations imagi-

[4] *Méd. Cart.*, trad. Feiffer-Lévinas, Vrin, 1947, p. 25.

natives sur ma propre vie. C'est bien pourquoi le problème de l'*autre moi* se pose avec une telle gravité dans la philosophie de Husserl. Je ne me sauve pas de moi par l'Eidos moi ; je n'ai pas d'accès par la réduction eidétique de l'expérience de conscience, à un moi général, qui serait le « quiconque » et d'où je replongerais ensuite dans la pluralité des consciences. Je n'ai pas d'accès au pluriel par le général. La phénoménologie assume au départ toutes les difficultés d'une *égologie*, pour qui moi seul suis moi [5].

La *V*[e] *Méditation* nous apprendra que le solipsisme transcendantal n'est pas une impasse, mais un point de passage obligé de la philosophie. « Il faut le développer en tant que tel pour des raisons de méthode, notamment pour poser d'une manière convenable les problèmes de l'intersubjectivité transcendantale » (26) [6].

C'est donc en assumant toutes les difficultés d'une expérience du transcendantal qui est en même temps une expérience du *solus ipse*, que Husserl aborde l'explicitation de l'Ego par lui-même. Entre le Cogito comme principe des sciences et les sciences elles-mêmes s'insère donc l'exégèse du « je suis » : cette égologie est la phénoménologie elle-même.

IV. Investigation de la « Cogitatio » : l'intentionalité

(IIe *Méditation*, suite)

Et pourtant ce n'est pas directement cette *égologie* que la *II*[e] *Méditation Cartésienne* met en œuvre ; au début du § 14 Husserl annonce un « déplacement du centre de gravité de l'évidence transcendantale ». On attendait une élucidation du « Je suis » — de l'Ego dans son unité — ; c'est en réalité à une exégèse des *Cogitationes multiples* que l'on va maintenant procéder. Pourquoi ce déplacement d'accent ? C'est un détour nécessaire qui ne prendra son sens qu'avec la *IV*[e] *Méditation*, laquelle seule est vraiment « égologique » : l'Ego en effet est le pôle de ses propres *cogitationes* ; il

---

[3] « Certes, il est conforme au sens de la réduction transcendantale de ne pouvoir au début poser aucun être que le moi et ce qui lui est inhérent, et cela avec un halo de déterminations possibles, mais non encore effectuées. Ladite science commencera donc à coup sûr comme égologie pure et, de ce fait, elle semble nous condamner au solipsisme, du moins transcendantal ».

[6] Les chiffres entre parenthèses renvoient aux pages de l'édition française des *Méditations Cartésiennes*, trad. G. Peiffer et E. Levinas.

est même, on le verra plus que cela ! il est la monade qui développe concrètement le sens du monde pour soi-même. Faire l'égologie c'est donc intégrer les *cogitationes* à l'Ego. Il faut donc aborder le Cogito par le *multiple* — par les *cogitationes* — et non par l'*un* — par l'Ego — quitte à corriger cette perspective sur le *divers* de conscience par une interrogation sur la loi de synthèse de ce divers, c'est-à-dire sur le temps (§ 17 suiv.). Il reste que ce déplacement d'accent est un peu brusque. Husserl pose rapidement et sans justification que le multiple est un flux (*Strom*), que ce flux est la vie du moi identique, que la réflexion sur le moi est réflexion sur la vie, que cette réflexion est possible à tout moment.

Outre l'avantage d'aborder de biais le difficile problème de l'Ego du Cogito, ce détour par les *cogitationes* permet de conduire l'expérience comme une expérience articulée, comme l'expérience d'une structure.

La phénoménologie sera non seulement une « expérience » mais une « analyse » ; à un double titre : d'abord en ce qu'elle distingue des *types* de *cogitationes* (percevoir, imaginer, vouloir, etc.), ensuite et surtout en ce qu'elle distingue en chaque *cogitatio* une visée et un terme visé, une *cogitatio* et un *cogitatum*. C'est ici véritablement que l'analyse est analyse intentionnelle.

C'est avec le thème de l'intentionalité que la phénoménologie transcendantale se précise en tant que philosophie du sens : l'exclusion du monde ne supprime pas la relation au monde mais précisément la fait surgir comme dépassement de l'Ego vers un sens « qu'il porte en lui ». Réciproquement c'est la réduction transcendantale qui interprète l'intentionalité comme visée d'un sens et non comme quelque contact avec un dehors absolu.

Du même coup la « réflexion » prend son sens large : réfléchir sur soi-même, ce n'est pas se replier sur une solitude philosophique déracinée du monde, c'est aussi et principalement réfléchir sur le *cogitatum* du Cogito, sur le monde en soi, sur le noème du monde. La réflexion ne scinde pas le Cogito du Cogitatum, mais scinde le monde visé du monde existant absolument ; elle déleste ce monde visé d'une certaine puissance opaque d'exister absolument, qui imprègne (*hindurchgeht*) l'expérience en même temps qu'elle me dévore, moi, son témoin. Mais en cessant de s'enfoncer et de se perdre (*hinein-erfahren, hineinleben*) dans l'expérience vécue et vivante, le moi lui-même se scinde corrélativement : un spectateur « inintéressé », impartial, s'arrache à « l'intérêt pour la vie ». A ce point le triomphe du « voir » phénoménologique sur le « faire » vital et quotidien est complet.

Il est difficile de ne pas rapprocher cette promotion de l'Ego méditant de la conversion plotinienne par quoi l'âme « ensorcelée » par la réalité se retire auprès du νοῦς dont elle procède. Husserl n'atteste-t-il pas ainsi la permanence de certains gestes métaphysiques, et la survie d'une sorte d'archétype philosophique, jusque dans une philosophie totalement désontologisée ?

On peut toutefois se demander ce qui *motive* une telle rupture et une telle promotion au sein de l'Ego dans une philosophie qui ne se réfère pas comme Descartes à la mesure absolue de l'être infini.

On peut aussi se demander ce qui autorise à parler du monde comme d'un universum des Cogitata. Husserl a bien vu la difficulté : il la résout un peu vite à la fin du § 15 : il admet que toute réalité apparaît sur fond de monde, que ce fond est « *mit-bewusst* », qu'il est « l'arrière-plan existant qui persiste dans la fluctuation de la conscience » ; cet « arrière-plan de l'ensemble de la vie naturelle » n'est pas proprement un fond pour une forme, car l'expérience gestaltiste du fond ne porte jamais que sur des fragments de monde jamais sur un arrière-plan total. Cette difficulté que la philosophie de Heidegger explicite radicalement n'est pas sans réponse dans les *Méditations Cartésiennes*, mais sa solution suppose des analyses qui ne sont pas encore faites. Elle suppose que la vie de Cogito n'est pas un éclatement anarchique mais qu'elle est toujours guidée par des permanences signifiantes (cf. plus loin l'objet comme guide transcendantal) et que le répondant de l'unité de l'Ego c'est l'*idée* d'une signification totale et unique, englobant dans un système infini toutes les significations. Cette idée, qui reste un idéal et une tâche pour la connaissance, est présupposée par la notion de monde au singulier face aux cogitationes au pluriel. Les implications « rationalistes » de cette présupposition de l'unité du monde devront être soulignées le moment venu.

Toutefois si Husserl anticipe cette analyse, c'est sans doute parce que l'ἐποχή avait déjà un pouvoir unifiant à l'égard du monde ; l'ἐποχή est une rupture en *bloc* avec la créance du monde (*Weltglaube*) ; le monde est donc impliqué comme total non énuméré par cet acte qui le rassemble, le dépouille de l'existence absolue et le réfère globalement au *Cogito*. C'est donc l'unité d'un acte de rupture qui permet d'anticiper l'unité d'un acte de constitution.

Au point où nous en sommes, la « révélation de moi-même » va donc être recherchée du côté d'une interrogation portant sur les objets « dans » les actes qui les visent. La pleine concrétion de l'ego serait atteinte par l'investigation totale du noème-monde ; c'est dire que le concret de mon existence est lui aussi une idée-limite.

V. La synthèse comme forme fondamentale de la conscience : le temps (*IIe Méditation*, fin)

Pour qu'un examen « analytique » du Cogito, considéré dans ses cogitationes multiples et discontinues puisse ramener à une investigation de l'Ego comme tel, il faut que cette « analyse » soit compensée par un aperçu sur la « synthèse » qui en fait un Cogito. C'est ainsi que le temps apparaît deux fois dans les *Méditations Cartésiennes*, une première fois dans la *IIe Méditation*, sur le trajet de retour du multiple à l'un et une seconde fois dans la *IVe Méditation*, par examen direct de la pluralisation de l'*Ego*. En effet l'accès au temps dans la *IVe Méditation* sera direct : Husserl prétendra même traiter le temps a priori comme la forme de *compossibilité* des vécus dans une unique monade. Dans la *IIe Méditation* on accède au temps par le biais d'une description de la perception ; c'est elle qui introduit la notion de *synthèse d'identification* : tout « sens » visé est déjà œuvre d'unification d'un divers ; on connaît cette célèbre analyse de la perception, qui décèle dans l'objet une multiplicité de « profils » ressaisis dans l'unité d'un sens (le cube, l'arbre, le livre, etc.) ; ce sens anticipé est confirmé ou infirmé par le cours ultérieur de la perception. Cette analyse qui a un grand intérêt en elle-même, a une portée philosophique considérable : elle est une étape de la réintégration du monde dans la conscience ; il faut défaire l'objet en « profils », en « modes » variables d'apparaître, pour en ruiner le prestige. Ce travail de décomposition éclaire singulièrement la démarche de Hume et constitue la vérité de son « atomisme ». Le préjugé du monde « tire » sa force de ce que nous ne sommes pas assez perdus au multiple mais bien de ce que nous sommes encore voués à l'un, quand nous sommes enfoncés dans l'objectivité ; c'est là le piège du réel de nous donner trop tôt l'un, le même, l'identique ; une fois dissoute dans l'apparaître multiple, l'identité de l'objet peut être récupérée du côté de la conscience: alors peut surgir la notion de synthèse : tout sens est une synthèse d'unification ; c'est par une synthèse en cours que la conscience vise le même dans l'autre, l'identifie dans le véritable ; toute unité est présumée ; désormais nous avons conquis la notion de synthèse comme la « forme de liaison appartenant exclusivement à la conscience ».

Mais la phénoménologie de la perception a du même coup impliqué une phénoménologie du temps, puisque l'apparaître de l'objet par « profils » est entraîné dans un flux d'apparitions.

La synthèse de l'objet est donc d'emblée temporelle ; un objet supposé immuable dans la nature est en flux dans la conscience. Le temps ainsi découvert est d'emblée temps de conscience. Il est à noter que c'est à cette occasion que Husserl emploie pour la première fois dans ses *Méditations* le mot de *constitution* : c'est dans une synthèse temporelle que se constitue l'unité d'un objet intentionnel ; la notion de constitution signifie donc : 1) l'inhérence à la conscience ou l'inclusion intentionnelle 2) d'un *sens* identifiable 3) issu de la *synthèse* d'un divers de modes d'apparaître 4) s'écoulant passivement dans la forme unifiante du temps ; cette notion équivaut à la formule développée de l'intentionalité elle-même, telle qu'elle est conquise par la réduction phénoménologique.

Cet accès à la temporalité n'a qu'un inconvénient, celui d'impliquer un passage à la limite : comment s'élever de la synthèse d'identification mise en œuvre par *tel ou tel* objet, par *tel ou tel* sens, à la synthèse temporelle *totale* d'un Ego ? « Toute la vie philosophique dans son ensemble est unifiée de manière synthétique ». Nous avons rencontré une difficulté symétrique avec la notion de monde. C'est à vrai dire la même difficulté abordée par ses deux faces : « cette vie est un Cogito universel qui embrasse de manière synthétique tous les états de la conscience individuels pouvant émerger de cette vie, qui a son cogitatum universel, fondé de manières si différentes dans de multiples cogitata particuliers ». De même que chaque sens se détache sur fond de monde, chaque cogitatio présuppose l'unité de la conscience comme la totalité qui lui sert d'arrière-plan. Il faut avouer que cette notion du tout de ma vie n'est pas préparée par l'analyse antérieure : on sait combien Heidegger rendra problématique cette idée de la totalité de mon *Dasein*. Husserl admet que l'unité totale apparaît, qu'on peut l'observer et la thématiser dans une conscience universelle [7]. C'est pourtant la clé du problème du temps : car la conscience du temps est cette forme de la synthèse universelle qui rend possible toutes les synthèses de conscience.

Ici se présente une nouvelle difficulté : Husserl dit que la temporalité (*Zeitlichkeit*) n'est pas cette conscience immanente du temps (*Zeitbewusstsein*), mais son corrélat ; ce n'est pas la temporalité mais la conscience dont elle est le noème que Husserl nomme *Grundform der Synthesis* ; le temps est donc une noèse qui est une forme. Quant à la temporalité comme noème, c'est ce qui fait que tous les vécus sont ordonnés, c'est-à-dire commencent et finissent, se succèdent ou sont simultanés.

Il y a donc là deux difficultés sous-jacentes mal résolues : 1) comment passer de tel ou tel vécu qui s'écoule à la forme universelle du vécu, à la conscience totale ? 2) Que signifie cette conscience totale comme forme dont la temporalité serait le corrélat ? Il est curieux qu'une forme en tant que totalité puisse avoir un corrélat, qu'une forme englobante soit elle-même intentionnelle, soit conscience de... temps. Husserl lui-même s'en étonne : si la temporalité est un cogitatum, elle est instituée dans un divers d'apparaître, dans un flux, ce qui suscite une régression à l'infini. Je saisis le temps dans le temps. Husserl avoue que cela fait une difficulté extraordinaire, mais n'insiste pas et y voit un aspect du « merveilleux » de la conscience (37-38).

Si nous ne comprenons pas bien ce qui fait de la conscience un *total*, nous savons en tous cas que ce champ de conscience est *ouvert*, a un horizon illimité. Pour s'en assurer il suffit de revenir à l'expérience d'une Cogitatio présente : elle implique du virtuel, du potentiel ; toute situation de pensée, qu'elle soit perçue, imaginée, voulue, etc., implique une possibilité de continuer à percevoir, à imaginer, à vouloir, selon certains axes de motivation ; toute situation appelle une conduite d'investigation où le potentiel prescrit le style de sa propre réalisation.

A vrai dire cette analyse qui fait suite à la précédente, lui est

---

[7] « Le cogito universel, c'est la vie universelle elle-même dans son unité et sa totalité, indéfinies et illimitées. C'est parce qu'elle apparaît toujours comme une totalité qu'on peut « l'observer » de la manière expresse dans des actes perceptifs de l'attention, et qu'on peut en faire le thème d'une connaissance universelle » (*Méd. Cart.*, trad. cit., p. 37).

assez mal enchaînée : on était passé de *tel* vécu au *tout* de la conscience et on avait posé la conscience du temps comme un singulier total ; voici maintenant qu'on repart de *tel* vécu pour en déployer les horizons futurs, passés, simultanés. Le temps n'est plus ici le total, mais l'horizon indéfini ouvert en avant, en arrière, en même temps. L'analyse part donc du présent dans lequel je suis toujours. Pour Husserl les deux démarches doivent se superposer, c'est cette forme temporelle qui est une totalité ouverte : néanmoins les deux démarches n'ont pas la même allure : l'une va droit au total, l'autre vit à mesure le présent et en découvre les horizons indéfinis. La première ne suppose-t-elle pas un survol et une totalisation que la deuxième interdit ? Husserl pense concilier les deux analyses dans l'usage de la notion de totalité comme Idée kantienne qui implique à la fois les deux aspects de totalité et d'ouverture.

En tous cas cette introduction d'une potentialité, d'un possible de conscience, qui n'est pas un possible logique, mais une virtualité d'existence, est d'une importance considérable pour l'interprétation husserlienne de la *synthèse*. Elle nous permet même de surprendre un des ressorts fondamentaux de la pensée de Husserl, le « rationalisme » latent auquel nous avons fait allusion.

En effet la découverte de cette virtualité pourrait servir à célébrer la puissance de la conscience et, pour employer un mot qui précisément n'est pas husserlien, la génialité de la conscience ; certes Husserl souligne que la conscience se révèle, par cette « structure d'horizon », comme un « je pense ». Je puis faire tourner l'objet, le voir par cet autre côté, je puis voir autre chose en suivant les motivations latérales, prétracées, prescrites par le champ de perception ; je puis agir autrement ; je puis faire et être autrement : bref la structure d'horizon est l'indice de ma liberté. Et pourtant ce n'est pas cette veine d'analyse que Husserl exploite. Ce qui l'intéresse ce n'est pas l'indétermination, l'exubérance de la conscience, ce n'est pas la *gratuité du « je pense »* ; encore moins la négativité, la puissance néantisante du moi à l'égard de toute position de chose, à l'égard même de ses œuvres et de ses actes pétrifiés en coutume. Non, Husserl replace cette découverte dans la perspective des problèmes de *constitution* ; son souci c'est le « sens » qui se détermine peu à peu, le « sens » qui est en cours, qui est pré-visé et qui se consolide par une détermination progressive de l'indéterminé, qui suscite à son tour de l'indétermination : bref la structure d'horizon est l'aspect le plus important de l'intentionalité comme *synthèse d'identification* ; l'usage méthodologique et épistémologique de cette structure potentielle de la conscience prime donc toute autre préoccupation : Husserl n'aborde pas ce thème du flux ouvert comme un bergsonien ou un existentialiste, mais avec le souci de préciser le style de l'analyse intentionnelle des *identités*, des permanences *signifiantes* dans quoi la conscience se dépasse. C'est toujours sous la conduite d'un « sens » à constituer que Husserl déploie les horizons de conscience ; un objet doit être d'abord proposé comme « index », comme « guide transcendantal ».

Ainsi le thème de la potentialité de la vie intentionnelle est-il subordonné à l'*analyse* du « sens » (§ 20) ; la phénoménologie va d'un « sens » présumé à la puissance de la conscience ; c'est en cela même qu'elle est une analyse : analyser c'est expliciter l'implicite, le potentiel, qui déborde l'actuellement visé ; c'est désenvelopper les visées de surcroît, les *Mehrmeinungen*, qui « transgressent » (*übergreifen*) toute visée. La liaison est donc étroite entre la méthode d'analyse de la phénoménologie et la structure d'horizon de la conscience.

Nous sommes ici très près et très loin de l'idée existentialiste de la conscience comme transcendance, comme dépassement de soi ; très près : puisque Husserl, avant l'existentialisme, définit la conscience par cette puissance de se déborder soi-même, par cet *über-sich-hinaus-meinen* ; très loin : car Husserl n'aborde jamais cette créativité de la conscience que conduit par un « guide transcendantal », l'objet, qui lie cette créativité, qui noue cette génialité dans un « Quelque chose » qui, à son tour, à un niveau supérieur de la conscience, pourra être *dit*. Le langage est possible a priori parce que se transcender, pour la conscience, c'est anticiper le même dans l'autre, présumer le sens unifiant de cette altérité. La conscience est parente du Logos, en ceci qu'elle se dépasse dans l'identique ; le problème du « même » garde Husserl de sortir du cadre rationaliste de ses recherches ; l'idée de « sens » est la discipline de la phénoménologie husserlienne ; c'est pourquoi son analyse intentionnelle du « sens » n'est pas une analyse existentielle du « projet » [8]. Le « merveilleux », pour Husserl, c'est précisé-

---

[8] « De cette manière seulement le phénoménologue peut se rendre compte comment et dans quels modes déterminés de ce courant de conscience des unités objectives (des objets) fixes et permanentes peuvent devenir conscientes. C'est en particulier ainsi seulement qu'il peut comprendre comment cette merveilleuse

ment que par le fluant et le potentiel il y ait « sens ». Husserl ne pousse pas plus avant cet étonnement devant « une synthèse intentionnelle qui, dans toute conscience, crée l'unité et constitue noématiquement et noétiquement l'unité du sens objectif » (43). Husserl s'arrête devant ce que les *Ideen* appelaient la *téléologie* de la conscience ; l'hypothèse de la destruction du monde, c'est-à-dire l'hypothèse d'une conscience qui ne s'unifie pas, qui « explose » dans un chaos d'apparitions discordantes paraissait invincible du côté de l'objet ; il est d'autant plus *admirable* que la conscience puisse créer l'unité. Si l'on voulait revenir au parallèle avec Descartes, il faudrait replacer ce problème de la téléologie de la conscience dans la lumière du problème cartésien de la création divine des vérités éternelles qui répond au même étonnement devant la contingence du nécessaire, du « sens ».

Nous comprenons mieux maintenant pourquoi une égologie devait faire le détour d'une théorie du *cogitatum* ; le flux de conscience nous submergerait sans le guide transcendantal de l'objet intentionnel : c'est lui qui pose les véritables problèmes de la subjectivité : problèmes des types d'intentionalité (percevoir, imaginer, etc.), problèmes des régions d'objet et de leur structure noético-noématique (nature, corps vivant, homme, culture, etc.). Finalement on peut dire que l'*Idée du monde est le guide transcendantal de l'égologie*. C'est elle qui structure l'Ego et nous assure que la subjectivité transcendantale n'est pas un chaos de vécus intentionnels (§ 21). Ce problème du tout du monde et du tout du temps qui nous a préoccupés tout à l'heure trouve sa solution moins dans une donnée que dans le *crédit* que le phénoménologue fait à l'unité finale du Cogito ; la totalité est une idée au sens kantien, c'est-à-die, en langage kantien encore, la *raison* elle-même par delà l'entendement ; si Husserl n'est pas un intellectualiste, il est un rationaliste par ce crédit préalable qu'il fait à la possibilité du système ; de ce crédit procède une tâche et, si l'on ose dire, une éthique de la phénoménologie ; la phénoménologie husserlienne n'est pas un jeu descriptif, encore moins une complaisance aux maladies de la conscience, mais le devoir « immense » (*ungeheure*) de constituer le système : « dans l'unité d'un ordre systématique et universel, et

---

opération (*diese wunderbare Leistung*), à savoir la « constitution » d'objets identiques, se réalise pour chaque catégorie d'objets... ». *Ibid.*, p. 42.

en prenant pour guide mobile le système de tous les objets d'une conscience..., effectuer toutes les recherches phénoménologiques en tant que recherches constitutives, en les ordonnant systématiquement et rigoureusement les unes par rapport aux autres » (46).

Cette idée régulative infinie, ce devoir, font paradoxalement du *système* la tâche même de l'*analyse* intentionnelle ; sans ce devoir l'analyse se disperserait dans la curiosité et se perdrait dans les ramifications interminables de la description.

VI. SITUATION DE L'ÉVIDENCE DANS L'IDÉALISME PHÉNOMÉNOLOGIQUE
(*IIIe Méditation*)

Le moment semble venu, au terme de la *IIe Méditation Cartésienne*, de convertir en *égologie* cette exégèse de la constitution du sens objectif dans la conscience et de porter à son degré extrême de virulence l'interprétation solipsiste de l'Ego. Pourtant Husserl introduit encore, entre cette exaltation de « l'idée de l'unité universelle de tous les objets » et l'Ego qui porte cette idée immense, une analyse intermédiaire qui, à bien des égards, remet en question l'idéalisme conquis dans la *IIe Méditation*.

La notion de constitution n'est pas encore assez « différenciée » ni « prégnante » dit Husserl (§ 23), tant qu'on n'y a pas intégré une exégèse de l'évidence. C'est elle qui ajoute la dimension de l'*être* au Cogitatum et celle de la vérité ou de la *raison* au Cogito.

La lecture de cette *IIIe Méditation*, il faut l'avouer, met le lecteur dans un certain malaise : on a l'impression que ce rebondissement du thème de la constitution des objets dans le sujet marque à la fois le comble et la ruine de cet idéalisme. D'un côté l'idéalisme serait achevé si, en effet, on pouvait montrer que la philosophie du « sens » ne laisse hors d'elle aucune interrogation sur l'être, si donc l'être était une fonction du sens ; l'$\dot{\epsilon}\pi o\chi\acute{\eta}$ devait suspendre toute question sur l'être ou le non-être du monde ; voici en effet qu'on récupère cette distinction « dans » la conscience, comme le corrélat de la *Vernunft*, comme une dimension originale du sens ; si l'opération réussissait on pourrait vraiment dire qu'il n'y a plus rien dans la parenthèse, que la phénoménologie ne rend pas compte seulement d'une structure, d'une épure de l'existence du monde, mais aussi de sa plénitude ; l'être du monde, et non pas seulement son sens schématique, serait « dans » la conscience.

C'est assurément vers ce comble de la présence que tend la *III*ᵉ *Méditation*, de même que la IIᵉ tendait vers cet autre comble, le comble de l'ordre, de l'unité, de la totalisation du système.

Mais quel est le prix de cette ambition ?

L'évidence, selon Husserl, c'est la présence de la chose même, en original (par opposé à une présentification, souvenir, portrait, image, symbole, signe, concept, mot) ; on serait tenté de dire la présence en chair et en os. C'est cette *Selbstgegebenheit* que Husserl appelle « *originaire* ».

Or si l'objet est constitué par « touches », « profils », « esquisses », « perspectives », qu'est-ce que l'originaire ? Comment l'unité de l'objet peut-elle être autre chose qu'unité présumée ? L'originaire est-il à chaque instant le profil présent ? La notion de présence en chair et en os semble introduire un facteur disparate, un Soi (*Selbst*) de l'objet (que cet objet soit chose, valeur, état de relation), qui « remplit » un vide, accomplit une promesse. La chose est présente elle-même. L'interprétation idéaliste du « sens » n'a-t-elle pas ruiné la possibilité qu'il y ait un « *Selbst* » de la chose ? Cet immédiat ne ramène-t-il pas du transcendantal au transcendant ?

Il faut avouer que la phénoménologie de Husserl est travaillée par deux exigences que cette *Méditation* tend à harmoniser. D'un côté une exigence idéaliste, qui s'exprime dans le thème de la constitution et qui ne connaît qu'un processus de « vérification » toujours en cours, lequel est l'œuvre (*Leistung*), le *Faire* de la conscience ; de l'autre une exigence intuitionniste, plus ancienne que la réduction phénoménologique, qui s'exprime dans l'adage des *Log. Unter.* : « *zu den Sachen selbst* » et qui termine l'œuvre de connaissance à un *Voir* : c'est la chose même qui se donne ; d'un côté l'objet est l'*index*, d'un processus jamais achevé d'identification, d'une synthèse ouverte, de l'autre le « plein » de la présence achève le sens (*Endmodus*), le visé vient mourir aux confins du donné ; d'un côté la synthèse d'*identification* dont l'objet est l'*index*, de l'autre le remplissement par l'*originaire*. De là deux sens possibles de la constitution qui s'entremêlent tout au long de l'œuvre de Husserl : d'un côté, constituer c'est désenvelopper des présomptions implicites, étaler les visées actuelles et potentielles ; de l'autre, constituer c'est reconnaître et distinguer les types irréductibles du « voir », du remplissement par l'originaire : intuition sensible, intuition catégoriale, *Einfühlung*, etc... On peut imaginer une phénoménologie qui se contenterait d'équilibrer les deux tendances ;

c'est ce qu'ont fait la plupart des phénoménologues qui n'ont pas accepté l'idéalisme radical de Husserl. La notion de synthèse d'identification n'y est pas rebelle : si la synthèse ne doit pas être quelconque, il faut bien qu'elle soit orientée par le plein ; la vérification ne peut être qu'un recours à l'immédiat ; on peut donc comprendre comme ceci : l'Unité du sens est d'une part « présumée » — et c'est l'œuvre de la conscience anticipante — et d'autre part « confirmée » — et c'est la sanction de la présence.

La notion d'originaire non plus n'est pas rebelle à cet ajustement : car l'origine n'est pas l'adéquat ; autrement dit, la présence de la chose perçue ne se donne qu'en profil et laisse donc la possibilité d'une discordance ultérieure : elle est même en procès comme l'est de son côté l'œuvre unifiante dans la conscience. C'est un plein qui a une histoire, tandis que l'œuvre de conscience participe en retour au caractère instantané du plein de conscience qui maintenant est là. On pourrait donc interpréter l'œuvre de connaissance comme une dialectique de présomption en flux et de présence dans l'instant.

Cette interprétation modérée de la phénoménologie husserlienne est possible, mais sacrifie en fait l'idéalisme radical des *Méditations Cartésiennes* ; elle restitue secrètement une interprétation *bipolaire* de la vérité qui nous ramène au Descartes des *Méditationes de prima philosophia* et à sa dualité du pensable et de l'être.

La tâche de la IIIe *Méditation* est moins d'accorder deux perspectives, que de subordonner l'une à l'autre en résorbant autant que possible la notion d'originaire dans l'idéalisme transcendantal acquis dans la IIe *Méditation*.

Husserl commence par dire : « des *cogitata* ne pourraient même pas « valoir » pour nous, si une synthèse d'identité évidente nous amenait à une contradiction avec un donné évident » ; il ajoute même : « nous ne pouvons être assuré de l'être réel que par la synthèse de vérification, évidence qui donne de soi la réalité exacte ou vraie » ; aussitôt après, Husserl infléchit l'interprétation de ce donné évident — qu'on pourrait tenir pour une sanction qui excède l'œuvre de conscience — dans le sens d'une « présence pour nous » ; il réintègre pour nous dans la conscience le *Selbst* de l'évidence. « Toute justification procède de l'évidence, trouve sa source dans notre subjectivité transcendantale ; toute adéquation qu'on peut se figurer se produit comme une vérification nôtre ; elle est notre synthèse ; c'est en nous qu'elle a son fondement transcendantal dernier » (§ 26).

Ce tournant de la théorie de l'évidence est décisif : toute tentation d'identifier l'intentionalité à un quelconque contact avec l'être est écartée ; mais en même temps l'évidence, réintégrée en moi comme un moment de ma monade — « notre » synthèse, notre « vérification », dit Husserl — tombe sous le coup de l'objection solipsiste vers laquelle s'orientent délibérément les quatre premières *Méditations*.

La fin de la *IIIe Méditation* poursuit cet ajustement de la théorie de l'évidence au niveau transcendantal. Il y a du constitué dans l'évidence elle-même (§ 27) ; l'évidence est dans l'instant ; la présence est le présent originaire ; ce sera le thème des inédits du groupe C consacrés au temps. Or la moindre évidence dépasse cette touche de présence ; elle s'élabore comme un avoir durable ; je puis y revenir si je veux ; par cette *dialectique de la présence et de l'avoir*, l'évidence rentre dans ma sphère du « je veux » ; c'est donc par une sorte de sédimentation, comme dira la *Krisis*, que se consolide un en soi de l'évidence ; mais cet en soi est seulement le corrélat d'un « je puis y revenir ». L'en soi est la réplique d'une évidence habituelle ; l'en soi déborde le pour moi comme l'avoir déborde la présence actuelle. « L'évidence isolée ne crée pas d'être durable, l'en soi renvoie à du « potentiel » (je puis toujours y revenir) qui est donc une dimension de ma vie transcendantale ; l'en soi est la réplique d'un infini d'intentions et d'un infini de vérification ; il renvoie donc à des évidences potentielles, répétables, comme faits vécus, à l'infini ».

Ainsi Husserl, en rapportant l'évidence à ce que la *IVe Méditation* appellera l'*habitus*, ajuste l'évidence aux exigences d'une égologie.

Cette opération est particulièrement féconde pour une « phénoménologie de la perception ». La *IIIe Méditation* ne nous permet pas de dire comment cette conception de l'évidence potentielle pourrait rendre compte de la fameuse « intuition catégoriale » dont parlaient les *Log. Unters.* ; sans doute y faudrait-il toute une histoire de la culture que la *Krisis* envisage ; par contre, elle est appliquée avec succès à la perception, pour laquelle au reste elle semble faite ; le cas de l'évidence perceptive introduit en effet de l'indéfini dans ce qui paraissait d'abord instantané et donc de l'ouvert dans ce pouvoir de nous combler. *Ideen I* déjà tentait de tenir ensemble au niveau de la perception, les deux caractères d'originaire et d'inadéquat. L'évidence perceptive est chaque fois unilatérale, à la merci d'un démenti ultérieur, bien qu'elle seule donne le *Selbst da* de la chose. Le caractère de synthèse œuvrante et celui de remplissement originaire s'équilibrent dans ce statut ambigu de la perception qui nous comble et pourtant nous donne toujours à travailler.

Mais cette ambiguïté peut-elle être tranchée dans le sens unique de l'idéalisme ? Il me semble que les analyses descriptives de Husserl suggèrent plutôt que le *Selbst da* — réduit au présent de la présence — est ce que, en dernière instance, la conscience ne fait pas et que le transcendant est constitué par un double mouvement de débordement ; d'un côté la présence qui remplit est toujours *surcroît de présence* par rapport aux anticipations de la conscience vide ; mais de l'autre côté la conscience mène le jeu, parce qu'elle est le *surcroît de sens* — la *Mehrmeinung* — par rapport à la présence encore insignifiante dans l'instant. La double analyse du caractère « potentiel » de l'évidence en général et de la structure d'horizon de l'évidence perceptive en particulier tend bien à « démystifier » l'aspect absolu, muet, béat du « voir » et à le remettre dans le mouvement d'ensemble de la conscience, dans l'œuvre en cours de la « vérification évidente ». En conséquence la notion d'une synthèse achevée, dans une présence totale, n'est qu'une *idée* (§ 28) : le monde est le corrélat, la réplique de l'idée d'une évidence empirique parfaite. L'idée de donnée totale n'est plus alors un « initial », mais un « terminal », telle la limite d'une histoire de l'esprit.

Par contre on ne voit pas en quoi cette réduction de l'idée d'évidence totale lève l'énigme du présent de conscience comme présence « en chair et en os » de quelque chose. *Ideen I*, livre beaucoup plus ambigu, qui oscillait encore entre plusieurs systématisations philosophiques possibles, présentait, dans sa IVe section (pp. 128 sq), la référence à l'objet comme une flèche qui traverse le sens, comme une intention du « sens » ; le « sens » se transcende en quelque manière dans la réalité. *Ideen I* s'imposait ainsi la tâche de constituer en dernière instance la « relation » du noème à l'objet, c'est-à-dire de constituer le noème comme « sens-visant-un-étant » [9]. Cette tâche culminait aussi dans une exégèse du *voir* (IVe section, chap. II). *Ideen I* proposait ainsi plus clairement que

---

[9] Cf. *Ideen*. I, trad. fr. Gallimard, pp. 431-432.

les *Méditations Cartésiennes* la difficulté centrale de la notion husserlienne de constitution qui est de faire coïncider le thème de la *Sinngebung* avec celui de la *Selbstgegebenheit*. C'est la conscience qui donne sens, mais c'est la chose qui se donne soi-même. Les *Méditations Cartésiennes* sont muettes sur ce voir initial : néanmoins la fin de la *IIIe Méditation* laisse à penser que pour Husserl ce voir initial n'est pas un corps étranger dans la vie de la conscience si on le considère non comme *présence de l'autre* mais comme présence de soi-même. La solution transcendantale de l'énigme de l'évidence c'est la réduction de la présence au présent, à un datum *temporel*. La dernière instance, — « le rôle du fondement objectif de plus bas degré — est toujours tenu par la temporalité immanente, la vie qui s'écoule, se constituant en soi et pour soi : en élucider la constitution est le thème de la conscience originelle de temps, conscience qui constitue en soi-même les data temporels ». A ce prix — qui est le sacrifice final du *Selbst da* de la *Selbstgegebenheit* — la théorie de l'évidence rentre dans l'égologie. L'importance future de la *Ve Méditation* s'annonce d'autant plus considérable, car si l'évidence ne nous fait pas sortir de nous-même, tout le poids de l'altérité porte sur l'altérité d'autrui. Il n'y a pas d'altérité primitive dans l'évidence donnée à moi seul. C'est l'*alter ego* qui seul draine le monde hors de moi. Dans la solitude — non sociale mais transcendantale — de mon ego, l'autre qui n'est pas encore *alter ego*, mais *altera res*, « chose », n'est qu'une coupe instantanée de ma propre vie. C'est cette conviction, non thématisée dans la *IIIe Méditation*, qui surgira après la nouvelle réduction de la *Ve Méditation*, la réduction de toute présence à ma *sphère d'appartenance*, c'est cette réduction qui est implicitement à l'œuvre dans le traitement transcendantal de l'évidence ; autrement dit, la *IIIe Méditation* développe déjà une théorie solipsiste de l'évidence.

VII. L'Ego du Cogito ou la phénoménologie comme égologie
(*IVe Méditation*)

1. *La monade.*

La *IVe Méditation* compense le déplacement du centre de gravité par lequel, au début de la *IIe Méditation*, on avait ajourné le projet de l'égologie au profit d'une exégèse de la cogitatio ; il

reste à insérer les actes du moi dans le moi. C'est la tâche de la
IV*e Méditation* de récupérer pour l'Ego toute l'analyse intentionnelle antérieure. Le pour-moi du monde n'épuise pas le pour soi
du moi : « l'Ego existe pour lui-même ; ... il se constitue continuellement lui-même comme existant ». Cette constitution se fait
en trois étapes ; ce n'est qu'à la troisième que la constitution du
moi pour lui-même recouvre la constitution du monde pour le moi.

En première approximation, le moi est le pôle identique de la
multiplicité des actes, du divers des *cogitationes*. C'est à cette
analyse que s'arrêtaient les *Ideen*. Husserl admet sans discussion
que l'Ego pose un problème analogue à l'objet et simplement antithétique de l'objet ; *comme* objet, c'est un identique dans un divers ;
le flux du vécu se prêterait donc à deux synthèses polairement
opposées : celle de l'objet et celle de l'Ego « comme du moi identique qui, actif ou passif, vit dans les vécus de conscience et à
travers eux se rapporte à tous les pôles objets ». Grâce à cet « à
travers » — au reste fort énigmatique — les Cogitata sont les corrélats non seulement des cogitationes multiples, mais du moi identique.

Mais le moi est plus que cela, il est le moi des habitus, des
convictions retenues et contractées. Cette analyse, nouvelle par rapport aux *Ideen*, a une double fonction : d'abord elle confirme le
caractère constitué de l'Ego ; le moi n'est pas seulement pôle de
référence, mais « substrat de ses propriétés permanentes » ; ainsi
a-t-il un style, le caractère d'une personne.

Ideen II éclaire cette démarche : le moi a des propriétés permanentes au même titre que la chose, quand on la soumet à la
relation du type *Wenn-So* entre des circonstances fixes et un comportement régulier de la chose. Ainsi la notion de propriété permanente se situe à mi-chemin des états variables de la chose et
du X substantivé qui porte les déterminations de chose. Mais l'analyse des « habitus » rompt cette symétrie assez factice entre les
propriétés de chose et les propriétés caractérielles de la personne,
en introduisant dans l'Ego une dialectique originale d'être et d'avoir ;
le moi se donne cohérence par cette manière de « retenir », de
« garder ses prises de position » ; cette théorie de l'habitus donne
un cadre aux remarques sur l'évidence potentielle : l'en soi de l'évidence était la réplique de la possibilité de revenir aux évidences
que nous avons retenues : c'est en effet la seconde fonction de
cette notion d'habitus, de surmonter l'altérité de toute présence :

le monde est « mien » par la familiarité ; par la fréquentation habituelle il entre dans ma sphère d'appartenance. Ainsi l'avoir n'est pas une déchéance spirituelle, mais une structure originelle de l'expérience transcendantale ; par l'habitude, dirai-je, j'habite mon monde. On ne saurait donc sous-estimer l'importance de cette notion : c'est elle qui prépare l'entrée en scène de la notion plus importante encore de *monade*.

La notion de monade signale la complète intégration des présences dans leur « sens », de tout « sens » dans les cogitationes qui le visent, de toute cogitatio dans son Ego. Tout est la vie du moi ; le « pour » moi est le déploiement « du » moi. On comprend le rôle médiateur des habitus : ce sont eux qui adjoignent de manière organique le monde à ma vie ; même l'étrange — l'étranger par excellence étant autrui — se découpe comme une tache d'exotisme dans le paysage familier de mon existence. Le moi complet, la « concrétion de l'Ego » comme dit Husserl, c'est : moi comme pôle identique, plus : mes habitus, plus : *mon* monde. Tel est le sens de la notion de monade, reprise du dynamisme leibnizien. Elle marque le triomphe total de l'intériorité sur l'extériorité, du transcendantal sur le transcendant. A la limite, faire la phénoménologie de l'Ego, c'est faire la phénoménologie elle-même.

2. *L'Eidos Ego.*

C'est ici que Husserl se heurte plus que jamais au péril d'une sorte d'empirisme transcendantal que nous avons signalé dès l'introduction de la notion d'expérience transcendantale au début de la *IIe Méditation* : si le moi est l'expérience intégrale, ne transportons-nous pas le contingent (le *faktisch*) dans le transcendantal ? (§ 34, 2e partie). Moi, en tant que cet ego (*Ich als dieses Ego*), je suis le seul et unique. Pour la deuxième fois, Husserl évoquant cette irruption du fait brut dans le champ transcendantal qui devait être le principe de toute science, doit secourir la réduction transcendantale par la réduction eidétique (§§ 34-35). Puisque l'ego est une monade et non le sujet impersonnel de la philosophie critique et néo-criticiste, c'est un « ego de fait » que la réduction transcendantale dégage, et la phénoménologie paraît condamnée à raconter les « événements de fait de l'ego transcendantal de fait » (*faktische Vorkomnisse des faktischen tranzendentalen Ego*). Mais la phénoménologie, c'est aussi la victoire sur le fait brut par la méthode des variations imaginatives, en direction de l'Eidos, de manière que le fait ne soit plus que le pur exemple d'une pure possibilité. La phénoménologie sera donc la théorie de l'Ego possible, de l'Eidos Ego, gagée par l'exemple de mon ego transcendantal de niveau *empirisch-faktisch*. Ainsi même le moi doit être « imaginé » pour être délié du fait brut. Ce recul à l'égard de ma propre contingence est, autant que la suspension de la créance du monde, essentiel à la naissance de l'*Ego meditans* ; l'*Ego meditans* naît de la double réduction : la réduction transcendantale de l'être du monde, la réduction eidétique de l'Ego de fait. Ce mouvement de pensée ne va pas sans difficulté : il est remarquable — et étrange — que ce passage à l'Eidos-Ego ne mette en jeu que des variations sur mon Ego (*Selbstvariation meiner Ego*) et aucun recours à l'autre à la seconde personne. Je m'imagine autre, sans imaginer un autre. Il le faut bien, puisque mon Ego reste le seul Ego avant la constitution d'autrui. Mais qu'est-ce que l'Eidos moi qui n'est pas une généralisation de moi *et* de l'autre, surmontant la disparité de la position moi et de la position autrui, dans une subjectivité en général ? Bref qu'est-ce que l'Eidos moi, s'il n'est pas l'homme mon *semblable* ? La similitude des Ego en effet n'apparaîtra que dans la Ve *Méditation* par la relation d'appariement entre moi et autrui. Aussi extraordinaire que cela soit, Husserl est obligé d'assumer un Eidos de l'Ego seul et unique, une essence qui n'illustre que des variations de ma propre existence, dans le style du : « si j'étais autre ». L'essence, c'est le sens : « moi-même », résistant aux variations circonstantielles de mon existence de fait ; elle n'exige aucune référence à un couple ou à une communauté. En ce sens l'eidétique, ne recourant point à la *similitude* de la 1re et de la 2e personne, fait ses variations dans le plan solipsiste. Cela n'est pas aisé à penser jusqu'au bout ; le cours de la réflexion husserlienne l'exige pourtant.

Du moins, l'étau du contingent étant desserré par les variations sur moi-même, nous accédons à une espèce d'a priori, à une *Wesensform* « qui enveloppe une infinité de formes, de types aprioriques d'actualité et de potentialités possibles de vie » (108, l. 9-10). L'auto-constitution de l'Ego n'est donc pas une construction (dialectique ou non) ; elle s'arrête devant les structures qui mettent fin à l'arbitraire de l'imagination. L'intuition est ainsi transportée au cœur même du champ transcendantal, comme la notion d'expérience transcendantale nous le faisait prévoir dès le début (cf. ci-dessus p. 85). Peut-être est-ce d'ailleurs la seule manière de résoudre les difficultés posées par l'exposition synthétique de la *Critique de la Raison Pure*. Si ce n'est pas une *inspectio mentis*, on ne voit pas ce que peut être une méthode qui ne procède pas régressivement des œuvres de l'esprit à ses conditions de possibilité.

C'est par cette *Wesensform* que nous pouvons reposer en des termes plus radicaux qu'auparavant le problème du *temps* ; il ne s'agira plus de généraliser des remarques préalables sur la synthèse temporelle d'un objet particulier ; on saisira le temps dans son ensemble directement, par inspection de l'essence moi. Il suffit de former la question : *A quelles conditions de compossibilité l'Ego est-il une unité possible* ? L'épreuve des variations imaginatives fait apparaître un style immuable de compossibilité qui est la forme universelle de la temporalité. Le temps n'est pas construit, comme chez Hamelin, à partir de la relation et du nombre, il est reconnu en essence sur l'Eidos Ego comme ce qui implique les « *universalen Wesensgesetzlichkeiten der egologischen zeitlichen Koexistenz und Suksession* ». Cette loi de compossibilité est si fondamentale que l'égologie est par excellence, par la science des formes de la temporalité universelle, système avec lequel tout ego imaginable se constitue par soi.

Comment Husserl passe-t-il de l'idée de compossibilité égologique à celle du temps ? (§ 37). Par une idée intermédiaire, celle de *motivation* qui est la causalité typique de la conscience, la structure « *wenn-so* » d'enchaînement de la conscience ; c'est cette motivation qui présente la forme universelle d'unification d'être un flux (*Strom*). Il y a donc équivalence de ces trois notions : législation formelle d'une genèse universelle, motivation, forme de flux. « L'Ego se constitue lui-même pour ainsi dire dans l'unité d'une histoire ». Husserl sauve le temps comme forme par cette idée de totalité : toutes les constitutions particulières se font à l'intérieur, dans le « cadre » de cette genèse formelle. Mais qu'est-ce que cela veut dire ? Sans doute ceci : si je fais varier par l'imagination toutes les motivations de fait, il reste la forme génétique universelle, le style temporel de toute synthèse qui est la condition de possibilité de mon Ego en général.

On voit en quel sens le temps est constitué : au sens où il est regardé sur l'essence de l'Ego ; la constitution des transcendances était une réduction à l'Ego ; la constitution du temps n'est une réduction à rien du tout, sinon du fait à l'essence. Mais la réduction eidétique n'est finalement qu'un constat sublimé en essence : le constat du caractère fluant de la vie de conscience. On objectera qu'il y a précisément une constitution du temps à partir du présent, par l'intermédiaire de la structure d'horizon de tout vécu ; cela est vrai ; mais que le présent ait de tels horizons passés et futurs est un fait irréductible, que nulle loi a priori de compossibilité ne fera surgir.

D'autre part, s'il y a une constitution du temps au sens d'une *œuvre* de la conscience et non plus d'un constat, et si cette constitution du temps a pour foyer le présent originaire comme le développent les inédits sur la temporalité, la difficulté de passer d'un présent continuel à la forme totale de la temporalité demeure grande ; comment faire apparaître la totalité du temps dans une expérience qui est toujours une expérience présente ouverte sur des horizons temporels indéfinis ? Ainsi je me demande si Husserl a vraiment surmonté, par cette notion un peu artificielle de la loi de compossibilité, le malaise de sa philosophie du temps, dans laquelle le temps est à la fois l'horizon d'un présent continuel et une forme totale.

Que la temporalité soit une structure constatée, avant d'être une loi de compossibilité de l'Ego, la distinction ultérieure des deux genèses, la genèse active et la genèse passive, le vérifie amplement. La genèse active désigne ce maintien des actes anciens du moi dans les actes nouveaux ; elle se rencontre dans les actes de niveau supérieur, telle que la conviction acquise, l'évidence habituelle et en général les *habitus*. Or cette constitution ne se suffit pas à elle-même : « mais en tous cas, la construction par l'activité présuppose toujours et nécessairement, comme couche inférieure, une passivité qui reçoit l'objet et le trouve comme tout fait : en l'analysant nous nous heurtons à la constitution comme *genèse-passive* ». C'est cette genèse passive qui opère au niveau de la perception de chose, dans ces synthèses d'identification où l'analyse a discerné tout un divers mouvant de « profils » ; on peut bien *défaire* l'unité perceptive de la chose par « l'analyse intentionnelle », l'objet continue d'apparaître comme « tout fait » ; son histoire se contracte sans nous, dans une donnée impérieuse qui, à son tour, nous affecte et nous incline à agir. Pour rendre compte de cette genèse passive, Husserl fait appel à quelque chose comme les lois d'association de Hume (§ 49). La phénoménologie opère ici une sorte de *reprise* de lois empiriques dont le caractère de constat ne peut être déguisé. C'est pourquoi Husserl est ramené par cette genèse passive à une sorte de résidu irrationnel, de précipité que dépose la constitution active du moi dans les habitus. « Dans toutes ces constitutions, le fait est irrationnel, mais il n'est possible qu'intégré au système des formes aprioriques qui lui appartiennent à titre de fait égologique. Sur ce point il ne faut pas perdre de vue que le fait (*Faktum*) [10] lui-même avec son irrationalité est un concept structurel dans le système de l'apriori concret ». On ne saurait mieux dire que la constitution du temps n'est pas intégralement une œuvre (*Leistung*) de la conscience, même si elle est toujours une genèse des choses.

Du moins cette analyse a-t-elle la vertu de mettre au même niveau l'ego et le temps ; le temps n'est pas seulement, comme chez Kant, une intuition a priori, c'est-à-dire un mode de la représentation, c'est un style d'existence. Husserl est à l'origine d'une nouvelle interprétation du temps comme l'avance même de l'existant que je suis. Par ce thème de la « genèse égologique », de la constitution temporelle de soi-même, Husserl ramène du temps représenté au temps originaire, d'une manière très différente de Bergson, mais finalement convergente.

C'est la notion d'*habitus* qui semble avoir servi de médiatrice entre l'idée d'une constitution des transcendances (c'est-à-dire des choses extérieures, du dehors de la conscience) et celle d'une constitution du moi ; on peut même dire que les deux constitutions viennent coïncider dans l'habitus ; l'en soi est à déployer temporellement comme du stratifié, du sédimenté. La phénoménologie de Husserl est ainsi à l'origine de cette énorme inflation de l'habitude dans la phénoménologie actuelle de la perception : c'est le poids de l'acquis, du contracté, qui doit être l'équivalent de l'objectif, du moins tant qu'on reste en deçà de l'intersubjectivité. La réduction de la présence au présent, que nous signalions au terme de la *IIIe Méditation*, impliquait cette majoration des considérations temporelles dans la théorie de l'objectivité.

L'originalité de Husserl sur ce point, c'est d'avoir découvert cette constitution temporelle dynamique de notre monde familier par la réduction eidétique, par la réduction à l'Eidos Ego, et pas seulement par la réduction transcendantale qui s'enferme dans l'Ego de fait. Ce sont les variations imaginatives sur mon Ego qui lèvent

---

[10] Husserl dit *Faktum*, et non *Tatsache*, pour souligner non seulement le caractère empirique mais contingent de fait.

les limitations d'un ego empirique qui a *déjà* son monde de nature et de culture ; bref c'est par la méthode des variations imaginatives que se trouve ruinée la fascination par le déjà-là. L'Ego empirique est en face du déjà constitué qui le condamne à une phénoménologie statique, qui ne peut être qu'un art des classifications comparable à celle des sciences naturelles, bref une typologie ; il faut s'élever à la structure universelle de la genèse pour concevoir « qu'un monde d'une structure ontologique qui nous est familière soit constitué par l'Ego ». La phénoménologie statique s'arrête devant un monde familier corrélatif de nos habitus. La réduction eidétique nous fait accéder à la phénoménologie de l'habitus, en procédant à la façon d'un dépaysement systématique ; elle nous replace en-deçà du déjà constitué et par là même donne un sens au « *déjà* », aperçu de la frontière imaginaire du « *pas encore* ». Le moi possible éclaire le moi réel comme une de ses variantes, et ainsi la conscience dépaysée comprend la conscience habituée, la conscience dégagée comprend la conscience engagée. C'est en ce sens que je comprends la liaison chez Husserl des « problèmes génétiques ultimes » et de la réduction à l'Eidos Ego.

Cette manière d'interpréter temporellement la constitution des transcendances et de la rabattre sur la constitution même de l'Ego rend d'autant plus troublante l'énigme du présent originaire par laquelle nous terminions l'étude de l'évidence ; car c'est finalement le droit de ramener la présence de l'autre au présent de moi-même qui fonde celui de constituer la transcendance sur la temporalité de l'Ego et cette temporalité elle-même dans le présent originaire ; à cette énigme du présent originaire s'ajoute celle de la genèse passive qui, de l'aveu de Husserl, limite singulièrement le rôle des habitus et de toute la genèse active du vécu de conscience.

La réaffirmation de l'idéalisme transcendantal qui achève la *IVe Méditation* marque le point culminant des quatre premières *Méditations*. Les paragraphes 40-41 qui contiennent les formules les plus frappantes de l'idéalisme husserlien ne sont pas une répétition pure et simple de la réduction du monde au « sens » et du « sens » au Cogito, mais une radicalisation de cet idéalisme en fonction de la notion de monade introduite au début de la *IVe Méditation*. Le § 33 concluait : « Puisque l'Ego monadique concret contient l'ensemble de la vie consciente, réelle et potentielle, il est clair que l'explication phénoménologique de cet ego monadique — le problème de sa constitution pour lui-même — doit embrasser tous les problèmes constitutifs en général. Et en fin de compte, la phénoménologie de cette constitution de soi pour soi-même coïncide avec la phénoménologie en général ». Cette phrase est la clé des §§ 40-41 : si toute réalité transcendantale est la vie du moi, le problème de sa constitution coïncide avec l'auto-constitution de l'Ego et la phénoménologie est une *Selbstauslegung* (une explication du Soi), même lorsqu'elle est constitution de la chose, du corps, du psychisme, de la culture. Le moi n'est plus simplement le *pôle sujet* opposé au pôle *objet* (§ 31), il est l'englobant : tout est *Gebilde* de la subjectivité transcendantale, produit de sa *Leistung* : la phénoménologie est « *Selbstauslegung meines Ego, als subjekten jeder möglichen Erkenntnis* ». C'est donc dans la doctrine de l'Ego et de sa constitution temporelle que se lient de façon inséparable phénoménologie et idéalisme.

Ici est définitivement vaincue l'imagerie réaliste du dehors absolu, qu'une méprise sur l'intentionnalité pourrait entretenir et même renouveler. « La subjectivité transcendantale est l'univers du sens possible ».

La péripétie introduite par l'opposition entre l'intention vide et la présence pleine, dans la *IIIe Méditation* est entièrement résorbée : « toute preuve et toute justification de la vérité et de l'être s'accomplissent entièrement en moi et leur résultat est un caractère du *Cogitatum* de mon Cogito ». Toute l'énigme d'un être qui, en se montrant soi-même, excéderait la conscience se réduit à la puissance même de la conscience de s'excéder elle-même dans ses horizons implicites : toutes les fausses interprétations de l'être viennent de l'aveuglement naïf pour les horizons qui déterminent le sens de l'être et pour les problèmes correspondants de l'élucidation de l'intentionalité. Ces horizons dégagés et suivis, il en résulte une phénoménologie universelle, explicitement concrète et évidente de l'ego par lui-même. On comprend combien était décisive l'interprétation de la présence comme présent à la fin de la *IIIe Méditation*. C'est elle qui maintenant permet de faire reposer sur une théorie de la temporalité tout le poids des problèmes de constitution. La phénoménologie husserlienne apparaît alors comme un combat entre deux tendances : comme description dévouée aux choses telles qu'elles se donnent, la phénoménologie est un effort généreux pour respecter la diversité de l'apparaître et pour restituer à chacun de ses modes (perçu, désiré, voulu, aimé, haï, jugé, etc.) sa charge d'étrangeté et, si je peux dire, d'altérité ; en tant qu'interprétation idéaliste de son propre comportement descriptif, la phénoménologie husserlienne est un effort radical pour réduire toute altérité à la vie monadique de l'ego, à l'ipséité. De là vient le malaise que l'œuvre de Husserl entretient chez ses lecteurs ; d'un côté, nul penseur contemporain n'a plus que lui contribué à nous rendre la présence pleine et inattendue de la réalité ; nul pourtant n'a poussé aussi loin que lui la réduction de la présence de l'autre à mon présent, la dissolution de l'altérité dans l'explication de soi.

La *IVe Méditation* a ainsi porté à son comble, en pleine lucidité, la difficulté fondamentale des *Méditations Cartésiennes* : la difficulté du solipsisme transcendantal. Si la phénoménologie est « élucidation de moi-même » — « égologie » —, comment autrui justifiera-t-il jamais son altérité ? Comment, par suite, pourra se constituer l'objectivité véritable d'un monde commun à nous tous ?

La *Ve Méditation* doit répondre à ces questions que les quatre premières ont patiemment rendues presque insolubles.

EDMUND HUSSERL – LA CINQUIEME MÉDITATION CARTÉSIENNE

La Vème *Méditation Cartésienne* de Husserl constitue un monde de pensées. Elle est presqu'aussi longue, à elle seule, que les quatre premières réunies. Cette disproportion n'est pas seulement le résultat accidentel des remaniements apportés au texte de la Vème *Méditation* (1). Elle atteste l'importance véritable du problème d'autrui dans la phénoménologie de Husserl. Ce problème déborde infiniment la question simplement psychologique de la manière dont nous connaissons les autres hommes. Il est la pierre de touche de la phénoménologie transcendantale. Il s'agit de savoir comment une philosophie, qui a pour principe et fondement l'*ego* de l'*Ego Cogito Cogitatum*, rend compte de l'autre que moi et de tout ce qui dépend de cette altérité fondamentale : à savoir, d'une part, l'objectivité du monde en tant qu'il est le vis-à-vis d'une pluralité de sujets, d'autre part, la réalité des communautés historiques édifiées sur le réseau des échanges entre des hommes réels. A cet égard, le problème d'autrui joue le même rôle que, chez Descartes, la véracité divine en tant qu'elle fonde toute vérité et toute réalité qui dépasse la simple réflexion du sujet sur lui-même.

Nous examinerons successivement :

I) La position du problème à partir de l'objection du solipsisme ;

II) La décision de méthode de réduire toute transcendance à la sphère propre d'appartenance ;

1. Dans *Husserliana* I, *Cartesianische Meditationen und Pariser Vorträge*, les « Conférences de Paris » couvrent les pp. 3-39 ; ce qui deviendra la Vème *Méditation* occupe seulement les pp. 34-39. Nous citons l'original entre crochets droits [...]. Nous citons entre parenthèses (...) la traduction française par E. Levinas et G. Peiffer (Paris, éd. J. Vrin, 1947, que nous prenons la liberté de modifier).

III) L'explicitation de l'existence d'autrui par le moyen de l'analogie ;

IV) L'explicitation de la nature comme corrélat de la communauté des monades ;

V) L'explicitation de l'histoire comme communauté monadique de degré supérieur.

Toute la question sera de savoir comment, dans cette progression vers l'autre, vers le monde des autres et vers les autres comme monde, pourra être maintenu le primat de l'*ego*, seul principe *originaire* de la phénoménologie transcendantale.

I. *Position du problème à partir de l'objection du solipsisme* (§ § 42-43).

Le problème d'autrui est posé de façon très abrupte, par l'irruption d'une objection dans le cours d'une méditation menée par le moi sur lui-même. Cette objection nous est bien connue : c'est celle du solipsisme. La Vème *Méditation* naît de la transformation de cette objection, reçue du dehors, en un défi, entièrement assumé du dedans de la phénoménologie transcendantale.

L'objection du solipsisme a toujours été celle du sens commun contre les philosophies idéalistes : les autres *ego*, dit le sens commun, ne se réduisent pas à la représentation qu'on en a ; ce ne sont même pas des objets représentés, des unités de sens, que l'on puisse vérifier dans un cours concordant d'expériences : les autres sont autres que moi, ce sont des autres moi.

Cette objection, la phénoménologie transcendantale doit la reconnaître comme une aporie qui la mine du dedans. Elle est la suite logique de la réduction, plus précisément de la réduction telle qu'elle a été comprise dans la IVème *Méditation :* non seulement tout y est réduit à un sens d'être, mais tout sens est en outre incorporé à la vie intentionnelle de l'*ego* concret. Il résulte donc de la IVème *Méditation* que le sens du monde est seulement l'explicitation de l'*ego*, l'exégèse de sa vie concrète ; c'est ce monadisme qui fait du solipsisme une aporie interne, dans la mesure où le monadisme résorbe toute altérité, tout être autre, en moi-même ; il faut désormais que tout sens naisse *dans (in)* et *à partir de (aus)* moi.

Face à cette difficulté la phénoménologie husserlienne va être soumise à deux exigences en apparence opposées : d'une part, il lui faut aller jusqu'au bout de la réduction et tenir la gageure de constituer le sens de l'*alter ego* « dans » et « à partir de » moi ; d'autre part, il lui faut rendre compte de l'originalité, de la spécificité de l'expérience d'autrui, en tant précisément qu'elle est l'expérience d'un autre que moi. Toute la Vème *Méditation* va subir la traction la plus extrême entre ces deux exigences : constituer l'autre *en moi*, le constituer comme *autre*. Ce formidable paradoxe était latent dans les quatre autres *Méditations* : déjà la « chose » s'arrachait à ma vie, comme autre que moi, comme vis-à-vis de moi-même, bien qu'elle ne fût qu'une synthèse intentionnelle, une unité de sens présumée ; mais le conflit latent entre l'exigence réductrice et l'exigence descriptive devient un conflit ouvert, dès lors que l'autre n'est plus une chose mais un autre moi, un autre que moi.

C'est bien pour aiguiser ce paradoxe que Husserl commence par faire le bilan de ce que l'on appelle d'ordinaire « expérience d'autrui » et qu'il prend pour « fil conducteur » les « modes de donnée » de l'autre. Comprenons bien de quoi il s'agit. Nous avons déjà rencontré cette question du « fil conducteur » à propos de la constitution de la chose : comment expliciter l'expérience de la chose sans prendre pour thème l'unité de sens elle-même qui nous permet de nommer la chose, de la désigner comme thème d'une synthèse ? Aucune description, aucune explicitation, aucune constitution ne serait possible, si l'on ne prenait pour guide le sens terminal de l'expérience, à savoir la position d'une transcendance face à moi. A plus forte raison quand cet autre est autrui. La teneur de sens (2) de ce qu'on appelle autrui se présente comme un étrange paradoxe ; et même comme un triple paradoxe (3).

Premier paradoxe : alors que, absolument parlant, un seul est sujet, moi, l'autre ne se donne pas simplement comme un objet psycho-physique situé dans la nature ; c'est aussi un sujet d'expérience au même titre que moi ; comme tel, il me perçoit moi-même comme appartenant au monde de son expérience.

Second paradoxe : le monde n'est pas seulement un tableau privé, mais un bien commun ; ce point n'est pas aisé à comprendre : car il y a d'un côté le « phénomène monde » pour chacun, et de l'autre le phénomène monde opposé *(gegenüber)* à tous les sujets d'expérience et à tous leurs « phénomènes mondes ». Le sens de ce que nous appelons l'objectivité du monde se joue sur ce second paradoxe.

Troisième paradoxe : à l'expérience d'autrui se rattache la constitution d'objets d'un titre nouveau : les objets culturels — livres,

---

2. Nous traduisons ainsi l'expression de Husserl : *noematisch-ontischen Gehalt* [122, l. 35] ; par *teneur de sens*, Husserl entend d'ordinaire un contenu de pensée offert à l'analyse essentielle ou éidétique.

3. A partir du § 48 ces trois paradoxes fourniront le cadre de la Vème *Méditation* ; nous adopterons la même articulation dans notre propre étude : au premier paradoxe correspond notre Section III, au second, notre Section IV ; au troisième, notre Section V.

outils, œuvres de toutes sortes —, qui renvoient expressément à une constitution active par les sujets *étrangers :* ces objets culturels sont « là pour chacun », plus précisément pour chaque membre d'une communauté culturelle particulière.

Voilà ce qui se donne, ce qui se trouve, dans la teneur de sens de ce qu'on appelle autrui. Mais cette donnée de sens commun, la phénoménologie l'érige en problème : elle s'étonne de ce qui va de soi ; elle soumet à la clarification ce qui paraît d'abord clair comme le jour (4). Il y a problème, en effet, pour une philosophie qui s'est donné pour tâche de tout comprendre, de tout constituer, « dans » et « à partir de » *ma* vie intentionnelle.

II. *La réduction à la sphère du propre (Eigenheitssphäre)* (§ § 44-47).

C'est ici qu'intervient une décision de méthode fort audacieuse et plus paradoxale encore que le problème à résoudre : pour clarifier le sens d'autrui, nous allons le soumettre à une réduction spécifique. Si autrui figure une transcendance spécifique, il faut riposter à la tentation d'hypostasier cette transcendance par une suspension appropriée à cette tentation ; c'est ce que Husserl appelle « réduction à la sphère du propre ». Que signifie cette espèce de coup de force ? Il s'agit essentiellement de transformer l'objection du solipsisme en argument. Je décide de faire abstraction de tout ce qui se donne comme étranger. Cela ne veut pas dire, au sens ordinaire et non phénoménologique, que je reste seul : comme si la solitude empirique de l'homme isolé ou solitaire ne supposait pas déjà la fréquentation des autres hommes ; cela veut dire, au sens transcendantal, que je décide de ne plus considérer que *das mir Eigene*, « ce qui m'est propre ». Désormais, tout est seulement événement monadique, selon l'exigence égologique posée dans la IVème *Méditation* (5).

4. « Comment cela peut-il se comprendre ? *(wie klärt sich das auf ?)* Il faut en tout cas maintenir comme vérité absolue ceci : tout sens que peut avoir pour moi la 'quiddité' et le 'fait de l'existence réelle' d'un être, n'est et ne peut être tel que dans *(in)* et par *(aus)* ma vie intentionnelle : il n'existe que dans *(in)* et par *(aus)* ses synthèses constitutives, s'élucidant et se découvrant pour moi dans les systèmes de vérification concordante » [123, 1. 26-31] (76).

5. On pourrait objecter, du point de vue de la technique de la réduction, que cette réduction est déjà faite : en suspendant la thèse du monde, n'a-t-on pas aussi réduit autrui *(Ideen* I) ? C'est vrai, mais la réduction dont il est question ici est de second degré et présuppose la suspension de la thèse générale du monde ; elle consiste à délimiter, à circonscrire à l'intérieur de la sphère réduite du sens, un faisceau intentionnel, celui des expériences qui me constituent moi-même comme *ego ;* c'est pourquoi Husserl parle d'abstraction : je fais abstraction des opérations constitutives se rapportant à autrui.

Le lecteur se demandera sûrement si cette abstraction est possible, c'est-à-dire s'il reste quelque chose dans ce qui mérite d'être appelé « sphère propre ». Si l'on considère en effet que tout dans mon expérience me parle des autres, que le monde est un monde de culture, que le moindre objet est chargé de tous les regards qui se sont posés sur lui, on peut se demander s'il y a un monde propre, antérieur à l'intersubjectivité, qui mérite encore le nom de monde. Moi seul et les visées intentionnelles de mon être propre, cela fait-il un « monde » ?

L'objection est considérable. Mais il faut bien comprendre la démarche de Husserl. Il ne s'agit aucunement d'une genèse, au sens chronologique du mot, comme si l'expérience de moi-même pouvait précéder dans le temps l'expérience d'autrui, il s'agit d'une filiation de sens : le sens « autrui » est emprunté au sens « moi », parce qu'il faut d'abord donner sens à « moi » et à « mon propre », pour donner sens à « autrui » et à « monde d'autrui ». Il y a « étranger », parce qu'il y a « propre » ; et non l'inverse. Le sens « moi » se transfère de moi à autrui, s'il est vrai qu'autrui est un *alter ego*. C'est bien pourquoi la réduction à la sphère propre ne constitue aucune dissolution de l'autre en moi, mais bien la reconnaissance du paradoxe comme paradoxe : « Dans cette intentionalité toute particulière se constitue un sens ontique (Seinsinn) *nouveau* qui transgresse l'ipséité propre *(Selbsteigenheit)* de mon *ego* monadique ; il se constitue alors un *ego*, non pas comme *moi-même*, mais comme se *réfléchissant (spiegelndes)* dans mon *ego* propre, dans ma monade » [25, l. 28-32] (78) (trad. modifiée). Les deux mots clé : transgression *(überschreitet)* et reflet *(Spiegelung)*, sont les témoins de ce paradoxe de l'arrachement d'une autre existence à mon existence, au moment même où je pose celle-ci comme unique. On ne peut pas ne pas penser ici au problème hégélien de la duplication de la conscience : il y a dans l'expérience de moi seul tous les signes d'une transgression vers un autre moi. Toute la suite de la Vème *Méditation* consiste à tirer les lignes de sens par lesquelles l'expérience du propre renvoie à l'étranger.

A un public éduqué dans le respect de l'expérience sensible et de la science, on pourrait faire comprendre de la manière suivante l'intention qui anime Husserl : dans l'attitude naturelle il y a des hommes qui communiquent entre eux ; ces hommes sont tous également réels ; mais aucun n'est moi ; tous sont des autres ; mais cela n'est vrai que pour un observateur qui ne fait pas partie du champ de l'expérience ; en ce sens ils ne sont même pas des autres, le moi n'étant pas thématisé ; il n'y a ni moi ni autrui ; il y a des hommes réels. Avec le surgissement du questionnement philosophique, surgit concurremment un sujet qui oriente le champ entier de l'expérience ;

désormais « le » monde devient *monde-pour-moi* ; mais, avec cette réorientation du monde comme sens pour moi, une dissymétrie survient également dans le champ de l'expérience : il y a moi et il y a l'autre. Alors que, dans une expérience sans sujet, les hommes sont tous aussi réels les uns que les autres, dans l'expérience réflexive, un seul est moi et tous les autres sont des autres. Le rapport moi-autrui est né comme problème philosophique. Dès lors, constituer l'autre comme autre, dans et par moi-même, c'est montrer comment le sens « moi », né avec la prise de conscience de mon existence comme foyer de tout sens, se communique à ces autres et me permet de dire que ces autres là-bas sont aussi des moi ; mais ils ne le seront qu'en un sens dérivé, second, parce que le sens moi s'est d'abord constitué en moi et pour moi ; cette filiation n'est aucunement chronologique ; elle suit l'ordre logique de la filiation du sens (6).

Ainsi, la réduction à la sphère du propre n'a aucune signification psychologique ou anthropologique ; si je retranchais au contenu de mon expérience ce qu'elle doit au commerce des autres, il ne resterait sans doute aucun contenu digne d'être appelé mien ; mais je puis faire abstraction du sens « étranger » qui s'attache à tel ou tel contenu, voire à tous mes contenus d'expérience ; ainsi je constitue d'abord le sens *« ego »* et ensuite je transfère à autrui le sens *« alter ego »*.

La sphère du propre est bien, en ce sens, un produit d'abstraction. Mais c'est une abstraction qui a une nécessité méthodique, parce qu'elle permet de mettre en ordre un sens premier du mot « moi » et un sens second, celui qui s'attache à quiconque est pour moi un « autre ». Il est donc vain d'essayer de faire correspondre à un quelconque « stade », que la psychologie de l'enfance ou la psychanalyse permettrait de repérer, ce que Husserl appelle la sphère du propre, de ce qui m'appartient en propre. Il serait tout aussi vain de lui superposer quelque expérience d'isolement ou de solitude : autrui y serait encore présent, par le biais de la contestation, de la déception ou de la nostalgie. C'est véritablement le « reste » d'une opération abstractive. Mais ce reste est en même temps le premier chaînon d'une chaîne de significations, selon laquelle *ego* veut d'abord dire « mon » *ego*, puis *alter ego*.

6. « Avec cette couche nous avons atteint l'extrême limite où peut nous conduire la réduction phénoménologique. Il faut évidemment posséder l'expérience de cette 'sphère d'appartenance' propre au moi pour pouvoir constituer l'idée de l'expérience d' 'un autre que moi' ; et sans avoir cette dernière idée je ne puis avoir l'expérience d' 'un monde objectif'. Mais je n'ai pas besoin de l'expérience du monde objectif ni de celle d'autrui pour avoir celle de ma propre 'sphère d'appartenance' » [127, l. 18-23] (80).

Est-ce à dire que ce résidu, ce produit d'abstraction, ne puisse aucunement être élucidé ? Husserl reconnaît à cette « couche » une « cohérence unitaire » [127, l. 12] (79) et même une « unité concrète » [129, l. 21] (82). Comment un produit d'abstraction peut-il être « concret » ? Il n'y a pas de contradiction, si l'on se rappelle que chez Husserl le « concret » désigne toujours une totalité suffisante, indépendante (*Recherches Logiques* IV : « Tout et Partie ») ; quant à l'abstraction, ce n'est pas l'abstraction aristotélicienne ou lockienne d'une idée générale, mais la séparation méthodique d'un faisceau intentionnel. Il n'y a donc pas de contradiction à atteindre un concret par abstraction : cela veut dire qu'une totalité isolable correspond à l'abstraction de la sphère du propre.

Cette totalité isolable, c'est le corps propre, mieux appelé *la chair (Leib)* : à savoir ce corps que je meus, avec lequel je perçois, par lequel je m'exprime ; cette chair sert de pôle de référence à tous les corps *(Körper)* qui, dans cette réduction de second degré, ne font plus un monde objectif, mais une nature primordiale, une nature propre. C'est cet ensemble — corps propre ou chair, nature propre — qui mérite le nom de sphère d'appartenance : « Par suite de cette élimination abstractive de tout ce qui est étranger, il nous est resté une espèce de monde, une nature réduite au propre *(eigenheitlich)*, et intégré à cette nature grâce à la chair corporelle *(körperlichen Leib)* le moi psycho-physique avec chair, âme et moi personnel, uniques *caractéristiques* de ce monde réduit » [129, l. 8] (81-82).

On objectera que cette expérience du corps propre, de la chair, n'est pas en réalité une donnée immédiate. Je pense qu'il faut accorder l'objection au contradicteur : cette expérience est le résultat d'une abstraction, au même titre que le moi lui-même sur le modèle duquel je transfère à autrui le sens *ego*. Husserl emploie ici un mot remarquable : par cette réduction abstractive, dit-il, j'ai fait « ressortir ma chair, réduite au propre... » [128, l. 28] (81). Cette *Herausstellung* signifie, me semble-t-il, que le primordial reste toujours le terme visé par un « questionnement à rebours » : grâce à cette *Rückfrage*, la réflexion perçoit, dans l'épaisseur de son expérience et à travers les couches successives de la constitution, ce que Husserl appelle une « fondation originaire » *(Urstiftung)* à laquelle ces couches renvoient. Le primordial est donc lui-même le terminus intentionnel d'un tel renvoi. Il ne faut donc pas chercher, sous le titre de sphère du propre, une quelconque expérience sauvage qui serait préservée au cœur de mon expérience de culture, mais un antérieur jamais donné, le terme d'une « épuration » *(Reinigung)* [128, l. 39] (81), de tout ce qui n'est pas le propre. C'est pourquoi, en dépit de son noyau empirique, cette « expérience » reste une interprétation, une exégèse *(Auslegung)*.

Mais, si cette expérience n'est pas immédiate, dans la mesure même où elle résulte d'une abstraction et reste tributaire d'une explicitation, d'une exégèse, c'est une expérience positive ; le propre ne s'y définit pas en termes simplement négatifs, à titre de non-étranger. Saisir le propre corps ou chair, la propre nature et toute la sphère du propre comme une totalité positive autonome, c'est bien fournir à la constitution ultérieure d'autrui un *sol préalable*. Il faut comprendre que ce primordial est à la fois le terme ultime d'une épuration *et* le point de départ d'un travail de constitution. C'est un pré-donné qui, en raison même de sa charge de potentialités et de la fuite de ses horizons, a la densité d'un *je suis* qui toujours précède le *je pense*. Ainsi, tout ce qu'on peut dire contre l'immédiateté de cette expérience plaide en faveur de sa plénitude : tout ce potentiel qui leste l'actuel, donne de l'épaisseur à l'expérience du primordial et du propre. Cette interminable prise de conscience du « propre », plonge dans une *vie* dont la richesse excède toute réflexion. C'est ainsi que la réduction à la sphère du propre, loin d'appauvrir l'expérience, la conduit du *Cogito* au *Sum* et réalise le vœu formulé à la fin de la IVème *Méditation* d'une égologie qui érigerait le moi en monade. Par un étonnant détour, le transcendantal *réduit* révèle l'ontique *débordant*.

Au terme de ce premier mouvement, il apparaît que l'abstraction qui révèle le corps propre et la nature propre, est bien plus qu'une fiction didactique ; c'est aussi — et surtout — la conquête du sens de l'*incarnation* ; une nature mienne, c'est une nature centrée sur mon corps ; devenue la sphère d'exercice de mes pouvoirs, elle est ce que je peux voir, toucher, entendre. C'est ainsi que la réduction à la sphère du propre fait « ressortir » *(heraustellen)* le corps comme chair ; jusqu'ici celui-ci restait l'organe non remarqué, l'organe traversé par mes actes, lesquels se terminaient aux choses ; désormais le « propre », c'est *ma chair*.

Non seulement l'abstraction n'est pas une fiction didactique, mais elle est le contraire d'une amputation de l'expérience : le monde est réduit à l'horizon de mon corps, mais je coïncide avec ce monde réduit ; je coule à pic dans ce monde de ma chair ; le monde m'est propre, mais moi je me suis mondanisé par le moyen de cette chair que je suis sans distance (7). L'opération abstractive, commencée

---

7. « Nous pouvons dire maintenant : tandis que moi — cet *ego* — j'ai constitué et je continue à constituer ce monde existant pour moi en qualité de phénomène (corrélatif), j'ai effectué, au moyen de synthèses constitutives correspondantes, *une aperception de moi-même* (en tant que « moi » au sens habituel d'une personnalité humaine plongée dans l'ensemble du monde constitué) *qui me transforme en un être du 'monde'* » *(eine verweltlichende Selbstapperzeption)* [130, 1. 19-26] (83).

à la façon d'une soustraction, se révèle une marche vers la plénitude de l'*ego* ; celui-ci de pôle de ses actes, est devenu *habitus,* puis monade ; maintenant, il est ma chair (8). Corrélativement, la nature qui n'était encore qu'un spectacle, devient l'environnement de ma chair ; enfoncé au cœur de cette nature, je m'éprouve « membre de... » *(Glied),* de cet ensemble de choses « hor de moi » [129, l. 36] (82).

C'est de cette dialectique du « hors de moi » et « en moi », institué par ma chair, que procèdera toute constitution de l'étranger « dans » le propre et « hors du » propre.

III. *La saisie « analogique » d'autrui* (§§ 48-54).

Comment passer de ce solipsisme avoué et assumé à la constitution de l'*autre* ? Tout le problème est maintenant de découvrir, dans la sphère du *propre,* les motifs d'une transgression qui pose un « autre », un « étranger ».

On dira qu'en posant cette question, après la réduction à la sphère du propre, on se borne à répéter le problème initial (§ 42) et que la réduction à la sphère du « propre » a seulement rendu la question plus insoluble. En un sens, c'est vrai : Husserl ne dit-il pas que l'expérience de l'autre forme « contraste » [135, l. 20] (88) avec l'expérience du propre ? Ne dit-il pas que, pour le moi réduit à son propre, le sens d'être qui s'attache à l'autre *« transcende totalement son être propre »* [135, l. 32] (88) ? Ne recourt-on pas à l'expérience d'autrui comme à un « Faktum » [136, l. 7] (89) irréductible ? Ne construit-on pas cette expérience comme une couche additionnelle, édifiée sur l'expérience primordiale ? Il semble alors que l'expérience primordiale ait seulement servi à « mettre en relief » *(Abhebung)* [136, l. 13] (89) une transcendance de degré supérieur et qu'il ne reste plus qu'à interroger l'expérience qui donne sens à cette nouvelle transcendance (9). Le programme que l'on peut se tracer au début de cette investigation semble bien se borner à déchiffrer une expérience irréductible et à déployer les trois couches

---

8. « Tout ce que le moi transcendantal constitue dans cette première couche, comme 'non-étranger', comme 'ce qui lui appartient' est, en effet, à lui, à titre de *composant de son être propre et concret...* » [131, l. 10-14] (84).

9. « Il s'agit d'*interroger cette expérience elle-même* et d'élucider, par l'analyse de l'intentionnalité, la manière dont elle 'confère le sens', la manière dont elle peut apparaître *comme expérience et se justifier comme évidence d'un être réel et ayant une essence propre, susceptible d'explicitation, comme évidence d'un être qui n'est pas mon être propre* et n'en est pas une partie intégrante, bien qu'il ne puisse acquérir de sens ni de justification que dans *(in)* mon être à moi » [136, l. 30-36] (89).

superposées correspondant aux trois problèmes énoncés au début : saisie de l'autre comme un autre, constitution d'un monde objectif commun à tous les sujets, édification des diverses communautés de personnes (10).

Mais si l'expérience du « propre » servait seulement à aiguiser le contraste du même et de l'autre et à souligner l'irréductibilité d'une transcendance qui s'exclut elle-même de la sphère du propre, tout l'effort antérieur serait rendu vain ; de plus, on satisferait à une seule des deux exigences de la phénoménologie, celle de décrire correctement les expériences originales ; mais on ne satisferait pas à la seconde, celle de constituer le sens de toute transcendance « dans » l'immanence de l'*ego*. Or ce que Husserl appelle « explication intentionnelle » *(intentionale Auslegung)* enveloppe les deux exigences. Il faut donc que le surcroît de sens qui s'attache à l'expérience d'autrui ait ses racines dans mon expérience propre.

C'est ici qu'intervient le thème décisif : celui de la saisie analogisante de l'autre comme un autre moi. Ce thème est le centre de la Vème *Méditation*. En lui s'équilibrent les deux exigences de la phénoménologie : le respect de l'altérité de l'autre *et* l'enracinement de cette expérience de transcendance « dans » l'expérience primordiale. Le poids de cette théorie de la saisie analogisante est donc considérable. Grâce à elle le solipsisme peut être vaincu sans que l'égologie soit sacrifiée ; autrement dit, on peut rendre compte de la transgression de la sphère du propre, tout en confirmant la primauté de l'expérience originaire du moi.

Est-ce la quadrature du cercle ? Cela le serait, si une certaine *médiation* n'était suggérée, d'une part par l'expérience d'autrui, d'autre part par l'expérience de moi-même. Il est remarquable en effet que dans l'expérience que j'ai d'autrui, autrui s'annonce comme étant là, en personne, « en chair et en os », sans pourtant qu'il soit donné *en original* ; je ne vis pas la vie d'autrui ; sinon, il serait une extension de ma propre vie : il serait moi-même. Autrui n'est pas « présenté » directement, immédiatement, mais « apprésenté » par son corps, lequel seul est présenté, puisqu'il apparaît comme les autres corps dans ma sphère primordiale. C'est donc du côté du corps d'autrui qu'il faut chercher la clé du problème : lui seul peut à la fois m'être *donné* à percevoir tout en me *donnant* autrui. Or l'expérience que je fais de mon propre corps contient une autre suggestion qui vient à la rencontre de la précédente observation. Cette expérience me parle

10. « Ce que nous venons d'exposer est une anticipation des résultats de l'explicitation intentionnelle que nous devons effectuer degré par degré, si nous voulons résoudre le problème transcendantal et élaborer véritablement l'idéalisme transcendantal de la phénoménologie » [138, l. 24-28] (91).

d'une réification, d'une mondanisation de l'*ego,* qui, d'une certaine façon qu'on va dire, peut motiver la constitution d'autrui. Déjà, dans *Ideen I,* Husserl notait que la conscience entretient deux sortes de rapports, d'ailleurs entremêlés, avec le monde : un rapport de perception — le monde est là, en face de moi, offert en spectacle —, et un rapport d'incarnation : par mon corps, je m'identifie à une des choses de la nature, à un corps physique *(Körper),* qui devient corps propre *(Leib),* en même temps que moi-même suis incorporé à la nature. Grâce à cette *Verflechtung* [139, l. 35] (92), à cet « entrelacs », comme dit Merleau-Ponty, je m'aperçois moi-même comme réalité mondaine ; dans un raccourci saisissant, déjà évoqué plus haut (cf. n. 7), Husserl appelle « auto-aperception mondanéisante » *(Verweltlichende Selbstapperzeption)* cette saisie de la conscience comme un étant intra-mondain.

Notre tâche se précise : comment mettre en relation cette apprésentation ou saisie médiate d'autrui dans son corps, et cette aperception ou conscience réifiée de moi-même ?

La réponse de Husserl s'articule en trois degrés : chacun de ces degrés a son intérêt propre, mais aussi la progression de l'un à l'autre.

a) *Premier degré :* la signification *ego* passe de mon corps, aperçu dans le monde, au corps d'autrui qui apprésente une autre vie, à la faveur d'une sorte d'analogie qui opère de corps à corps, de chair à chair. C'est grâce à cette analogie que le sens *« ego »* est transféré de mon corps à ce corps perçu là-bas : « Supposons qu'un autre homme entre dans le champ de notre perception ; en réduction primordiale, apparaît un corps *(Körper)* qui, en qualité de primordial, ne peut être bien entendu qu'un élément déterminant de moi-même *(transcendance immanente).* Puisque, dans cette nature et dans ce monde ma chair *(Leib)* est le seul corps *(Körper)* qui soit et puisse être constitué d'une manière originelle comme chair *(Leib)* (organe opérant), il faut que ce corps *(Körper)* là-bas — qui pourtant, lui aussi, est saisi comme chair *(Leib)* — tienne ce sens d'un *transfert aperceptif (apperzeptive Übertragung)* de ma chair *(Leib).* Et cela, de manière à exclure une justification véritablement directe et, par conséquent, primordiale — par recours à une perception dans le sens fort du terme — des prédicats spécifiques de la condition charnelle *(Leiblichkeit).* Dès lors il est clair que seule une ressemblance reliant au sein de ma sphère primordiale cet autre corps *(Körper)* là-bas avec le mien, peut fournir le fondement motivant la saisie *analogisante* de ce corps comme une chair autre *(Leib)* » [140, l. 23-39] (93). (N.B. : Nous éloignant sur ce point de la traduction usuelle, nous avons systématiquement traduit *Leib* par « chair »).

Ce texte est peut-être le plus important de toute la Vème *Méditation* : il marque le point de jonction des deux exigences — l'une de description, l'autre de constitution — qui dominent toute la phénoménologie : ce « transfert aperceptif », ou « saisie analogisante », doit à la fois respecter l'originalité de l'expérience d'autrui *et* enraciner celle-ci dans l'expérience du corps propre qui « motive » ce « transfert ». Mais le recours à l'analogie crée autant de difficultés qu'il en résoud. Car cette analogie n'est pas de l'ordre du raisonnement ; il ne s'agit pas d'un raisonnement par analogie, par lequel nous conclurions de la similitude des expressions corporelles à la similitude des expériences vives. Il s'agit plutôt d'une analogie qui fonctionne au plan des « genèses passives », comme quand nous comprenons une réalité nouvelle par analogie avec une réalité déjà connue et sur la base d'une expérience première qui fournit une sorte d'*Urstiftung*, de fondation originaire. L'analogie est donc un procédé très général de l'expérience pré-réfléchie, anté-prédicative ; on la rencontre en tout renvoi d'une expérience nouvelle à une expérience originaire qui y trouve son modèle ou son type. Ce qui spécifie le transfert analogisant mis en jeu dans l'expérience d'autrui, c'est ce que Husserl appelle hardiment « appariement » *(Paarung)* (titre du § 51 et passim). En effet, toutes les autres analogies jouent d'objet à objet dans la même sphère d'expérience ; ici, l'analogie joue du « propre » à « l'étranger ». Il faut donc trouver une espèce d'analogie qui réalise la transgression de l'originaire vers le non-originaire. Telle est la configuration en forme de paire de l'*ego* et de l'*alter-ego*, à la faveur de leurs similitudes charnelles. Cet « appariement » fait que le sens de l'un *renvoie* au sens de l'autre, est transposé ou transféré du premier au second. Je reconnais, dans la présence charnelle de l'autre, l'analogie de ma propre réification ou plus exactement : mondanéisation, et j'accorde à autrui le sens « *ego* », bien que seule mon expérience vive ait le caractère originaire. L'« appariement » fournit ainsi le support associatif de l'analogie ; c'est lui qui réalise la plus primitive synthèse passive par quoi je passe d'*ego* à *alter ego*.

Et pourtant Husserl ne s'arrête pas à cette analyse. Il y manque encore un trait décisif qu'il introduit par le moyen d'une objection qui semble tout remettre en question : « La structure de l'aperception est-elle à ce point véritablement transparente : serait-ce une simple aperception par transfert comme n'importe quelle autre ? Qu'est-ce qui fait de la chair une chair étrangère et non pas un deuxième exemplaire de la chair propre ? » [143, l. 16-19] (96). On comprend que cette objection ait pu être formulée par Husserl lui-même : son analyse est en effet beaucoup moins orientée vers le sens pulsionnel, voire sexuel, de la formation en paire que vers son sens logique ; comme l'analogie, la configuration en forme de paire est une structure universelle, le début d'une multiplicité, d'un ensemble ; à ce titre, c'est une forme originaire de toute synthèse passive. Contrairement donc à ce qu'on aurait pu attendre, l'« appariement » est une relation à quoi manque la plénitude d'une expérience vive.

C'est pourquoi Husserl se tourne maintenant vers ce qu'il a appelé apprésentation pour y chercher le remplissement et la confirmation concrète de ce qui n'était encore que la visée d'un autre. L'analogie fournit seulement la supposition, l'anticipation vide d'une vie étrangère ; il faut que cette visée du transfert se confirme par des signes concordants qui lui confèrent plénitude et statut ontique *(Seinsgeltung).*

Ce sera notre second degré : désormais notre analyse se place au point précis où la représentation de la chair d'autrui *dans* ma sphère propre d'expérience se fait apprésentation, « hors » de moi, du vécu d'autrui. C'est là le moment spécifique de transcendance qu'il faut maintenant cerner. Cette expérience correspond à la question précise : comment autrui (apprésenté) est-il un avec une chair (présentée) ?

b) *Deuxième degré :* ce que nous devons prendre ici en considération c'est la manière dont se confirme la supposition d'une vie étrangère ; cette confirmation correspond, dans l'ordre de l'expérience d'autrui, à ce que la IIIème *Méditation* a déjà écrit, mais dans le cadre de la constitution de la chose ; la confirmation consistait alors dans la « concordance » des profils ou des esquisses ; une visée se confirmait ou s'infirmait pas ce jeu de concordances ou de discordances. D'une manière analogue, la supposition ou l'anticipation d'un vécu étranger (par exemple la joie) se confirme par la concordance des expressions, des gestes, du comportement : « La chair d'autrui s'annonce *(bekundet sich)* dans la suite de l'expérience comme étant véritablement chair, uniquement par son *comportement* changeant, mais toujours concordant » [144, l. 14-16] (97). La concordance du comportement illustre assez bien la théorie des signes par quoi débute la Ière *Recherche logique ;* on se souvient que Husserl distingue deux espèces de signes : ceux qui indiquent, qu'il appelle indices, et ceux qui signifient et qui sont proprement les signes du langage. Le comportement concordant rentre dans la première catégorie de signes : il est l'indice d'une vie étrangère ; il indique le vécu d'autrui par son enchaînement harmonieux ; il donne ainsi une « accessibilité confirmable » à ce qui est « originairement accessible » [ibid. l. 21] (ibid).

A première vue, il n'est pas aisé de saisir le rapport entre l'argument de l'analogie et celui du comportement concordant ; notre premier mouvement serait d'opposer l'une à l'autre ces deux interprétations ; l'analogie n'est-elle pas une saisie indirecte de la vie étrangère à partir de la mienne, tandis que la concordance du comportement fournirait une lecture directe de cette vie étrangère ? Et pourtant Husserl use successivement des deux arguments. Il faut comprendre, en effet, qu'ils n'ont pas la même fonction. L'analogie, à elle seule, atteste que l'autre est *aussi* un moi ; son rôle ne saurait être rendu superflu par une quelconque théorie de l'expression ; la concordance de l'expression vient seulement remplir mes anticipations, à condition que celles-ci aient pu viser un autre moi, c'est-à-dire un moi semblable à moi.

On pourrait objecter, il est vrai, que Husserl donne le pas à l'analogie et à l'appariement — en dépit du caractère général, voire formel de cette relation — dans la mesure où cette relation donne à la constitution d'autrui un tour plus idéaliste, l'interprétation directe du comportement en termes psychiques ayant un accent plus réaliste. Cela n'est pas douteux ; un texte comme celui-ci le montre assez : « Au point de vue phénoménologique l'autre est une *modification de mon ipséité (meines Selbst)* (qui, pour sa part, acquiert ce caractère d'être *mienne*, grâce à l'appropriement qui nécessairement survient et fait contraste. Il est clair que par là même c'est par modification analogisante qu'est apprésenté tout ce qui contribue à rendre concret cet autre *ego,* d'abord au titre de son monde primordial, puis à titre d'*ego* pleinement concret. Autrement dit, ce qui se constitue par apprésentation dans mon monde, c'est une autre monade » [144, l. 30-32] (97).

Mais, en sens inverse, il y a progression du sens vide vers le sens plein, quand on passe de la saisie analogisante à la concordance des signes expressifs. On peut alors lire le même texte autrement : tant qu'il reste un analogue de moi-même, l'autre n'est qu'une modification de mon moi ; mais, en se montrant face à moi dans un comportement concordant, il devient vraiment un *« autre »*, un « étranger » *(ein Fremdes).*

c) *Le troisième degré* de la constitution marque un nouveau progrès dans le sens de l'affranchissement de l'autre par rapport à ma sphère primordiale ; c'est l'*imagination* qui, cette fois, relance la réflexion ; alors que toute l'analyse antérieure se mouvait dans le cercle de la perception — l'appariement, l'interprétation du comportement sont en effet des expériences effectives —, la nouvelle analyse se meut dans le milieu des « variations libres » sur le thème suivant : je suis « ici », l'autre est « là-bas » ; mais « là-bas », c'est là où *je pourrais être* si je me déplaçais ; « de là-bas » je verrais les mêmes choses, mais sous une autre face. Par l'imagination je puis donc coordonner les autres lieux, les autres perspectives à mon lieu et à ma perspective. « Là-bas », c'est là où je peux aller ; c'est donc mon « ici » potentiel.

Dès lors, l'appariement paraît moins énigmatique ; car j'apparie autrui, non seulement à mon expérience effective, mais à mon expérience potentielle : en imaginant ce que je verrais de là-bas, je pénètre plus avant dans l'existence analogique d'autrui. L'imagination sert donc ici à « illustrer », à « présentifier », le lien associatif qui a fourni le premier degré de la constitution d'autrui ; mais, au lieu de remplir par la perception du comportement cette visée analogisante, je la remplis par les libres créations de l'imagination et ainsi je donne au transfert associatif de moi à l'autre, non seulement la vivacité de l'image, mais son indépendance à l'égard de ma perspective actuelle. La fiction est cette libération de ma perspective et ce transfert dans une autre perspective. Ce qui n'était initialement qu'une espèce de l'analogie logique, donc une espèce de la forme de doublement, devient maintenant transport en imagination et sympathie en une autre vie. Certes, cette vie n'est pas donnée dans une « production originaire » mais dans une « reproduction » sur le mode du « comme si j'étais là-bas ». L'« aperception analogisante » dont nous poursuivons patiemment l'exégèse, l'explicitation, reçoit de cette imagination un sens concret, sans pourtant que la vie de l'autre devienne jamais équivalente pour moi à l'unique vie dont j'ai l'expérience originaire, à la mienne (11).

Récapitulant les trois moments de la constitution d'autrui, nous dirons : le premier moment tire sa forme d'une loi universelle, l'association spécifiée par un transcendantal plus déterminé, la *formation en paire* ; ainsi se rend intelligible le mouvement de transgression par lequel le sens « moi » se transfère de l'original à l'analogue. Le deuxième moment apporte le secours d'un déchiffrage perceptif des expressions de comportement, par quoi je remplis la visée d'une autre vie. Le troisième moment ajoute à cette lecture des concordances de comportement l'imagination du « si j'étais là-bas ». Ainsi progresse, du vide au plein, la visée d'une vie étrangère, sans pourtant que cette transgression de la sphère du propre me donne en original le vécu d'autrui.

Est-ce à dire que nous ayons réussi à constituer l'autre ? Il est remarquable que Husserl lui-même — avec son admirable scrupule —

---

11. « Il y a *donc un ego* apprésenté *comme autre*. La coexistence incompatible dans la sphère primordiale devient compatible par le fait suivant : mon *ego* primordial, qui constitue pour lui d'autres *ego,* le fait au moyen de l'aperception apprésentative qui, conformément à son sens spécifique, n'exige et n'admet jamais sa confirmation par une présentation » [148, l. 18-23] (101).

nous mette ici en garde contre sa propre explication. S'il est vrai que l'appariement de mon ici avec le là-bas de l'autre est rendu plus compréhensible par la médiation de mon expérience potentielle (« si j'étais là-bas »), cet appariement demeure fondamentalement énigmatique : car le « ici » de l'autre, tel qu'il est pour lui-même, diffère essentiellement du « ici » qui serait le mien si j'étais là-bas.

Ce là-bas — en tant qu'il est un ici pour l'autre — n'appartient pas, même potentiellement, à ma sphère propre ; le « comme si » j'étais moi-même là-bas, ne permet pas d'introduire l'*ici* de l'autre dans ma sphère. Mon ici et le là-bas de l'autre s'*excluent* réciproquement.

Jusqu'au bout le génie de la description et l'exigence de la constitution tentent de se rejoindre et échouent à se fondre l'un dans l'autre : selon l'exigence idéaliste de la constitution, autrui doit être une modification de moi-même ; selon le génie réaliste de la description, autrui ne cesse de s'exclure de la sphère de « ma monade ».

Peut-être faut-il renoncer à unifier davantage l'entreprise de Husserl ; celui-ci est le plus admirable lorsqu'il fait lui-même rebondir une difficulté qu'il paraissait avoir résolue.

IV. *La Nature intersubjective* (§ 55).

La théorie de l'analogie — avec ses trois degrés — n'est elle-même que la première étape d'une entreprise considérable dont nous avons jalonné dès le début le développement. A la reconnaissance de l'autre comme autre s'ajoute la constitution d'une nature en commun, puis d'un monde culturel, dont les objets spécifiques — livres, institutions, monuments — sont corrélatifs de véritables communautés de personnes.

Qu'est-ce qui fait difficulté dans le passage de la première à la deuxième étape ? L'édification d'une nature objective commune *(gemein)* pose déjà le problème de la « mise en communauté » *(Vergemeinschaftung)*. Or celle-ci fait difficulté, parce que la saisie analogisante d'autrui ne rend pas compte de la *réciprocité* entre les moi, exigée par toute l'analyse ultérieure. La relation moi-autrui est essentiellement asymétrique, non réciproque ; l'appariement est orienté à sens unique de l'*ego* primordial à l'*ego* analogue. Or, la constitution d'une nature projective, avant même celle de communautés culturelles, demande que l'expérience du moi entre en composition, sur une base de réciprocité, avec l'expérience d'autrui, bien que celle-ci tire son sens d'*alter ego* de ma propre expérience comme *ego*.

C'est ce problème qui a le plus embarrassé Husserl, comme il ressort des Inédits de « Sociologie intentionnelle » (12). Pour corser la difficulté, ceux-ci accentuent le caractère réflexif de l'expérience d'autrui : *Cogito alterum se cogitantem,* telle serait la formule de la reconnaissance d'autrui dans une philosophie résolument égologique. Pour une telle philosophie il n'y a qu'un *ego*, multiplié associativement ; l'apodicticité de l'existence d'autrui reste dérivée de la mienne ; un seul est présenté, tous les autres sont apprésentés. C'est donc sur cette relation asymétrique qu'il faut édifier toutes les communautés, celles des intentions d'abord, celles des vouloirs et des œuvres ensuite. Dès maintenant nous sommes assurés que, aussi réelles que soient ces « communautés », elles ne feront jamais un absolu, au sens où l'est seul, dans la réflexion, l'*ego cogito*. Il nous faudra donc apprendre à coordoner le réalisme empirique, pour lequel les communautés sont des entités réelles, à l'idéalisme transcendantal, pour lequel tout sens ontique est emprunté à l'*ego*.

Ici encore nous pourrons suivre à la trace, dans l'œuvre husserlienne de la constitution, le conflit entre deux exigences ; l'une qui requiert de respecter les significations *nouvelles* que le progrès de l'analyse découvre, l'autre qui requiert de dériver le statut ontique des communautés du statut ontique de l'*ego*.

La constitution d'un monde en commun dans le réseau intersubjectif de l'expérience sera donc notre premier problème : pour le phénoménologue, cette constitution doit être menée à partir d'un premier noyau de constitution ; ce centre de rayonnnement de toute l'analyse, c'est l'*identité* qui doit être reconnue entre la signification du corps d'autrui pour lui et la signification qu'il a pour moi. Comment ce corps d'autrui est-il le même pour lui qui le vit comme son « ici » et pour moi qui le perçoit comme mon « là-bas » ?

Essayons de comprendre d'abord la place de cette question dans la suite des analyses qui vont conduire à la notion de nature commune. L'abîme est, à première vue, infranchissable entre ma sphère d'expérience et celle de l'autre. Absolument parlant, il y a autant de fois monde qu'il y a de sujets apprésentés. Mais, si l'on ne peut résoudre directement l'énigme de l'identité des sphères d'expérience, peut-être peut-on la résoudre indirectement en passant par l'étape du corps d'autrui. Car, si je ne comprends pas comment deux sujets peuvent viser le même objet, c'est-à-dire comment un objet peut être le même dans une pluralité de vécus, peut-être puis-je

12. Cf. René Toulemont, *L'Essence de la Société selon Husserl,* Paris, P.U.F., 1962. Parmi les manuscrits les plus importants des Archives Husserl auxquels se réfère cet ouvrage, citons F I - 33, M III, 3, IX, 1 (*Geimenschaft* II). — Sur le caractère réflexif de toute apprésentation, cf. Toulemont, *o. c.,* pp. 88-96.

comprendre comment ce corps perçu « là-bas » par moi est vécu « ici » par l'autre. L'expérience d'autrui comporte que ce corps « là-bas » « indique » un autre vécu. C'est l'apprésentation qui comporte cette identité du « là-bas » pour moi et du « ici » pour lui : elle nous offre le premier objet qui s'arrache à ma solitude et commence de graviter autour d'un autre pôle que moi-même. Cette identité nous paraît obscure, parce que nous nous plaçons à un moment où l'expérience d'autrui a déjà fait son œuvre et a en quelque sorte redoublé le monde. Mais on peut surprendre le moment où sont encore inséparables l'élément présenté (le corps vu là-bas) et l'élément apprésenté (l'autre qui s'y annonce). A ce moment de l'indivision du même et de l'autre, c'est une seule et même réalité qui appartient à ma sphère *propre* et qui indique une *autre* existence. Il n'y a donc pas deux réalités séparées par un hiatus : ce corps est présent chez moi, il appartient à ma sphère propre en tant que perçu, et d'autre part cette présence est celle d'un autre.

Cette expérience indivise tient en raccourci la solution de toutes les difficultés ultérieures ; ce corps présent pour moi me révèle un autre ; en retour, l'autre rend cette présence étrangère à moi. Dès lors, puisque le corps là-bas pour moi et le corps ici pour l'autre ne sont pas seulement deux corps analogues mais un même corps, une nature commune est possible : « Ce corps *(Körper)* est le même ; il m'est donné à moi comme *là-bas,* à lui comme *ici,* comme son centre corporel, et l'ensemble de « ma » nature est le même que celui de l'autre » [152, l. 2-4] (104).

Par quel intermédiaire passe-t-on de l'identité du corps à celle de la nature ? En quel sens l'ensemble de la nature pour moi est-il le même que l'ensemble de la nature pour l'autre ? La notion intermédiaire qu'il faut ici introduire est celle de *perspective :* mon corps est l'origine zéro d'un point de vue, d'une perspective, qui donne une orientation déterminée au système de mes expériences ; je comprends qu'autrui a une autre expérience qui oriente autrement son système d'expériences ; mais la double appartenance du corps d'autrui à mon système et au sien me permet de comprendre que le même objet puisse être perçu sous deux perspectives différentes.

Ce recours à la notion de perspective paraît très leibnizien. Mais, chez Leibniz, toutes les perspectives sont intégrées dans un point de vue supérieur, celui de Dieu, par une opération de survol qui permet de passer de la monade à la monadologie. Or, nulle vue plongeante n'est permise chez Husserl : c'est toujours latéralement, et non de haut, que chacun découvre que le même monde est saisi sous des points de vue différents ; car c'est dans une perspective originaire, la mienne, que les autres perspectives sont apprésentées, comme étant des perspectives différentes prises sur le même objet et le même monde (13).

Ainsi, l'idéalisme monadique reste sauvegardé dans le réalisme monadologique ; c'est à l'intérieur de ma sphère d'appartenance que s'édifie le sens : « monde perçu par un autre ». « Mais cela n'empêche précisément pas son intentionalité de transcender ce qui m'est propre et, par conséquent, mon *ego* de constituer en lui-même un autre *ego* et de le constituer comme existant » [152, l. 38 − 153, l. 3] (105). Ainsi, l'indice existentiel conféré analogiquement au corps d'autrui − en vertu de la constitution par paire − s'étend de proche en proche à tout ce qui apparaît à cet autre. Il y a bien alors deux couches, mais non deux mondes : une couche vécue en original, une autre apprésentée comme la sienne ; c'est ce qui arrive quand je complète mon expérience du monde par celle des voyageurs et des géographes qui ont perçu des lieux que je n'ai pas visités et que je ne verrai sans doute jamais ; ces deux couches sont deux couches de l'objet, du même objet, dont je dis que *je* le perçois et que *l'autre* le perçoit aussi ; mais cet « aussi », qui procède du doublement de la conscience, ne fait pas un monde double (14).

13. « Je n'ai pas d'abord une seconde sphère originale apprésentée, avec une seconde nature et un second organisme corporel (l'organisme de l'autre) dans cette nature, pour me demander ensuite comment arriver à concevoir les deux sphères comme modes de présentation de la même nature objective. Mais, par le fait même de l'apprésentation et de son unité nécessaire avec la présentation qui l'accompagne (grâce à laquelle seulement l'autre et son *ego* concret peuvent, en général, exister pour moi) l'*identité* de ma nature primordiale et de la nature représentée par les autres est nécessairement *établie* » [152, l. 24-32] (105).

14. « Après ces éclaircissements il n'est nullement énigmatique que je puisse constituer en moi un autre moi, ou, pour parler d'une façon plus radicale encore, que je puisse constituer dans ma monade une autre monade et, une fois constituée, l'appréhender précisément en qualité d'autre ; nous comprenons aussi ce fait, inséparable du premier, que je puis identifier la Nature constituée par moi avec la Nature constituée par autrui (ou, pour parler avec toute la précision nécessaire, avec une Nature constituée en moi, en qualité de constituée par autrui) » [154, l. 35 − 155, l. 3] (107). − En passant, Husserl examine deux corollaires qui sont beaucoup plus longtemps traités dans *Ideen* II et dans les Inédits sur la Communauté : le problème des anomalies (le monde de l'aveugle, du sourd, le monde pathologique, etc. et celui de la perception non adulte : enfant, primitif, animal). Ces problèmes sont abordés par la phénoménologie dans la mesure où ils réintroduisent insidieusement une duplication du monde ; sur ces problèmes, cf. Toulement, *o. c.*, pp. 77-78 *(« Modification du type d'autrui »)*.

Ainsi, la réciprocité des consciences mises en jeu par l'expérience en commun de la nature est fermement maintenue à l'intérieur du cadre rigoureux de l'apprésentation et de l'idéalisme monadique. Loin que l'hypothèse initiale de la construction primordiale de l'*ego* soit affaiblie, on peut plutôt craindre que la réalité et la diversité des expériences humaines ne soient sacrifiées à la rigueur de ce primat égologique. L'identité du monde, en tant que même monde perçu par deux consciences, est finalement ramenée par Husserl au modèle de la synthèse d'identification, telle qu'elle est opérée par une seule conscience. Finalement l'identification d'un monde présenté et d'un monde apprésenté n'est pas plus énigmatique que l'identification d'un monde présenté et d'un monde présentifié, par exemple en portrait ou en souvenir. La possibilité de « revenir au même objet » donne à la série entière des perceptions successives le caractère d'une visée du même. On peut encore rapprocher cette synthèse d'identification entre mon expérience et celle d'autrui d'une autre variété de synthèse d'identification, celle qui est mise en jeu par les objets idéaux. On dit en effet que ces objets sont intemporels ; cela veut dire simplement que je peux retrouver ou reproduire la même évidence identificatrice à des moments différents de ma vie, le supratemporel se révèle alors comme omnitemporel. Ces deux rapprochements donnent une idée approchée de ce que peut être la synthèse d'identification lorsqu'elle met en rapport deux sphères d'expérience mutuellement étrangères.

Mais est-il vrai que la synthèse d'identification entre le propre et l'étranger appartiennent au même genre ? N'a-t-on pas dit plus haut (§ 51) qu'il y a deux synthèses : la synthèse associative et la synthèse d'identification ? Peut-on réellement comparer l'association entre le propre et l'étranger avec l'association d'une perception et d'un souvenir à l'intérieur d'un même flux du vécu ? Tous ces rapprochements ne font-ils pas évanouir la spécificité du doublement de la conscience ? On comprend bien à quelle exigence Husserl veut satisfaire : il y a deux consciences, mais non pas deux mondes. Dès lors, il est légitime de rapprocher la synthèse associative de chair à chair à la synthèse d'identification qui, à l'intérieur d'un même flux du vécu, supporte l'identité d'un même sens. Mais, n'est-ce pas aussi l'idéalisme qui échoue à rendre compte de l'analogie entre le propre et l'étranger, lorsqu'il réduit cette analogie à la simple variante de la synthèse d'identification ?

Il est du moins un point où ce rapprochement s'avère fécond : il concerne la coordination de toutes les durées singulières dans une unique « communauté temporelle ». Il faut rendre compte, en effet, de ce que le temps ne peut être multiplié, s'il doit être la forme de coexistence entre plusieurs monades : finalement, il y a un seul temps, comme il y a un seul monde ; le temps privé, celui de chaque monade, s'ordonne par rapport à un temps commun objectif dont il est un « mode d'apparaître ». S'il en est ainsi, c'est parce que le temps objectif, mondain, a le même caractère d'unité que les « réalités » constituées intersubjectivement. Mais il en est du temps objectif comme de la nature objective : c'est *la conscience interne de la monade primordiale* qui est à l'origine 1) du temps apprésenté de l'autre 2) du temps objectif commun, ou temps du monde.

V. *La communauté intermonadique* (§ 56-58).

Les communautés proprement dites sont des communautés de personnes : il leur correspond des objets culturels spécifiques. Toutefois, tout le processus antérieur aboutissant à la constitution d'une nature objective a pu être appelé une *Vergemeinschaftung* : une « mise en communauté » ; en effet, la constitution d'un monde commun *(gemein)* est le premier degré et le fondement de toutes les autres communautés intersubjectives ; par une sorte de choc en retour, le monde, le temps objectif, en tant que projet commun des hommes, cimente leur union et transforme l'association de leurs corps en une liaison indissoluble. Je puis dire, en toute vérité, que « l'étant est en communauté intentionnelle avec l'étant » [157, l. 17] (109).

L'originalité de Husserl, me semble-t-il, réside dans cette progression méthodique du solipsisme à la communauté ; alors que le sociologue part du groupe comme d'un fait, Husserl fonde la possibilité du lien humain sur une première couche de processus créateurs de communauté, à savoir la communauté intentionnelle dont la nature objective est le corrélat ; à son tour, cette communauté intentionnelle procède du corps à corps que nous avons appelé « appariement », lequel représente la première transgression de la sphère du propre (15). Ce qui est donc important, chez Husserl, ce n'est pas ce qu'il dit *sur* la communauté, mais comment son analyse s'avance pas à pas *vers* la communauté. C'est pourquoi ce qui, pour le sociologue ou l'anthropologue, est premier, est dernier pour le phénoménologue. On pourrait même dire que, pour Husserl, on arrive toujours trop vite au but. D'où la lenteur calculée de ces derniers paragraphes qui multiplient, jusqu'à la lassitude, les démarches préalables.

Ainsi, au moment où on s'attend à le voir parler de communautés historiques, il introduit encore une analyse intermédiaire :

---

15. Les principales étapes de l'itinéraire qui mène à la réduction monadique à la vie collective sont parfaitement résumées dans un texte de la *Krisis*, 2ème Partie, pp. 307-308, que cite Toulemont en tête de son chapitre sur *« la Société Humaine »*, *o. c.*, p. 97.

celle de la *réciprocité* des points de vue et de « l'égalisation objectivante » *(objectivierende Gleichsetzung)* [158, l. 1] (110), que cette dernière implique. Pourquoi cette nouvelle péripétie ? Parce que ce qui va de soi pour le sens commun doit devenir étonnant pour la réflexion ; s'il est vrai qu'un seul est moi et autrui un autre, il faut rendre compte de cette *égalisation* par laquelle je deviens un autre pour les autres, un autre parmi les autres. C'est une égalisation, en ce sens que la réciprocité abolit le privilège du moi seul ; et c'est une objectivation, en ce sens que cette réciprocité a pour effet qu'il n'y a plus que des autres ; je suis un autre parmi les autres ; alors est possible une communauté d'hommes réels.

On voit le paradoxe : d'un côté, il faut dire que c'est « purement en moi, *ego* méditant » [158, l. 23] (111), que se constitue le sens de l'autre, de l'homme psycho-physique, donc aussi de moi en tant que je suis *un autre* parmi les *autres ;* ceci contre toute hypostase de la société en un être absolu. De l'autre côté, il est légitime de professer un réalisme de la réciprocité qui, à la limite, fait de moi un homme parmi les autres hommes.

L'idéalisme transcendantal est mis ici à rude épreuve ; l'indice existentiel qui s'attache d'abord à l'autre comme « étant » *(seiend),* puis à moi comme autre également « étant » *(seiend),* finalement à la séparation et à la fusion comme *reale Trennung* et comme *reale Verbindung,* paraît bien incompatible avec la thèse idéaliste selon laquelle l'autre est constitué « en » moi. La difficulté est d'autant plus grande que Husserl, à la même époque, prend très au sérieux la spécificité des liens sociaux (16) ; ici même, il parle des communautés de degré supérieur comme de *réalités* distinctes de la nature sur laquelle elles sont édifiées. Bon gré mal gré, il semble bien qu'il faille renoncer à l'asymétrie du rapport moi-autre, exigée par l'idéalisme monadique, pour rendre compte de cette égalisation objectivante, exigée par le réalisme sociologique.

Telle est la difficulté fondamentale qui s'attache à la notion d'inter-subjectivité transcendantale, dès qu'il s'agit de l'interpréter en termes réalistes, comme lien réciproque des *autres* dans un « monde des hommes ».

Pour la résoudre, Husserl a recours à la constitution de la *psyché* (élaborée dans *Ideen* II), comme il avait eu recours, au début de

---

16. On trouvera dans le chapitre III de l'ouvrage de Toulemont des études détaillées sur la communication, le travail en commun, la naissance d'un esprit collectif, et la diversité des « prédicats culturels » (*o. c.,* pp. 97, 140). Les chapitres IV et V portent sur la sociabilité animale, la coutume et la tradition, le langage, la famille, le monde familier et le monde étranger, la nation et la race, l'Europe culturelle, la communauté des philosophes et des savants.

la Vème *Méditation*, à celle du corps propre, de la chair. La *psyché* est, comme le corps propre, une naturalisation et une réification de l'*ego* ; c'est sur la base de cette naturalisation que peut s'instituer quelque chose comme une « réciprocité des autres ». Je me vois dans le monde comme une *psyché* parmi les *psychés*, *psyché* égalisée aux autres *psychés*, séparée d'elles, liée à elles. Chaque homme apparaît à chaque autre homme de manière intra-psychique *(innerpsychisch)*, c'est-à-dire « dans des systèmes potentiels d'intentionnalité qui, en qualité de *vécu-psychique*, sont déjà constitués comme existant de manière mondaine » [158, l. 31-3] (111).

Il faut donc introduire l'idée d'une « constitution psychique du monde objectif » [*ibid.*, l. 34] (111), pour que se réalise, au sens fort du mot « réaliser », cette « égalisation objectivante » qui est la condition de tous les degrés supérieurs de mise en communauté. Ainsi donc, c'est non seulement comme chair, mais comme *psyché*, que le « je » doit apparaître dans le monde ; c'est à ce niveau que les autres sont aussi réalisés comme psychismes égalisés et, à ce titre, séparés et réciproques. Dans le monde des hommes l'intersubjectivité est une réalité *psychique*. Nous tenons ici la clé du rapport entre l'idéalisme monadique ou égologique et le réalisme psychologique (ou sociologique). Cette clé, c'est l'auto-objectivation de la monade en *psyché*. Par là est motivé et justifié le « naturalisme » pratiqué dans les sciences humaines.

La fin de la Vème *Méditation* consiste en un rapide *programme* des études qui pourraient être menées sous le signe de ce parallélisme entre un réalisme sociologique et l'idéalisme égologique ; par exemple, on peut montrer que les échanges entre les hommes aboutissent à de véritables « objectivités », à savoir des communautés qui peuvent être considérées comme des personnes de degré supérieur. A ces personnes de degré supérieur correspondent des « environnements culturels » qui sont des objectivités limitées, comme est aussi limité, clos, le groupe qui « a » cet environnement.

Ici s'articule, dans les *Inédits*, une recherche sur la communauté illimitée, universelle, celle des savants et des philosophes (17). Ce sera le problème de la *Krisis* de jalonner l'émergence historique de cette communauté illimitée. Elle correspond, au-delà des cultures bornées, à cette autre communauté universelle dont parle la Vème *Méditation*, qui se situerait plutôt en deçà des communautés culturelles

---

17. Sur la société « archontique » ou « transcendantale », le privilège de l'Europe, la crise de l'Europe culturelle, cf. Toulemont, *o. c.*, chap. VI.

et qui représente la possibilité, pour tout homme normalement constitué, d'accéder à la nature objective.

Si l'on se tient dans l'entre-deux de la communauté illimitée du savoir et de la simple mise en commun de la nature objective, on voit se répéter pour chaque groupe historique donné, la problématique du propre et de l'étranger que nous avons décrite au niveau de chaque personne : au monde familier de ma culture, s'oppose le monde étranger des autres cultures. Il est même remarquable que ce soit à ce niveau des groupes culturels que le mot « monde » se mette au pluriel : alors qu'il y a un « unique » monde physique, il y a « des » mondes culturels. Ainsi, ces personnes de degré supérieur posent le même genre de problème que les personnes proprement dites : c'est toujours à partir du propre que l'étranger se comprend. C'est ainsi qu'on peut parler d'une constitution orientée du champ culturel. De même que l'on ne peut considérer de haut le rapport de personne à personne, nul survol ne nous permet de considérer l'ensemble des cultures à partir de nulle part. Ainsi est exclu tout comparatisme sans point de vue ; dans nos rapports aux autres cultures, l'opposition du primordial et du dérivé, du ici et du là-bas est insurmontable. De même que mon corps est le point zéro d'où je considère toute chose, ma communauté est le « membre zéro » *(Nullglied)* de la communauté humaine.

Ainsi s'articule la sphère que *Ideen* II appelle l'« esprit » *(Geist)*, pour la distinguer de la *psyché* qui demeure une réalité naturelle. Ce vocabulaire diltheyen − et plus lointainement hégélien (l'esprit objectif) − signale que nous avons franchi la limite de la nature à la culture. Bien plus, ce que nous avons appelé jusqu'à présent nature apparaît maintenant comme une simple couche dans la totalité du monde concret, obtenue par soustraction de tous les « prédicats » culturels que la sociabilité confère au monde. Seules, quelques allusions laissent entendre que c'est moins dans une théorie de la connaissance que de la *praxis* − du « souffrir » et du « faire » *(Leiden und Tun)* −, que se poursuit la constitution de ces environnements culturels. Il apparaît aussi que la personne elle-même n'achève sa constitution qu'à ce niveau ; elle représente un foyer d'intériorisation de ces mondes culturels. Ainsi la personne, chez Husserl, n'est pas synonyme de l'*ego* ni même de l'« homme » (Husserl parle toujours de l'« homme » en relation avec la *psyché*, par conséquent encore au niveau naturaliste) ; la personne est corrélative de la communauté et de ses « propriétés habituelles ». On dirait assez bien que la personne, c'est l'*ego* considéré dans ses habitudes communautaires. Il est même remarquable que ce soit seulement dans ce contexte qu'apparaisse la notion de *Lebenswelt* (18) qui tiendra une place si considérable dans la *Krisis*. Ce « monde de la vie » ne pouvait apparaître qu'au terme de la Vème *Méditation*, car il représente la plénitude concrète vers laquelle pointe la constitution d'autrui et des communautés intersubjectives. On ne saurait donc identifier le « monde de la vie » avec ce que nous avons appelé, au début de cette analyse, « sphère du propre ». Au contraire : la *Lebenswelt* figure le pôle opposé de la constitution ; non point le terme réduit d'où la constitution prend son départ, mais le terme achevé vers lequel elle s'oriente.

Au terme de notre étude, il est possible de dire en quel sens cette longue et patiente méditation achève l'ensemble des *Méditations Cartésiennes*. Qu'est devenu le projet initial d'une science philosophique ? En plaçant ces méditations sous le patronage de Descartes, Husserl a posé le principe d'une science universelle à partir d'un fondement absolu : qu'est-il finalement advenu de ce projet ?

Sous le nom de science philosophique, Husserl entend initialement trois choses : d'abord, la *radicalité* dans la manière de poser la question du point de départ ; ensuite, l'*universalité* d'une méthode vouée à l'explicitation des couches et des niveaux de sens ; enfin, le caractère *systématique* des structures ainsi mises à jour (19). Les *Méditations Cartésiennes*, et spécialement la Vème *Méditation*, répondent-elles à cette définition de la science philosophique ? On peut dire qu'elles satisfont à cette triple exigence, mais au prix d'une transformation profonde du projet.

1) En ce qui concerne la radicalité du point de départ, le résultat le plus évident des *Méditations Cartésiennes* est d'avoir reculé ce point de départ au-delà du *Cogito* cartésien. Husserl peut dire avec fierté dans son Epilogue : « Il n'y a qu'une seule prise de conscience

18. « La progression systématique de l'explicitation phénoménologique transcendantale de l'*ego* apodictique aboutit à découvrir le sens transcendantal du *monde* dans toute la plénitude *concrète* dans laquelle il est le monde de notre vie à tous [163, 1. 10-14] (115).

19. *Epilogue*, § 64 : « Nos méditations... ont, dans l'essentiel, atteint leur but : notamment de montrer la possibilité concrète de l'idée cartésienne d'une science universelle à partir d'un fondement absolu. La démonstration de cette possibilité concrète, sa réalisation pratique – quoique, bien entendu, sous forme de programme infini – n'est autre chose que l'invention d'un point de départ nécessaire et indubitable et d'une méthode, également nécessaire, qui, en même temps, permet d'esquisser un système de problèmes pouvant être posés sans absurdité. C'est là le point que nous avons atteint » [178, 1. 23-33] (130).

radicale de soi-même *(radikale Selbstbesinnung)*, c'est celle de la phénoménologie » [179, l. 34] (131). Nous avons commencé avec un *Cogito* qui répondait à l'idée de science universelle et qui aurait pu être seulement un sujet épistémologique ; la IVème et la Vème *Méditation* nous ont contraints à référer l'origine de tout sens à une subjectivité singulière et à une intersubjectivité monadique : égologie et monadologie sont désormais le lieu de tout sens possible. Ainsi, Husserl rompt-il avec la tradition du sujet impersonnel héritée aussi bien du cartésianisme que du kantisme et du néo-kantisme.

En déplaçant ainsi le point de départ en direction du sujet le plus singularisé et du réseau intersubjectif, Husserl ouvre la voie aux nouvelles recherches qui constituent le cycle de la *Krisis* et qui aboutiront, sept ans plus tard, à l'un des livres majeurs de la phénoménologie husserlienne, *La Crise des Sciences Européennes et la Phénoménologie Transcendantale*.

2) Quant à la méthode d'explicitation *(Auslegung)*, la Vème *Méditation* en révèle toute la richesse, peut-être la contradiction profonde. Nous l'avons vu osciller entre un sens aigu du concret et une exigence non moins pressante du radical : son goût du concret porte la phénoménologie vers une récapitulation toujours plus ample de l'expérience humaine, à la façon de la phénoménologie hégélienne ; la phénoménologie devient ainsi la description d'une totalisation en cours dont la *Lebenswelt* est l'horizon le plus lointain. Mais, à l'époque des *Méditations Cartésiennes,* Husserl est habité par une intention plus fondamentale, celle de subordonner cette progression vers le concret et vers le total au mouvement de régression vers le fondement qui, plus que jamais, consiste dans l'*ego*.

On peut comparer ce double processus à celui qui anime parallèlement la Logique de 1929 : *Logique Formelle et Logique Transcendantale* présente en effet un premier mouvement d'expansion, qui ouvre la logique formelle sur la logique mathématique des modernes et sur une *mathesis universalis* qui couvrirait à la fois une logique syntaxique, une logique de la preuve, une logique de l'expérience. Mais le propos dominant de cet ouvrage est de subordonner cette logique formelle élargie à une logique transcendantale qui ramène, comme dans les *Méditations Cartésiennes,* vers l'expérience primordiale, vers la subjectivité et l'intersubjectivité. Il faut donc prendre ensemble ces deux ouvrages et les placer sous la même règle de lecture. Aussi bien, la philosophie phénoménologique sur laquelle débouchent les *Méditations Cartésiennes* (§ 59 et sq.) englobe les résultats de ces deux œuvres contemporaines. Ce que Husserl appelle « explicitation ontologique » *(ontologische Explication)* consiste dans un déploiement des couches de sens (nature physique, animalité, psychisme, culture, personnalité) dont l'étagement constitue le « monde en tant que sens constitué » ; ce déploiement représente bien ce que nous avons appelé marche vers le concret, c'est-à-dire vers le monde des hommes. Mais cette lecture successive des couches de sens demeure statique, aussi longtemps que ces sens constitués n'ont pas été rattachés aux différents degrés de la constitution de l'*ego : ego* primordial, *ego* étranger, communauté des monades. Le mouvement progressif et synthétique vers le concret reste ainsi fermement subordonné au mouvement régressif et analytique vers l'originel et le radical.

C'est ainsi que « l'explicitation » se tient à mi-chemin d'une philosophie de la construction et d'une philosophie de la description. D'une part, contre l'hégélianisme et contre toute « construction métaphysique », Husserl maintient que la phénoménologie ne « crée » rien, mais « trouve » [168, l. 2 et 3] (120). C'est là le côté hyperempirique que nous soulignions plus haut. L'explicitation est une explicitation de l'expérience : « l'explicitation phénoménologique ne fait rien d'autre — et on ne saurait jamais le mettre trop en relief — qu'expliciter le sens que ce monde a pour nous tous, antérieurement à toute philosophie et que, manifestement, lui confère notre expérience. Ce sens peut bien être dégagé *(enthüllt)* par la philosophie, mais ne peut jamais être modifié *(geändert)* par elle. Et, dans chaque expérience actuelle, il est entouré — pour des raisons essentielles et non pas à cause de notre faiblesse — d'horizons qui ont besoin d'élucidation *(Klärung)* » [177, l. 14-22]. Mais, d'autre part, en liant ainsi l'explicitation à la clarification des horizons, la phénoménologie veut dépasser la description statique qui ferait d'elle une simple géographie des couches de sens, une stratigraphie descriptive de l'expérience : les opérations de transfert que nous avons décrites du moi vers l'autre, puis vers la nature objective, enfin vers l'histoire, réalisent une constitution progressive, une composition graduelle, à la limite une « genèse universelle » de ce que nous vivons naïvement comme « monde de la vie ».

Ainsi, l'élucidation de l'expérience d'autrui donne l'occasion de démonter le mécanisme de l'*Auslegung* husserlienne : celle-ci réalise un équilibre harmonieux entre des tendances qui, si elles se dissociaient, ramèneraient soit au constructivisme de l'idéalisme allemand, soit à l'empirisme de la tradition britannique.

3) Il est plus difficile de dire jusqu'à quel point les *Méditations Cartésiennes* satisfont à l'exigence de systématicité. La phénoménologie ne peut être systématique au sens où, chez Descartes, le *Cogito* fournit le premier chaînon d'une chaîne de vérités. Le *Cogito* husserlien n'est pas une vérité susceptible d'être suivie d'autres vérités dans un « ordre des raisons ». Le *Cogito* joue plutôt le rôle d'« origine »

(Ursprung), de « sol préalable », plutôt que de théorème initial. Encore moins la phénoménologie peut-elle être un système, au sens hégélien du mot, tant elle ignore le tragique de la négation et le dépassement logique de ce tragique. Il y a néanmoins un projet de système chez Husserl qui reste d'ailleurs à l'état de programme, mais auquel celui-ci rattache expressément son idée de la phénoménologie comme science. Enonçant les « résultats métaphysiques de notre explicitation de l'expérience de l'autre » (§ 60), Husserl présente la constitution intermonadique comme une « justification conséquente du monde de l'expérience objective » ; il veut dire par là que la relation intermonadique comporte une structure qui résiste à notre arbitraire ; c'est de cette structure que procède la nécessité de l'ordre objectif. Entre le modèle cartésien et le modèle hégélien du système, c'est le modèle leibnizien qui se propose ici ; il y a système, en effet, si l'on peut passer de la multiplicité infinie des monades à l'unicité du monde monadique. Leibniz a bien vu à quelle condition ce passage était possible. Il repose sur les lois de compossibilité : *toutes les possibilités ne sont pas compossibles*. De la même manière, la phénoménologie serait possible comme science, si l'on pouvait montrer que les libres combinaisons intersubjectives sont limitées par un « système d'incompossibilités aprioriques ». Husserl l'affirme une fois avec beaucoup de force : mon existence a une structure déterminée qui « prescrit » *(vorschreibt)*, « prédétermine » *(vorzeichnet)* un univers compossible, un monde fermé de monades [168, l. 8-9] (120).

Ce programme est-il réalisable ? Peut-on déterminer autre chose qu'un style général de cohérence, c'est-à-dire les conditions générales de la coexistence des sujets entre eux ? Husserl l'avoue lui-même : après avoir dit, dans le langage de la métaphysique que « l'être premier en soi qui sert de fondement à tout ce qu'il y a d'objectif dans le monde, c'est l'intersubjectivité transcendantale, la totalité des monades qui s'unissent dans des formes différentes de communautés et de communions » [182, l. 11-14], il déclare que cette structure intermonadique fournit seulement un cadre de *possibilités idéales*. Dans ce cadre s'ouvrent à nouveau toutes les questions de la « facticité contingente » : mort, destin, possibilité d'une vie authentique, problème du « sens » de l'histoire, etc. Le « système monadique » n'est donc qu'une structure d'accueil pour des problèmes éthico-religieux : ce sol sur lequel « doit *(muss)* être posée toute question susceptible d'avoir un sens possible pour nous » [182, l. 22-24].

Ainsi, le seul système que la phénoménologie peut concevoir reste un système de compossibilités, c'est-à-dire finalement de possibilités ; ce système laisse ouvertes toutes les questions ultimes. Ce n'est précisément qu'un système de « sens possible pour nous ».

C'est cette modestie dans l'ambition, jointe à la fermeté du projet rationnel, qui s'exprime dans la notion finale de « prise de conscience universelle » *(universale Selstbesinnung)* ; le mot universel rappelle le projet de la philosophie comme science ; mais le mot « prise de conscience de soi » rappelle que tout ensemble de possibilités idéales, aussi bien enchaîné soit-il, repose finalement sur le pouvoir de chacun de faire retour à soi dans la réflexion.

Redisons avec Husserl les mots admirables qui terminent non seulement la Vème *Méditation*, mais la suite entière des *Méditations Cartésiennes* : « L'oracle delphique — $\gamma\nu\widetilde{\omega}\vartheta\iota\ \sigma\epsilon\alpha\upsilon\tau\acute{o}\nu$ — a acquis un sens nouveau. La science positive est une science qui s'est perdue dans le monde. Il faut d'abord perdre le monde par l'*épochè*, pour le retrouver ensuite dans une prise de conscience universelle de soi-même. *Noli foras ire*, dit saint Augustin, *in te redi, in interiore homine habitat veritas* » [183, l. 4-8].

KANT ET HUSSERL

de Paul Ricoeur, Strasbourg

Le but de cette étude est de situer avec quelque exactitude l'opposition entre la phénoménologie de Husserl et la critique kantienne, après les grands travaux de ces vingt dernières années consacrés à Kant (et particulièrement à sa métaphysique) et après une lecture plus complète de l'oeuvre publiée et inédite de Husserl.

Je voudrais montrer que cette opposition ne se situe pas là où le pensaient les néo-kantiens qui firent la critique des *Ideen*[1]; cette critique restait encore tributaire d'une interprétation trop épistémologique de Kant; l'opposition doit être située non au niveau de l'exploration du monde des phénomènes, mais au niveau où Kant détermine le statut ontologique des phénomènes eux mêmes.

1) Nous servant d'abord de Husserl comme guide, nous discernerons, derrière l'épistémologie kantienne, une *phénoménologie implicite* dont Husserl sera en quelque sorte le révélateur. En ce sens Husserl *continue* quelque chose qui dans le kantisme était empêché et restait à l'état embryonnaire, bien que cela fût nécessaire à son économie générale.

2) En retour, prenant Kant pour guide, et prenant au sérieux le dessein ontologique de Kant, nous nous demanderons si la phénoménologie de Husserl ne représente pas à la fois l'épanouissement d'une phénoménologie implicite chez Kant et la destruction d'une problématique de l'être qui avait son expression dans le rôle de limite et de fondement de la chose en soi. Nous pouvons nous demander si la perte de la mesure ontologique de l'objet en tant que phénomène n'est pas commune à Husserl et à ses critiques néo-kantiens du début du siècle; ce serait la raison pour laquelle ils devaient situer le débat sur un terrain accessoire.

Nous serons donc amenés à réinterpréter l'idéalisme husserlien, guidés par ce sens des limites qui est peut-être l'âme de la philosophie kantienne.

3) Comme le processus de désontologisation de l'objet conduit Husserl à une crise de sa propre philosophie, à un point critique, qu'il a nommé lui-même le solipsisme transcendantal, nous nous demanderons s'il est possible de vaincre cette difficulté et d'accéder à l'intersubjectivité sans le secours d'une philosophie pratique de style kantien. Partant donc cette fois des embarras de Husserl dans la constitution de *l'alter ego*, nous reviendrons une dernière fois au kantisme, pour y chercher la détermination éthique et pratique de la personne.

---
[1] Natorp, Rickert, Kreis et Zocher.

I

La «Critique» comme phénoménologie implicite

Puisque Husserl doit nous servir d'abord de guide pour porter au jour une phénoménologie implicite du kantisme, il faut dire au moins en quelques mots quels caractères de la phénoménologie husserlienne nous tenons pour essentiels dans ce travail de révélation.

1) J'insiste d'abord avec beaucoup de force sur la nécessité de distinguer chez Husserl *la méthode*, telle qu'il l'a effectivement pratiquée, et l'interprétation philosophique de cette méthode, telle qu'il l'a développée surtout dans *Ideen* I et dans les *Méditations Cartésiennes*. Cette distinction prendra tout son sens quand la philosophie kantienne des limites nous aura, à son tour, ouvert les yeux sur la décision métaphysique implicite à la phénoménologie husserlienne.

En distinguant la méthode pratiquée et l'interprétation philosophique de la méthode, je n'entends nullement rejeter du côté de l'interprétation philosophique la fameuse réduction phénoménologique. Ce serait ramener la phénoménologie à une rhapsodie d'expériences vécues et baptiser phénoménologie toute complaisance aux curiosités de la vie humaine, comme il arrive trop souvent. La réduction est la porte étroite de la phénoménologie. Mais c'est dans cet acte même que se croisent une conversion méthodologique et une décision métaphysique; c'est donc dans cet acte même qu'il faut les départager.

Dans son intention strictement méthodologique, la réduction est une conversion qui fait surgir le «*pour moi*» de toute position ontique; que l'être soit une chose, un état de chose *(Sachverhalt)*, une valeur, un vivant, une personne, l'ἐποχή le «réduit» à son apparaître. Il y faut une conversion, parce que le «*pour moi*» est d'abord dissimulé par la position même de l'étant; cette position dissimulante que Husserl appelle attitude naturelle (ou thèse générale du monde) est elle-même dissimulée à la réflexion: c'est pourquoi il faut une ascèse spéciale pour en rompre le charme. Sans doute ne peut-on parler qu'en termes négatifs de cette «thèse naturelle», puisque son sens n'apparaît que dans le mouvement de la réduire; on dira donc qu'elle n'est pas la croyance à l'existence, encore moins l'intuition, puisque la réduction laisse intacte cette croyance et révèle le «voir» dans toute sa gloire. C'est plutôt une opération qui s'immisce dans l'intuition et dans la croyance et rend le sujet captif de ce voir et de ce croire, au point qu'il s'omet lui-même dans la position ontique de ceci ou de cela.

C'est pourquoi l'attitude naturelle est une restriction et une limitation; en retour la «réduction», malgré son apparence négative, est la reconquête du rapport total de l'Ego à son monde. En style positif, la «réduction» devient la «constitution» du monde pour et dans le vécu de conscience.

Nous en avons dit assez pour esquisser le départage de la méthode et de la doctrine, lequel ne deviendra clair que quand l'ontologie kantienne nous aura ouvert les yeux sur une autre problématique que celle de la réduction.

L'acte de réduction découvre la relativité de ce qui apparaît à la conscience opérante; cette relativité définit très exactement le phénomène. Désormais, *pour* la phénoménologie, rien n'est que comme sens dans la conscience. La phénoménologie veut être la science des phénomènes ascétiquement conquis sur la position de l'étant.

Toute problématique de l'être est-elle, pour autant, annulée par la réduction? Pour l'affirmer, il faut décider que la problématique de l'être était tout entière contenue dans l'attitude naturelle, c'est-à-dire dans la position de chaque étant absolument, sans relation à une conscience. Il faut avouer que Husserl n'a jamais tiré au clair cette question. Aussi notre devoir est-il de réserver entièrement la question de savoir si le surgissement du *pour moi* de toutes choses, si la thématisation du monde comme phénomène, épuise toute question qu'on peut encore poser sur l'être de ce qui apparaît. Mon sentiment est que la méthode pratiquée par Husserl laisse intacte cette question. Je dirai plus: l'attitude naturelle est à la fois la dissimulation de *l'apparaître pour moi* du monde et la dissimulation de *l'être de l'apparaître*. Si l'attitude naturelle me perd au monde, m'englue dans le monde vu, senti, agi, son en soi est le faux en soi d'une existence sans moi; cet en soi n'est que l'absolutisation de l'ontique, des «ceci», des «étant»; «la nature est», voilà la thèse naturelle; en mettant fin à cette omission du sujet, en découvrant le pour moi du monde, la «réduction» m'a ouvert et non point fermé la problématique véritable de l'être; car cette problématique suppose la conquête d'une subjectivité; elle implique la reconquête du sujet, cet être à qui l'être s'ouvre.

2) La réduction phénoménologique qui a ainsi fait surgir le phénomène du monde, comme le sens même de la conscience, est la clé qui ouvre l'accès à une «expérience» originale: l'expérience du «vécu» dans son «flux de conscience». Les *Ideen* l'appellent une «perception immanente»; les *Méditations Cartésiennes* une «expérience transcendantale» qui, comme toute expérience, tire sa validité de son caractère intuitif, du degré de présence et de plénitude de son objet. La résonance jamésienne de ces mots: «vécu», «flux de conscience», ne doit pas nous égarer. L'accent est fondamentalement cartésien: alors que la perception de la chose transcendante est toujours douteuse, parce qu'elle se fait dans un flux de silhouettes, de profils, qui peuvent toujours cesser de concorder dans une unité de sens, le vécu de conscience *schattet sich nicht ab;* il ne se «profile pas»; il n'est pas perçu par faces successives. La phénoménologie repose donc sur une perception *absolue,* c'est-à-dire non seulement indubitable mais apodictique (en ce sens qu'il est inconcevable que son objet, le vécu, ne soit pas).

Est-ce à dire que la phénoménologie soit un nouvel empirisme? un nouveau phénoménisme? C'est ici qu'il importe de rappeler que Husserl n'a jamais séparé la réduction transcendantale de cette autre réduction qu'il appelle *eidétique* et qui consiste à saisir le fait *(Tatsache)* dans son essence *(Eidos):* l'*Ego* que l'ἐποχή révèle comme celui à qui apparaissent toutes choses ne doit pas être décrit dans sa singularité fortuite mais comme *Eidos-Ego* (*Méd.Cart.*); ce changement de plan, obtenu principalement par la méthode des variations imaginatives, fait de «l'expérience transcendantale» une *science*.

C'est à ce double titre 1° *de réduction* de l'étant au phénomène et 2° *d'expérience* descriptive du vécu sur le mode eidétique, que la phénoménologie de Husserl peut servir de guide dans l'oeuvre de Kant. Kant lui-même nous y autorise: dans la lettre à Marcus Herz du 21 Février 1772 il annonce que le grand ouvrage qu'il projette sur les *Limites de la Sensibilité et de la Raison* comportera dans sa partie théorique deux sections: 1°) la phénoménologie en général, 2°) la métaphysique considérée uniquement dans sa nature et dans sa méthode.

Et pourtant la *Critique de la Raison pure* ne s'est pas appelée une phénoménologie et n'est pas à proprement parler une phénoménologie. Pourquoi?

I°) Cette question va nous permettre de situer la *Critique* par rapport à la «réduction».

On peut donner à cela deux raisons: la première, que nous retrouverons dans la II° Partie, tient à cette philosophie des *limites* qui dans la *Critique* tient autant de place que l'investigation du domaine même des phénomènes.

Evoquant dans *la Préface de la 2ème édition* la «révolution» opérée par la *Critique* dans la méthode de la métaphysique, Kant déclare: *Sie ist ein Traktat von der Methode, nicht ein System der Wissenschaft selbst; aber sie verzeichnet gleichwohl den ganzen Umriß derselben, sowohl in Ansehung ihrer Grenzen, als auch des ganzen inneren Gliederbaus derselben* (B 22—23) [1]). «Elle est un traité de la méthode et non un système de la science elle-même. Mais elle en décrit tout de même la circonscription totale, tant par rapport à ses limites que par rapport à sa structure interne» [2]).

Les deux desseins de la *Critique* sont ici nettement posés: limiter le phénomène, élucider sa structure interne. C'est cette seconde tâche qui pourrait être phénoménologique.

Cette raison ne suffit pas: car l'élucidation de la structure interne de la phénoménalité n'est pas elle-même conduite dans le style d'une phénoménologie. Il faut mettre en question ici le souci proprement *épistémologique* de la *Critique*. La question fondamentale: «comment des jugements synthétiques a priori sont possibles», empêche une véritable description du vécu: le problème de droit, qui éclate au premier plan dans la *Déduction Transcendantale*, écrase le dessein de composer une véritable physiologie du *Gemüt*. Il importe moins de décrire comment l'esprit connait que de *justifier* l'universalité du savoir par la fonction de synthèse des catégories et finalement par la fonction d'unité de l'aperception transcendantale. Les trois notions corrélatives de nature, d'expé-

---
[1]) Nous citons toujours Kant dans l'Edition de l'Académie Royale de Prusse.
[2]) Trad. Tremesaygues et Pacaud p. 25. Nous citerons désormais cette traduction avec le sigle Tr.

rience et d'objectivité portent la marque de ce souci épistémologique; la nature, définie (en quelque sorte phénoménologiquement) comme «l'ensemble de tous les phénomènes», devient en style épistémologique «la nature en général, considérée comme conformité à des lois *(Gesetzmäßigkeit)*». Et comme la nature est le corrélat de l'expérience, la *Gesetzmäßigkeit* de la nature est identique aux *conditions de possibilité* de l'expérience elle-même; la *Critique*, dans sa tâche épistémologique, cherchera quels concepts a priori rendent possible «l'unité formelle de l'expérience» ou encore «la forme d'une expérience en général». C'est dans ce cadre que se pose le problème de l'objectivité: elle est la valeur de savoir conférée à la connaissance empirique par sa *Gesetzmäßigkeit*.

Mais précisément la *Critique* ne se referme pas sur une détermination purement épistémologique de l'objectivité, autrement dit sur une justification du savoir constitué (mathématiques, physique, métaphysique). L'*Analytique* dépasse la destinée de la physique newtonienne et l'*Esthétique* celle de la géométrie euclidienne et même non-euclidienne. C'est dans cette marge par laquelle la *Critique* excède une simple épistémologie qu'il y a chance de trouver l'amorce d'une véritable phénoménologie.

La révolution copernicienne, dégagée de l'hypothèque épistémologique, n'est pas autre chose que l' ἐποχή phénoménologique; elle constitue une vaste réduction qui ne va plus seulement des sciences constituées, du savoir qui a réussi, à leurs conditions de *légitimité*; elle va de l'ensemble de l'apparaître à ses conditions de *constitution*. Ce dessein descriptif, enveloppé dans le dessein justificatif de la *Critique*, apparaît toutes les fois que Kant renonce à prendre appui sur une science constituée et définit directement ce qu'il appelle réceptivité, spontanéité, synthèse, subsomption, production, reproduction etc. . . . Ces descriptions embryonnaires, bien souvent masquées dans des définitions, sont nécessaires à l'entreprise épistémologique elle-même; car l'a priori qui constitue les déterminations formelles de tout savoir s'enracine lui-même dans des actes, des opérations, des fonctions dont la description déborde largement le domaine strict des sciences. Peut-on dire alors que la *Critique* enveloppe une «expérience transcendantale»?

2°) Cette expérience transcendantale qui s'ouvre au phénoménologue au-delà du seuil de la réduction phénoménologique semble au premier abord totalement étrangère au génie du Kantisme. L'idée même d'une «expérience» du Cogito n'est-elle pas, pour un Kantien, une sorte de monstre? Regarder et décrire le Cogito, n'est-ce pas le traiter comme un phénomène, donc comme un objet dans la nature et non plus comme la condition de possibilité des phénomènes? La combinaison de la réduction transcendantale et de la réduction eidétique n'éloigne-t-elle pas de manière plus décisive encore de Kant, par un mélange suspect de psychologisme (le «vécu») et de platonisme (l'Eidos-Ego)? N'est-ce pas le lieu de rappeler que le «Je pense» de l'aperception originaire n'est aucunement le moi saisi dans son Eidos et se réduit à la fonction d'unité qui supporte l'oeuvre de synthèse de la connaissance? Comment dès lors «l'expérience transcendantale» échapperait-elle à ce dilemme: ou bien j'ai «conscience» du *Je pense*, mais ce n'est pas une connaissance, ou bien je «connais» le moi, mais c'est un phénomène de la nature? C'est effectivement sur ce terrain que se tenaient les critiques néo-Kantiens de Husserl.

Il faut reconnaître que la *Critique* se fraye un chemin difficile hors de ce dilemme qui est purement sur le plan épistémologique: le «Je pense» et le «moi phénomène» sont définis en termes de savoir objectif. Mais Kant échappe en fait à ce dilemme toutes les fois qu'il procède à une inspection directe du *Gemüt*. Le terme même de *Gemüt*, si énigmatique, désigne ce «champ d'expérience transcendantale» que Husserl thématise; il n'est pas du tout le «Je pense», garant épistémologique de l'unité de l'expérience, mais ce que Husserl appelle *Ego Cogito Cogitata*. Bref, il est le thème même de la phénoménologie kantienne, le thème que la «révolution copernicienne» fait surgir; lorsqu'elle ne se réduit pas à la *questio juris*, à l'axiomatisation de la physique newtonienne, cette révolution n'est autre que la réduction des étants à leur apparaître dans le *Gemüt*.

Avec ce guide d'une expérience transcendantale du *Gemüt*, il est possible de ressaisir les linéaments d'une phénoménologie kantienne.

L'Esthétique transcendantale est sans doute la partie la moins phénoménologique de la *Critique*. La description de la spatialité des phénomènes — la seule que Kant entreprenne parce qu'elle concerne les mathématiques — est écrasée entre d'une part le souci épistémologique de justifier, par le concept d'intuition pure, les jugements synthétiques a priori de la géométrie⁴) et la constructibilité caractéristique du raisonnement mathématique⁵) et d'autre part le souci ontologique de situer exactement l'être de l'espace⁶).

Néanmoins une phénoménologie de la spatialité est impliquée dès lors que l'espace est rapporté à la *subjektiven Beschaffenheit unseres Gemüts* (A 23), («à la constitution subjective de notre esprit»). Seule cette phénoménologie peut établir que la notion purement épistémologique d'intuition a priori coïncide avec celle d'une «forme ayant son siège dans le sujet». Kant est conduit à décrire l'espace comme la manière dont un sujet se dispose à recevoir un quelque chose avant l'apparition de quelque chose: «rendre possible une intuition extérieure» est une détermination phénoménologique bien plus vaste que «rendre possible des jugements synthétiques a priori de la géométrie». La possibilité n'est plus de l'ordre de la légitimation, mais de la constitution, de la *Beschaffenheit unseres Gemüts*.

L'Esthétique transcendantale reste néanmoins fort décevante par son caractère non seulement embryonnaire, mais statique. Espace et temps

⁴) Cf. "L'exposition transcendantale" A 25 Tr. 68.
⁵) «Théorie transcendantale de la méthode» A 712 sq, Tr. 567 sq.
⁶) La question initiale est d'ordre ontologique: *Was sind nun Raum und Zeit? Sind es wirkliche Wesen?* usw. (A 23) « Or que sont l'espace et le temps? Sont ils des êtres réels? » (Tr. 65—6).

ne sont pas considérés dans le mouvement de l'expérience totale, mais comme une couche préalable, achevée et inerte. Cela se comprend encore par le poids de l'épistémologie: pour le géomètre, la spatialité n'est pas une étape dans la constitution de la «chose»; sa détermination comme intuition pure doit se clore sur soi pour assurer la totale autonomie des mathématiques.

Mais dès que Kant met le pied sur le sol phénoménologique et rapporte l'espace à la possibilité d'être affecté par quelque chose, il est entraîné dans le mouvement même d'une constitution dynamique de l'expérience et de la choséité. Soudain la juxtaposition provisoire de l'espace et du temps est remise en question: l'espace doit être «parcouru» dans des moments temporels, «retenu» dans une image totale et «reconnu» comme un sens identique (A 95 sq.; Tr. 126 sq.). La schématisation accentue encore plus le caractère dynamique de la constitution spatiale elle-même (A 137 sq.; Tr. 175 sq.). Cette reprise de l'espace par le temps («le temps est une représentation nécessaire qui sert de fondement à toutes les intuitions») marque le triomphe de la phénoménologie sur l'épistémologie.

Bien plus, à mesure que nous nous éloignons du souci d'axiomatiser la géométrie, tout ce qui paraissait clair dans l'ordre épistémologique devient obscur dans l'ordre phénoménologique: si l'espace est de niveau sensible, nous ne pensons encore rien en lui, nous nous disposons seulement à recevoir quelque chose; mais alors nous sommes au-dessous de toute synthèse et il faut dire que cette forme (épistémologique) est un divers (phénoménologique) (A 76—77; Tr. 109). Kant entrevoit même que l'espace concerne le statut d'un être dépendant *seinem Dasein sowohl als seiner Anschauung nach (die sein Dasein in Beziehung auf gegebene Objekte bestimmt)* (B 72) «quant à son existence et à son intuition (laquelle intuition détermine son existence par rapport à des objets donnés)» (Tr. 89).

Il identifie du même coup l'espace, — ou propriété formelle d'être affecté par des objets ou de recevoir une représentation immédiate des choses — avec l'intentionnalité même de la conscience; c'est le mouvement même de la conscience vers quelque chose, considérée comme possibilité d'étaler, de discriminer, de pluraliser une impression quelconque.

C'est donc la phénoménologie plus explicite de l'*Analytique* qui dissipe la fausse clarté de l'*Esthétique*, si faiblement phénoménologique.

La phénoménologie de l'*Analytique* ressort avec évidence si on s'astreint à la lire par la fin, en remontant de la théorie transcendantale du jugement (ou *Analytique des Principes*) à la théorie transcendantale du concept et en s'attardant aux *Analogies de l'expérience* avant de s'enfoncer dans le difficile chapitre du *Schématisme* (ceci pour des raisons qu'on dira plus loin). Il est naturel que la phénoménologie de Kant soit par priorité une phénoménologie du jugement: c'est celle qui est le plus propre à fournir une propédeutique à l'épistémologie; il est naturel par contre que la phénoménologie de Husserl soit de préférence une phénoménologie de la perception: c'est celle qui est le plus propre à illustrer un souci d'évidence, d'originarité et de présence; encore que les *Logische Untersuchungen* commencent par le jugement et que la place du jugement soit marquée dans les stratifications du vécu, au niveau des synthèses fondées.

(Nous verrons dans la II° partie que d'autres raisons expliquent cette différence d'accent et de préférence dans la description entre Kant et Husserl). En tous cas, ce n'est pas la différence du *thème* descriptif qui doit nous masquer la parenté de la *méthode* d'analyse.

Si donc nous abordons l'*Analytique* par la fin, par les *Analogies de l'expérience*, nous voyons se développer une ample analyse du jugement comme acte de subsumer des perceptions sous des règles d'intellectualité. Kant épistémologiste tient cette opération pour une simple «application» des règles de l'entendement préalablement constituées; mais le poids de la description entraîne l'analyse dans un autre sens: la subsomption se révèle être une véritable constitution de l'expérience en tant qu'expérience comprise, jugée et exprimée au niveau prédicatif.

Les *Principes* qui du point de vue épistémologique sont les axiomes d'une physique pure, les premiers jugements synthétiques a priori d'une science de la nature, suscitent une admirable description de la constitution de la *Dinglichkeit*: par delà les principes de permanence, de production et de réciprocité, c'est l'intellectualité du perçu qui est thématisée. Et ce qui est admirable c'est que, bien avant Husserl, Kant ait lié les structures de la *Dinglichkeit* à des structures de la temporalité; les manières différentes dont l'expérience est «liée» sont aussi les manières diverses dont le temps se structure intellectuellement. La deuxième analogie en particulier recèle une véritable *phénoménologie de l'événement* qui répond à la question: que signifie «arriver»? C'est sur l'objet dans le monde que le phénoménologue élabore la notion d'une succession réglée. En langage husserlien, on dira que les *Analogies de l'expérience* développent le côté noématique du vécu dans le jugement d'expérience; elles considèrent le jugement du côté du «jugé» se terminant à l'objet. (Le chapitre précédent, sur le *Schématisme*, relève au contraire de l'analyse noétique de «l'événement» et réfléchit sur l'*opération* elle-même de la liaison, comme «pouvoir synthétique de l'imagination» (B 233). Nous y reviendrons plus loin).

Si l'on considère que ce chapitre II de la doctrine du Jugement, dont le coeur est la théorie des Analogies de l'expérience, montre la face noématique du jugement d'expérience, on comprend que cette analyse noématique s'achève dans les *Postulats de la Pensée empirique en général* (A 218 sq.; Tr. 232 suiv.); ceux-ci, en effet, n'ajoutent aucune détermination nouvelle à l'objet, mais thématisent son existence selon les modalités du réel, du possible et du nécessaire. Or que signifient ces postulats? Ils posent simplement la corrélation fondamentale de l'existence des choses et de leur perceptibilité: *wo also Wahrnehmung und deren Anhang nach empirischen Gesetzen hinreicht, dahin reicht auch unsere Erkenntnis vom Dasein der Dinge* (A 226). «Partout donc où s'étendent la perception et ce qui en dépend, en vertu des lois empiriques, là s'étend aussi notre connaissance de l'existence des choses»

51

(Tr. 237). La spatialité nous avait fourni le *style* de l'intentionalité, comme ouverture à l'apparaître; le postulat de la pensée empirique détermine l'*effectivité* de l'intentionalité, comme présence perçue de la chose qui apparaît.

Ce n'est donc pas par hasard si Kant a inséré en coin à cette place, dans la 2ème édition, la *Réfutation de l'Idéalisme* (B 274 sq.) qui est une définition, avant la lettre, de l'intentionalité: *das bloße, aber empirisch bestimmte, Bewußtsein meines eigenen Daseins beweist das Dasein der Gegenstände im Raum außer mir* (B 275): «la conscience simple, mais empiriquement déterminée, de ma propre existence, prouve l'existence des objets dans l'espace et hors de moi» (Tr. 238). La corrélation du «Je suis» et du «quelque chose est», c'est en effet l'intentionalité même.

Mais si le chapitre II de la *Doctrine transcendantale du Jugement* développe la face noématique du jugement d'existence, le chap. I, consacré au schématisme, en est la face noétique; c'est pourquoi il est si obscur: il anticipe sans cesse, par voie réflexive, sur les *Analogies de l'expérience* qui montrent *sur* l'objet l'oeuvre du jugement; il faudrait toujours lire ce chapitre après le suivant et revenir à lui par un mouvement réflexif qui retrouve «dans» le *Gemüt* ce qui a été montré «sur» l'objet. C'est le caractère anticipé de ce chapitre qui explique la brièveté de Kant dans l'élaboration des schèmes: mais ces quelque cent lignes (A 144—147; Tr. 179—182), sont comme la face subjective de l'immense analyse noématique du chapitre suivent.

Si on la considère ainsi, la théorie du schématisme s'approche bien près de ce que Husserl appelle l'auto-constitution ou la constitution de soi dans la temporalité. On comprend que Kant se soit étonné lui-même de cette *verborgene Kunst in den Tiefen der menschlichen Seele, deren wahre Handgriffe wir der Natur schwerlich jemals abraten und sie unverdeckt vor Augen legen werden* (A 141), «un art caché dans les profondeurs de l'âme humaine» (Tr. 178). Jamais Kant n'a été plus libre à l'égard de ses préoccupations épistémologiques; jamais du même coup il n'a été plus près de découvrir le temps originaire de la conscience par delà le temps constitué (ou le temps comme représentation selon l'*Esthétique transcendantale*). Le temps du schématisme est à la suture de la réceptivité et de la spontanéité, du divers et de l'unité; il est mon pouvoir d'ordonner et la menace de m'échapper toujours et de me défaire; il est indivisément la rationalité possible de l'ordre et l'irrationalité toujours renaissante du vécu; il regarde vers l'affection, dont il est le flux pur, et vers l'intellectualité, puisque les schèmes en figurent la structuration possible quant à la «série», au «contenu», à «l'ordre» (A 145).

Si nous suivons jusqu'au bout cette phénoménologie du *Gemüt*, il faut rapprocher de cette analyse noétique de *l'opération* même du jugement ce que Kant, à plusieurs reprises, est amené à dire de l'existence de la conscience. Si l'analyse noématique culmine dans les *Postulats de la pensée empirique* qui coordonnent l'existence des choses à leur perceptibilité, l'analyse noétique culmine dans l'auto-détermination du *J'existe*.

Mais on ne trouve sur ce thème que des notes éparses de Kant dans la *Critique;* c'est ici en effet que la phénoménologie implicite rencontre les résistances les plus considérables à l'intérieur même du Kantisme; toute la conception épistémologique de l'objectivité tend à faire du «Je pense» une fonction de cette objectivité et impose l'alternative que nous évoquions au début: ou bien j'ai «concience» du *Je pense,* mais je ne le «connais» pas; ou bien je «connais» le moi, mais il est un phénomène dans la nature. C'est pourquoi la description phénoménologique tend vers la découverte d'un sujet concret qui n'a pas de place tenable dans le système; c'est pourtant de lui que Kant s'approche toutes les fois qu'il s'approche aussi du temps originaire à l'œuvre dans le jugement par le moyen du schématisme; c'est de lui aussi qu'il s'approche quand il détermine l'existence des choses comme corrélative de *mon* existence; c'est à cette occasion qu'il déclare: «*Ich bin mir meines Daseins als in der Zeit bestimmt bewußt* (B 275) . . . *folglich ist die Bestimmung meines Daseins in der Zeit nur durch die Existenz wirklicher Dinge, die ich außer mir wahrnehme, möglich*» (B 275—6). «J'ai conscience de mon existence comme déterminée dans le temps . . . par conséquent la détermination de mon existence dans le temps n'est possible que par l'existence des choses réelles que je perçois hors de moi» (Tr. 238). De même, la note de la *Préface de la 2ᵉ Edition* (B XL), (Tr. 34—36). La difficulté immense était de thématiser une existence qui ne fût pas la catégorie d'existence, c'est-à-dire une structure de l'objectivité; elle est affrontée une première fois au § 25 de la 2⁰ Edition (une existence qui n'est pas un phénomène); la note que Kant y joint (B 158; Tr. 158) propose la tâche de saisir l'existence dans l'acte du Je pense qui détermine cette existence, donc avant l'intuition temporelle de moi-même qui élève mon existence au niveau d'un phénomène psychologique (B 157); la difficulté est grande, surtout si l'on considère que le *Je pense* ne passe à l'acte qu'à l'occasion d'un divers qu'il détermine logiquement. On connait surtout le texte fameux, dans la critique de la *Psychologie rationnelle,* où le «Je pense» est considéré comme une proposition empirique qui renferme la proposition j'existe; Kant tente de résoudre le problème dans le cadre de son épistémologie en liant l'existence à une «intuition empirique indéterminée», antérieure à toute expérience organisée; ce qui lui permet de dire: *die Existenz ist hier noch keine Kategorie* (B 423); «l'existence n'est pas encore ici une catégorie» (Tr. 357).

Cette existence hors catégorie n'est-elle pas la subjectivité elle-même sans quoi le «Je pense» ne mériterait pas le titre de première personne? N'est elle pas en liaison avec ce temps originaire que l'*Analytique* dégage par-delà le temps-représentation de l'*Esthétique?*

Bref n'est-elle pas l'existence du *Gemüt,* — de ce *Gemüt* qui n'est ni le Je pense comme principe de la possibilité des catégories, ni le moi-phénomène de la science psychologique, — de ce *Gemüt* offert à l'expérience transcendantale par la réduction phénoménologique?

II

La «Critique» comme inspection des limites

Notre premier groupe d'analyses reposait sur une limitation provisoire: nous avons admis qu'on pouvait distinguer chez Husserl la méthode effectivement pratiquée, de l'interprétation philosophique que l'auteur y mêle constamment, surtout dans les oeuvres éditées; c'est cette phénoménologie effective qui nous a servi de révélateur pour une phénoménologie implicite dans la *Critique*. La parenté de Kant et de Husserl n'est donc atteinte qu'au prix d'une abstraction légitime, mais précaire, pratiquée sur l'intention totale de l'une et de l'autre oeuvre.

Or la critique est précisément autre chose qu'une phénoménologie, non seulement par sa préoccupation épistémologique, mais par son intention ontologique. C'est ici que la *Critique* est plus qu'une simple investigation de la «structure interne» du savoir, mais encore une investigation de ses *limites*. L'enracinement du savoir des phénomènes dans la pensée de l'être, inconvertible en savoir, donne à la *Critique* kantienne sa dimension proprement ontologique. Détruire cette tension entre le connaître et le penser, entre le phénomène et l'être, c'est détruire le kantisme même.

On peut alors se demander si la phénoménologie de Husserl, qui a servi de guide et de révélateur pour une phénoménologie descriptive du kantisme, ne doit pas être considérée à son tour du point de vue de l'ontologie kantienne; peut-être que l'interprétation philosophique qui se mêle à l' ἐποχή transcendantale participe à la destruction de l'ontologie kantienne et consacre la *perte* du *Denken* dans l'*Erkennen* et ainsi aplatit la philosophie sur une phénoménologie sans ontologie.

Reprenons d'abord conscience de la fonction qu'exerce chez Kant la position de l'en soi par rapport à l'inspection des phénomènes.

Il n'est pas de savoir de l'être. Mais cette impossibilité, qui institue une sorte de déception au coeur du kantisme, est elle-même essentielle à la signification finale du phénomène. C'est une impossibilité en quelque sorte active et même positive: à travers cette impossibilité du savoir de l'être, le *Denken* pose encore l'être comme ce qui *limite* les prétentions du phénomène à constituer l'ultime réalité; ainsi le *Denken* confère à la phénoménologie sa mesure ou son évaluation ontologique.

On peut suivre à travers la *Critique* cette connection entre une *déception* (au regard du savoir) et un acte positif de *limitation*.

Dès l'*Esthétique transcendantale*, où l'intention ontologique est constamment présente, Kant pose que l'intuition a priori se détermine par contraste avec une intuition créatrice que nous n'avons pas; la très importante note de Kant sur l'*intuitus originarius*, à la fin de l'*Esthétique*, est claire: le *Gegen-stand* se tient devant moi en tant qu'il n'est pas l'*Ent-stand*, celui qui surgirait de sa propre intuition [7]). Or cette déception

---

[7]) La lettre à Markus Herz du 21. fév. 1772 posait déjà le problème de la *Vorstellung* par référence à cette possibilité étrangère d'une intuition génératrice de son objet.

métaphysique est dès le début incorporée à la détermination du sens même de l'espace et du temps et introduit une touche négative à chaque page de l'*Esthétique*: «toute notre intuition n'est que la représentation du phénomène; les choses que nous intuitionnons ne sont pas en elles-mêmes telles que nous les intuitionnons»; le manque d'être du phénomène lui est en quelque sorte incorporé. Mais ce défaut est lui-même l'envers d'un acte positif du *Denken* qui, dans l'*Esthétique*, prend la forme fantastique d'une supposition: la supposition de la destruction de notre intuition: «*Gehen wir von der subjektiven Bedingung ab, ... so bedeutet die Vorstellung vom Raume gar nichts*» (A 26)[8]. De même un peu plus loin pour le temps (A 37; Tr. 75—6). Ce néant possible fait partie de la notion d'idéalité transcendantale: l'espace n'est *rien* hors de la condition subjective (A 28; Tr. 70). Cette imagination fantastique exprime le positif de ce négatif: notre manque d'intuition originaire. Ce positif c'est le *Denken*, irréductible à notre être-affecté, irréductible par conséquent à cette «dépendance» de l'homme *seinem Dasein sowohl als seiner Anschauung nach* (B 72) («quant à son existence et à son intuition» Tr. 89) que la fin de l'*Esthétique* évoque. C'est le *Denken* qui pose la limite[9]. Ce n'est pas la connaissance phénoménale qui limite l'usage des catégories à l'expérience, c'est la position de l'être par le *Denken* qui limite la prétention du connaître à l'absolu: connaissance, finitude et mort sont ainsi liées par un pacte indissoluble qui n'est reconnu que par l'acte même du *Denken* qui échappe à cette condition et la considère en quelque sorte du dehors.

On n'aurait pas de peine à montrer que cette supposition du néant de notre connaissance sensible éclaire l'affirmation constante de Kant que la philosophie transcendantale se tient sur la ligne de partage qui sépare «deux faces» du phénomène (A 38), en soi et pour nous. «*Denn, das was uns notwendig über die Grenze der Erfahrung und aller Erscheinungen hinausgehen treibt, ist das Unbedingte, usw.*» (B XX); «Car ce qui nous porte à sortir nécessairement des limites de l'expérience et de tous les phénomènes, c'est l'Inconditionné». C'est l'Inconditionné qui nous autorise à parler des choses *sofern wir sie nicht kennen* (ibid.): «en tant que nous ne les connaissons pas» (Tr. 24).

Cette fonction limitante de l'en soi trouve une éclatante confirmation dans l'*Analytique Transcendantale*. Elle achève le sens de la «nature»; en marquant la place vide d'une impossible science de la création, elle garde le savoir des phénomènes de la nature de se refermer sur un natura-

---

[8]) De même plus loin: „*Wenn aber ich selbst, oder ein ander Wesen mich, ohne diese Bedingung der Sinnlichkeit, anschauen könnte, so würden eben dieselben Bestimmungen, die wir uns jetzt als Veränderung vorstellen, eine Erkenntnis geben, in welcher die Vorstellung der Zeit, mithin auch der Veränderung gar nicht vorkäme ...*" (A 37). „*Wenn man von ihr die besondere Bedingung unserer Sinnlichkeit wegnimmt, so verschwindet auch der Begriff der Zeit*" (A 37).

[9]) „*Aber diese Erkenntnisquellen a priori bestimmen sich eben dadurch (daß sie bloß Bedingungen der Sinnlichkeit sind) ihre Grenzen, nämlich, daß sie bloß auf Gegenstände gehen, sofern sie als Erscheinungen betrachtet werden, nicht aber Dinge an sich selbst darstellen*" (A 39).

lisme dogmatique. Cette fonction limitante de l'en soi trouve son expression la plus complète dans le chapitre sur la *Distinction de tous les objets en phénomènes et noumènes;* le concept de l'en soi, bien que «problématique» (du point de vue du savoir; mais problématique ne veut pas dire douteux, mais non-contradictoire), est *nécessaire «um die sinnliche Anschauung nicht bis über die Dinge an sich selbst auszudehnen»* (A 254); «pour qu'on n'étende pas l'intuition jusqu'aux choses en soi» (Tr. 265). Plus clairement encore: *Der Begriff eines Noumenon ist also bloß ein Grenzbegriff, um die Anmaßung der Sinnlichkeit einzuschränken, und also nur von negativem Gebrauche»* (A 255): «Le concept d'un noumène est donc simplement un concept limitatif qui a pour but de restreindre les prétentions de la sensibilité» (Tr. 265). Il y aurait donc une sorte d'*hybris* de la sensibilité; non, à vrai dire, de la sensibilité comme telle, mais de l'*usage* empirique de l'entendement, de la praxis positive et positiviste de l'entendement.

Cette notion de l'*usage* des catégories est capitale; Kant la distingue expressément du *sens* même des catégories (A 147, A 248; Tr. 181 et 259) cette distinction éclaire bien ce que Kant entend par la présomption de la sensibilité; Kant ne dit pas autre chose quand il montre, par le jeu de l'illusion transcendantale et par la sanction de l'échec (paralogisme et antinomies) la vanité de cette prétention; ce n'est pas la raison qui échoue dans la *Dialectique transcendantale,* c'est encore la sensibilité dans sa prétention à s'appliquer à des choses en soi [10]).

Si nous croyons pouvoir nous servir de cette doctrine kantienne comme d'un guide pour interpréter la philosophie implicite de Husserl, il faut nous assurer que Kant a bien réussi à accorder cette fonction de limitation avec l'idéalisme de sa théorie de l'objectivité, telle qu'elle ressort de la *Déduction Transcendantale.* L'objectivité ne se réduit elle pas à la synthèse imposée au divers de la sensibilité par l'aperception au moyen des catégories? Si cette conception de l'objectivité, comme *oeuvre* de la subjectivité transcendantale, est bien le centre de la *Déduction Transcendantale,* comment peut-elle s'articuler sur une autre signification de l'objet comme en soi? Il semble parfois en effet que le mot objet ne puisse désigner que «l'ensemble de mes représentations» et que la structure intellectuelle de l'expérience suffise à détacher mes représentations de moi-même et à me les opposer comme un vis-à-vis (on connait l'exemple de la maison parcourue, appréhendée et reconnue) (A 190—1; Tr. 213—4); en ce sens l'objet n'est que la *Erscheinung im Gegenverhältnis mit den Vorstellungen der Apprehension* (A 191), «le phénomène, par opposition avec les représentations de l'appréhension» (Tr. 214). La causalité, en particulier, en distinguant la succession *dans* l'objet de la succession *des* représentations, *sofern man sich ihrer bewußt ist* (A 189; «en tant qu'on en a conscience» Tr. 213) consolide l'objet de mes propres

---

[10]) „*Der Verstand begrenzt demnach die Sinnlichkeit, ohne darum sein eigenes Feld zu erweitern, und, indem er jene warnt, daß sie nicht anmaße, auf Dinge an sich selbst zu gehen, sondern lediglich auf Erscheinungen, so denkt er sich selbst einen Gegenstand an sich selbst, aber nur als transzendentales Objekt ...*" (A 288).

représentations en contre-pôle de la conscience; et l'on peut parler de vérité, c'est-à-dire d'accord de la représentation avec son objet, puisque, par ce processus d'*objectivation* des représentations, il y a bien *das davon unterschiedene Objekt derselben* (A 191; «l'objet de l'appréhension distinct de ces représentations» Tr. 214). Cette constitution de l'objet *dans* la conscience, comme *vis-à-vis de* la conscience, n'annonce-t-elle pas effectivement Husserl?

Et pourtant Kant ne doute point que ce qui met l'objet radicalement dehors, c'est la chose en soi. La visée du phénomène par delà lui-même c'est l'objet non-empirique, le X transcendantal. C'est pourquoi Kant équilibre les textes où l'objectivité naît de l'écart entre *mes* représentations et *le* phénomène par d'autres où les phénomènes demeurent *nur Vorstellungen, die wiederum ihren Gegenstand haben* (A 109; «des représentations qui, à leur tour, ont leur objet» Tr. 143). L'objet transcendantal *ist das, was in allen unsern empirischen Begriffen überhaupt Beziehung auf einen Gegenstand, d. i. objektive Realität verschaffen kann* (A 109; «ce qui peut procurer à tous nos concepts empiriques en général un rapport à un objet, c'est-à-dire une réalité objective» Tr. 143).

Ainsi la fonction réaliste de l'intentionalité (l'objet X comme «le corrélatif de l'unité de l'aperception») traverse de part en part la fonction idéaliste de l'objectivation de mes représentations.

Comment cela est-il possible? La clé du problème est la distinction, fondamentale chez Kant, mais totalement inconnue chez Husserl, entre l'*intention et l'intuition:* Kant dissocie radicalement le rapport à quelque chose... et la vision de quelque chose. Le *Etwas = X* est une intention sans intuition. C'est cette distinction qui sous-tend celle du penser et du connaître; elle en maintient non seulement la tension mais l'accord.

Kant n'a pas juxtaposé les deux interprétations de l'objectivité, il en a posé la réciprocité. C'est *parce que* le rapport à l'objet = X est une intention sans intuition qu'il renvoie à l'objectivité comme unification d'un divers; dès lors le rapport à l'objet ne sera pas autre chose que «l'unité nécessaire de la conscience, par suite aussi de la synthèse du divers» (A 109; Tr. 143) [11]. L'objectivité issue de l'objectivation et l'objectivité préalable à cette objectivation renvoient donc l'une à l'autre (A 250—1; Tr. 260—2): l'idéalité transcendantale de l'objet renvoie au réalisme de la chose en soi et celui-ci ramène à celle-là. La *Préface de la 2ème édition* ne dit pas autre chose lorsqu'elle pose l'implication mutuelle du Conditionné et de l'Inconditionné (B XX; Tr. 24).

Cette structure du kantisme est sans répondant dans la phénoménologie husserlienne. Comme les néo-kantiens, Husserl a perdu la mesure ontologique du phénomène et du même coup perdu la possibilité d'une méditation sur les limites et le fondement de la phénoménalité. C'est pourquoi la phénoménologie n'est pas une «Critique», c'est-à-dire une inspection des limites de son propre champ d'expérience.

---

[11] „*Es ist aber klar, daß, da wir es nur mit dem Mannigfaltigen unserer Vorstellungen zu tun haben, und jenes X, was ihnen korrespondiert (der Gegenstand), weil er etwas von allen unseren Vorstellungen Unterschiedenes sein soll, für uns nichts anderes sein könne, als die formale Einheit des Bewußtseins in der Synthesis des Mannigfaltigen der Vorstellungen*" (A 105).

Nous avons ici le guide véritable pour discerner dans la réduction phénoménologique la simple conversion méthodologique, dont nous avons vu les implications dans la Ière Partie, et la décision métaphysique qui s'y mêle. La seconde des *Méditations Cartésiennes* montre en clair ce glissement subreptice d'un acte d'abstention à un acte de négation. En m'abstenant *(mich enthalten)* de poser le monde comme absolu, je le conquiers comme monde-perçu-dans-la vie réflexive, bref je le gagne comme phénomène; et Husserl peut légitimement dire que «le monde n'est pour moi que ce qui existe et vaut pour ma conscience dans un pareil Cogito». Mais voici que Husserl pose dogmatiquement que le monde «trouve en moi et tire de moi son sens et sa validité: *Ihren ganzen, ihren universalen und speziellen Sinn und ihre Seinsgeltung hat sie ausschließlich aus solchen cogitationes*» [12]). «Son sens total, à la fois universel et spécial, et sa validité ontologique, le monde les tire exclusivement de ces Cogitationes.» Ingarden avait déjà fait des réserves sur de telles expressions qui, dit-il, anticipent sur le résultat de la constitution, *da darin eine metaphysische Entscheidung enthalten ist, eine Entscheidung, die einer kategorischen These über etwas, was selbst kein Element der transzendentalen Subjektivität ist, gleicht* [13]): «Car ces expressions enveloppent une décision métaphysique, une décision qu'on peut assimiler à une thèse catégorique portant sur quelque chose qui n'est pas soi-même un élément de la subjectivité transcendantale».

La raison profonde en est que Husserl a confondu la problématique de l'être avec la position naïve des «étants» dans l'attitude naturelle; or, cette position naïve n'est que l'omission du rapport des étants à nous-mêmes et relève de cette *Anmaßung* de la sensibilité dont parle Kant. Aussi ne trouve-t-on pas chez Husserl cet entrelacement de deux significations de l'objectivité que nous trouvions chez Kant, une objectivité *constituée* «en» nous et une objectivité *fondatrice* «du» phénomène. C'est pourquoi ce monde qui est «pour» moi quant à son *Sens* (et «en» moi au sens intentionnel du «en») est aussi «de» moi quant à sa *Seinsgeltung*, sa «validité ontologique». Dès lors aussi l' ἐποχή est la mesure de l'être et ne peut être mesurée par rien; elle peut seulement se radicaliser elle-même; mais elle ne peut être traversée par aucune position absolue qui, à la façon du Bien chez Platon, *donnerait* au sujet de voir et *donnerait* un quelque chose absolu à voir.

Je voudrais maintenant montrer que cette métaphysique implicite de la non-métaphysique explique certains traits de la description husserlienne elle-même, non point la fidélité et la soumission du regard «aux choses mêmes» (ce reproche ruinerait purement et simplement la phénoménologie), mais les préférences qui orientent le regard vers certaines couches constitutives du vécu *plutôt que* vers d'autres.

1) C'est d'abord la fonction de la *Raison* qui diffère profondément de Kant à Husserl; chez Kant, la raison, c'est le *Denken* lui-même réfléchis-

---

[12]) *Cartesianische Meditationen, Husserliana* I, p. 60. De même, plus loin, une phrase semblable, p. 65, l. — 11—16.
[13]) Bemerkungen von Prof. Roman Ingarden, Appendice aux *Husserliana* I, p. 208—210.

sant sur le «sens» des catégories hors de son «usage» empirique; on sait que cette réflexion est à la fois une critique de l'illusion transcendantale et la justification des «idées» de la raison. Or Husserl emploie le mot raison, généralement associé aux mots réalité et vérité, en un tout autre sens: est problème de raison (*Ideen* I, section IV) toute appréciation des prétentions du vécu à signifier quelque chose de réel; or cette appréciation de validité consiste à mesurer chaque type de signification (le perçu en tant que tel, l'imaginaire, le jugé, le voulu, le senti en tant que tels) à l'*évidence originaire* du type correspondant.

Le problème de la raison n'est pas du tout orienté vers une investigation de quelque visée sans vision, de quelque intention sans intuition qui donnerait au phénomène un au-delà de lui-même [14]). Bien au contraire, la raison a pour tâche d'authentifier le phénomène lui-même par sa propre plénitude.

Dès lors la phénoménologie de la raison va se jouer tout entière sur la notion d'évidence originaire (que cette évidence soit perceptive, catégoriale ou autre). «C'est donc bien une critique que la phénoménologie développe ici à la place de celle de Kant; elle fait plus en effet que décrire sur un mode spectaculaire, elle mesure tout prétendre par le voir; sa vertu n'est plus seulement descriptive mais corrective; toute signification vide (par ex. la signification symbolique dont on a perdu la loi de formation) est *renvoyée* à la présence de la réalité, telle qu'elle apparaîtrait si elle se montrait elle-même, dans sa *Leiblichkeit*, en chair et en os. La raison est ce mouvement de renvoi du «modifié» à «l'originaire».

Ainsi la phénoménologie est devenue critique, mais en sens inverse de Kant: chez Kant l'intuition renvoyait au *Denken* qui la *limitait*; chez Husserl le «simplement penser» renvoie à l'évidence qui le *remplit*. Le problème de la plénitude *(Fülle)* a remplacé celui de la limite *(Grenze)*. En définissant la vérité par l'évidence et la réalité par l'originaire, Husserl ne rencontre plus aucune problématique de l'en soi. Kant était soucieux de ne pas se laisser enfermer dans le phénomène; Husserl est soucieux de ne pas se laisser abuser par des pensées non effectuées. Son problème n'est plus de fondation ontologique, mais d'authenticité du vécu.

2) Mais cette critique d'authenticité devait conduire Husserl de réduction en réduction, et d'abord à une réduction de l'évidence elle-même; toute philosophie du voir, de l'immédiateté, menace de retourner au réalisme naïf; celle de Husserl plus qu'aucune, dans la mesure où il insiste sur la présence «en chair et en os» de la chose *même*; c'est ce péril que Husserl n'a jamais fini de conjurer. Plus il insiste sur le *renvoi* du pensé

---

[14]) Le paragraphe 128 de *Ideen I* semble au premier abord aller en ce sens; Husserl, remarquant que c'est *le même* objet qui sans cesse se donne *autrement*, appelle l'objet le « X de ses déterminations »; bien plus il se propose d'élucider comment le noème « visé en tant que tel » peut avoir une relation à une objectivité (Husserliana, III, p. 315): *Jedes Noema hat einen Inhalt, nämlich seinen Sinn, und bezieht sich durch ihn auf seinen Gegenstand (316)*. Mais après ce début de style kantien, l'analyse vire à un thème spécifiquement husserlien: la visée nouvelle du noème vers son objet, qui semblait renvoyer à un au-delà du « sens », désigne le degré de plénitude, le mode de « remplissement » du sens par l'intuition (§§ 135 et suiv.).

à l'originairement évident, plus il doit compenser les périls latents de cet intuitionnisme, en radicalisant toujours davantage l'interprétation idéaliste de la constitution.

C'est à quoi s'emploient la *IIIème Méditation Cartésienne* et les inédits de la dernière période; ces écrits tendent à réduire la discordance toujours renaissante entre l'exigence idéaliste de la constitution — qui fait de l'objet une unité de sens purement idéale — et l'exigence intuitionniste de la raison. Il faut donc pratiquer sur l'évidence même la réduction de l'appris et de l'acquis; dépouillée de toute la part d'évidence ancienne, sédimentée et abolie, l'évidence se réduit au présent vivant *(die lebendige Gegenwart)* de la conscience. On voit ici à nouveau un nouvel effet de cette «décision métaphysique» que nous discernions tout à l'heure dans la réduction husserlienne; toute présence demeure une énigme pour la description, par ce «surcroît» *(Zusatz)* qu'elle apporte par rapport à mon attente et à mes anticipations les plus précises. Husserl, brisant ce dernier prestige de l'en soi qui pourrait encore se glisser dans la présence, décide que la présence *de* la chose même, c'est *mon* présent; l'altérité radicale attachée à la présence se réduit à la nouveauté du présent: la présence de l'autre, c'est le présent de moi-même.

Désormais c'est du côté de la temporalité que Husserl cherchera le secret de la constitution de tout en soi prétendu; les anciennes évidences, abolissant le mouvement de constitution où elles sont nées originairement *(Urstiftung)*, se donnent pour une transcendance mystérieuse; l'en soi c'est le passé de l'évidence, avec la possibilité de le réactiver dans un nouveau présent. Tout un groupe d'inédits — le groupe C — s'engage dans cette brèche ouvert par la *IIIème Méditation*.

Nous retrouvons ici, à la place d'honneur, le grand problème de la temporalité; c'est parce que Husserl a discerné, par delà le temps-représentation de l'*Esthétique Transcendantale*, la temporalité originaire qui est l'avance même de la conscience, qu'il peut braver le plus antique prestige, celui de la réalité absolue. La question est de savoir s'il a jamais aperçu le problème de l'être.

3) Cette désontologisation de la réalité conduit à une nouvelle péripétie: le passage de la constitution «statique» à la constitution «génétique», marqué par le rôle croissant de la temporalité dans tous les problèmes d'origine et d'authenticité. Or la constitution «génétique» est pour une bonne part une genèse «passive». *Erfahrung und Urteil* est le témoin de cette orientation des recherches de Husserl. Chaque position de sens et de présence tient en raccourci une histoire qui s'est sédimentée, puis abolie; nous l'avons déjà vu à propos de l'évidence; mais cette histoire se constitue elle-même dans les couches «anonymes» du vécu. A l'époque des *Ideen*, Husserl n'ignorait pas ce côté de «passivité» de la conscience; mais il le considérait plutôt comme l'envers de la conscience (comme *hylé* par rapport à la forme intentionnelle); ce qui demeurait au premier plan c'était l'active anticipation d'un «sens», d'une unité signifiante (chose, animal, personne, valeur, *Sachverhalt)*; surtout Husserl ne manquait pas de souligner que la conscience est un divers que le phénoménologue ne peut aborder qu'avec «le guide transcendantal de

l'objet». Autrement dit c'est l'analyse noématique qui avait le pas sur la réflexion du vécu considéré noétiquement. Ce souci d'identifier la conscience à la synthèse, à la présomption d'unité était au fond très kantien. Mais l'intérêt se déplace progressivement du problème de l'unité de sens, au problème de l'*Urstiftung*, c'est-à-dire de l'enracinement de tout sens dans le vécu évident actuel. Ce déplacement d'intérêt ramenait de la raison logique à la raison perceptive — les articulations du jugement reprenant sur le mode actif des structurations élaborées passivement dans la sphère anté-prédicative de la perception — et de la raison perceptive à l'*impression* sensorielle, avec ses rétentions mémorielles et ses protentions kinesthésiques.

C'est donc à une nouvelle *Esthétique Transcendantale*, non dévorée par une *Déduction transcendantale*, que travaillent les plus importants inédits des groupes C et D de la classification de Louvain.

Selon cette nouvelle *Esthétique Transcendantale*, l'objet perçu par tous «renvoie», plus bas que l'intersubjectivité, au monde primordial tel qu'il apparaît au *solus ipse*; à l'intérieur de cette sphère primordiale, l'objet «externe» renvoie, par le moyen des rétentions et protentions de la constitution temporelle, à «l'objet immanent» — à l'*Urimpression*.

Ainsi Husserl en appelait-il du génie de Kant à celui de Hume. Kant *fondait* l'impression dans l'a priori de la sensibilité et l'ordre perçu tout entier dans l'objectivité intellectuelle. Avec le dernier Husserl, fonder ne signifie plus *élever* à l'intellectualité, mais au contraire édifier sur le sol du primordial, du pré-donné. C'est précisément le génie de Hume de *régresser* ainsi des signes, symboles et images aux impressions.

4) On pourrait dire que par cette identification de la raison à une critique de l'*évidence*, par cette réduction de l'évidence au *présent vécu* et par ce renvoi à l'*impression*, Husserl identifie totalement la phénoménologie à une égologie sans ontologie.

L'intention la plus manifeste des *Méditations Cartésiennes* est de conduire à cette identification; la *IIème Méditation* pose initialement que si toute réalité est un corrélat de la Cogitatio, toute cogitatio est un mode du Cogito. Le Cogito, à son tour, est l'explicitation de l'Ego. La phénoménologie est ainsi une analyse égologique (§ 13). Husserl en aperçoit dès ce moment les redoutables conséquences: «*Sicherlich fängt sie also als reine Egologie an und als eine Wissenschaft, die uns, wie es scheint, zu einem, obschon transzendentalen Solipsismus verurteilt. Es ist ja noch gar nicht abzusehen, wie in der Einstellung der Reduktion andere Ego — nicht als bloß weltliche Phänomene, sondern als andere transzendentale Ego — als seiend sollen setzbar werden können, und damit zu mitberechtigten Themen einer phänomenologischen Egologie*»[15]). «Assurément elle débute dans le style d'une égologie pure, d'une science qui nous condamne, semble-t-il, au solipsisme, du moins à un solipsisme transcendantal. A ce stade on ne peut absolument pas prévoir comment, dans l'attitude de la réduction, il pourra être possible que nous devions poser l'existence d'autres Ego, non plus comme de simples phénomènes mondains,

---

[15]) *Husserliana*, I, p. 69.

mais comme d'autres Ego transcendantaux, et qu'ainsi nous fassions d'eux aussi le thème légitime d'une égologie transcendantale.» Mais Husserl accepte héroïquement la difficulté et laisse entrevoir que le solipsisme transcendantal doit rester *eine philosophische Unterstufe* — «un degré philosophique préalable» — et doit être assumé provisoirement, *um die Problematik der transzendentalen Intersubjektivität als eine fundierte, also höherstufige in rechter Weise ins Spiel setzen zu können...*, [16]) — «pour pouvoir engager la problématique de l'intersubjectivité transcendantale de manière droite, à titre de problématique fondée, donc de degré supérieur».

Nous verrons dans la IIIème Partie de cette étude si Husserl a réussi à franchir ce seuil de l'intersubjectivité. Notons pour l'instant jusqu'à quel radicalisme Husserl a conduit cette égologie, jusqu'à quel paradoxe il a conduit le solipsisme transcendantal.

Dans la *IVème Méditation Cartésienne* l'Ego lui-même, en tant qu'Ego de l'Ego cogito, est thématisé: *also sich in sich selbst als seiend kontinuierlich Konstituierendes* [17]): «il ne cesse de se constituer en soi-même comme existant». Husserl devait dès lors dépasser l'ancienne thèse des *Ideen*, selon laquelle l'Ego est *der identische Pol der Erlebnisse* — «le pôle identique des vécus» —. L'Ego est désormais *das in voller Konkretion genommene ego (das wir mit dem Leibniz'schen Worte Monade nennen wollen* [18]): «l'ego pris dans sa totale concrétion que nous désignerons du terme leibnizien de monade». Que signifie ce passage du langage cartésien au langage leibnizien? Il marque le triomphe total de l'intériorité sur l'extériorité, du transcendantal sur le transcendant: tout ce qui existe pour moi, se constitue en moi et cette constitution est la vie concrète du moi. Dès lors on peut bien dire que tous les problèmes de constitution sont inclus dans celui *der phänomenologischen Auslegung dieses monadischen ego (das Problem seiner Konstitution für sich selbst) ... In weiterer Folge ergibt sich die Deckung der Phänomenologie dieser Selbstkonstitution mit der Phänomenologie überhaupt ...* [19]): «de l'élucidation phénoménologique de cet Ego monadique (c'est le problème de sa constitution pour soi-même)... En fin de compte, il apparaît que la phénoménologie de cette constitution de soi pour soi coïncide avec la phénoménologie tout court». La phénoménologie fera donc serment de traverser le désert du solipsisme, à titre d'ascèse philosophique. La phénoménologie est la science du seul ego dont j'ai une évidence originaire, le mien. Jamais le kantisme ne pouvait rencontrer un tel problème. Non seulement parce que dans sa perspective épistémologique il ne pouvait rencontrer qu'une conscience en général, le sujet du savoir vrai. Mais aussi parce que le *Gemüt* que la Critique présuppose comme sujet concret est toujours tendu vers l'objet transcendantal $= X$ qui échappe au phénomène et *qui peut être l'existence absolue d'une autre personne*. La désontologisation de l'objet, chez Husserl, implique virtuellement celle des corps

---

[16]) Husserliana, I, p. 69.
[17]) O. c. p. 100.
[18]) O. c. p. 102.
[19]) O. c. p. 102—3.

d'autrui et celle des autres personnes. Ainsi la description du sujet concret, placée sous le signe de l'idéalisme, conduit à cette solitude métaphysique dont Husserl a assumé avec une probité exemplaire toutes les conséquences.

C'est pourquoi la constitution d'autrui, qui assure le passage à l'intersubjectivité, est la pierre de touche de l'échec ou du succès, non pas de la phénoménologie, mais de la philosophie implicite de la phénoménologie.

III
«Constitution d'Autrui» et «Respect»

Tous les aspects de la phénoménologie convergent donc vers le problème de la constitution d'autrui. Sortons-nous pour autant d'une problématique kantienne? Pénétrons-nous dans un pays neuf que n'aurait point défriché le génie kantien? Nullement. Cette ultime péripétie de la phénoménologie husserlienne, issue de ce qu'il y a de moins kantien dans «l'expérience transcendantale» de Husserl, nous ramène de manière inattendue au coeur du kantisme: non point certes à la *Critique de la Raison Pure*, mais à la philosophie pratique.

Kant n'a pas de phénoménologie de la connaissance d'autrui: la phénoménologie du *Gemüt* est trop implicite et trop écrasée par les considérations épistémologiques pour contenir seulement les amorces d'une théorie de l'intersubjectivité; on en trouverait tout au plus les prémices dans l'*Anthropologie*, dans le cadre de la théorie des passions que Kant conduit en effet comme une théorie de l'intersubjectivité. Mais tout cela est peu de choses auprès des admirables essais phénoménologiques de Husserl sur l'*Einfühlung*. La théorie de l'*Einfühlung* appartient à la phénoménologie descriptive avant de supporter la charge de résoudre le paradoxe du solipsisme transcendantal. Elle fait corps avec la phénoménologie de la perception, la perception d'autrui s'incorporant à la signification du monde que je perçois; elle s'inscrit dans la constitution de la chose dont elle détermine la dernière couche d'objectivité; elle est impliquée dans la constitution des objets culturels, du langage, des institutions.

Ce n'est donc pas sur le terrain proprement descriptif que la phénoménologie a quelque chose à apprendre de Kant; Husserl est ici le guide et non point Kant.

Par contre nous retrouvons Kant pour résoudre les difficultés suscitées par l'interprétation philosophique de la réduction et qui culminent dans le paradoxe du solipsisme transcendantal. Husserl ne s'est pas seulement proposé de décrire comment autrui apparaît, dans quels modes perceptifs, affectifs, pratiques se constitue le sens: «autrui», «alter ego»; il a tenté de le constituer «en» moi et pourtant de le constituer en tant qu'«autre».

C'est la tâche de la *Vème Méditation Cartésienne*; on peut dire que ce difficile essai est une gageure intenable: l'auteur tente de constituer autrui comme un sens qui se forme en moi, dans ce qui est le plus «propre» à l'ego, dans ce que Husserl appelle la sphère d'appartenance; mais en même temps qu'il constitue autrui en moi selon l'exigence idéaliste, il entend respecter le sens même qui s'attache à la présence d'autrui, comme un autre que moi et comme un autre moi qui a son monde, qui me perçoit, s'adresse à moi et noue avec moi des relations d'intersubjectivité d'où sortent un unique monde de la science et de multiples mondes de culture. Husserl ne veut sacrifier ni l'exigence idéaliste, ni la docilité aux traits spécifiques de l'*Einfühlung*. L'exigence idéaliste veut qu'autrui, *comme* la chose, soit une unité de modes d'apparitions, un sens idéal présumé; la docilité au réel veut qu'autrui «transgresse» ma sphère propre d'expérience, fasse surgir, aux bornes de mon vécu, un *surcroît* de présence incompatible avec l'inclusion de tout sens en mon vécu.

Le problème d'autrui porte donc au jour le divorce latent entre les deux tendances de la phénoménologie, la tendance descriptive et la tendance dogmatique. Le génie de Husserl est d'avoir tenu la gageure jusqu'au bout. Le souci descriptif de respecter l'altérité d'autrui et le souci dogmatique de fonder autrui dans la sphère primordiale d'appartenance de l'Ego trouvent leur équilibre dans l'idée d'une *saisie analogisante* d'autrui.

Autrui est là lui-même et pourtant je ne vis pas son vécu; autrui est seulement *appräsentiert* — «apprésenté», mais sur le fondement de son corps qui seul est *präsentiert* — «présenté» avec une évidence originaire dans la sphère de mon expérience vécue. «En» moi un corps est présenté qui apprésente un autre vécu que le mien. Ce vécu est un vécu comme le mien, en vertu de l'appariement *(Paarung)* entre mon corps ici et l'autre corps là-bas; cette configuration en couple fonde l'analogie entre le vécu *eingefühlt* et le vécu *erlebt*, entre le vécu de l'autre et le mien.

Husserl a-t-il réussi à constituer l'étranger comme étranger dans la sphère propre de l'expérience? A-t-il tenu la gageure de vaincre le solipsisme sans sacrifier l'égologie? L'énigme c'est que l'autre, apprésenté sur son corps et saisi analogiquement par «synthèse passive», ait une valeur d'être *(Seinsgeltung)* qui l'arrache à ma sphère primordiale. Comment une analogie — à supposer que je connaisse autrui par analogie — peut-elle avoir cette visée transcendante, alors que toutes les autres analogies vont d'une chose à une chose à l'intérieur de *mon* expérience? Si le corps d'autrui se constitue «en» moi, comment le vécu d'autrui qui y adhère est-il apprésenté «hors» de moi? Comment une simple concordance entre les modes d'apparition du comportement peut-il *indizieren* un étranger et non point une chose plus subtile de «mon» monde? Husserl a-t-il réussi à se soustraire au prestige énorme de la constitution de la *Dinglichkeit* — de la chose comme chose — dans un flux de profils, de silhouettes *(Abschattungen)*? Autrui est-il plus qu'une simple unité de profils concordants?

Il est vrai que dans *Ideen II* (IIIème Partie) Husserl oppose radicalement la constitution des personnes à celle de la nature (choses et corps animés). Il lui arrive même, dans un des appendices, d'opposer à l'*Erscheinungseinheit* — «l'unité d'apparitions» — de la chose, l'*Einheit absoluter Bekundung* — «l'unité de manifestation absolue» — de la personne: la personne serait donc beaucoup plus qu'un déploiement de silhouettes, elle serait un surgissement absolu de présence. Mais cette opposition entre la personne qui «s'annonce» et la chose qui «apparaît», est une opposition que la description impose et que la philosophie de la réduction minimise; c'est un bouleversement total du sens idéaliste de la constitution qu'elle implique: ce que la personne annonce, c'est précisément son existence absolue; constituer la personne, c'est alors repérer dans quels modes subjectifs s'opère cette reconnaissance d'altérité, d'étrangeté, d'existence autre. L'idéalisme husserlien devait faire obstacle à ce renversement du sens de la constitution.

C'est ici qu'un retour à Kant se propose; non point pour parfaire une description de l'apparaître d'autrui, mais pour comprendre le sens de l'*existence* qui s'annonce dans cet apparaître. Il est remarquable que ce soit le philosophe le plus désarmé sur le terrain de la description phénoménologique qui soit allé droit à ce sens de l'*existence*. Lorsque Kant introduit, dans la *Fondation de la Méthaphysique des Moeurs*, la seconde formule de l'impératif catégorique: *Handle so, daß du die Menschheit sowohl in deiner Person, als in der Person eines jeden andern jederzeit als Zweck, niemals bloß als Mittel brauchest* (A 429; «Agis de telle sorte que tu traites l'humanité aussi bien dans ta personne que dans la personne de tout autre toujours en même temps comme une fin, et jamais simplement comme un moyen» trad. Delbos Delagrave, p. 150—1. Nous citerons désormais D, p. 150—1). On peut être choqué de cette introduction brusque d'autrui dans le formalisme kantien et on peut se plaindre que nulle description de la connaissance d'autrui ne précède cette détermination pratique d'autrui par le *respect*. Ne faut-il pas d'abord connaître l'autre en tant qu'autre et ensuite le respecter? Le kantisme suggère une réponse toute différente. C'est dans le respect même, comme disposition pratique, que réside la seule détermination de l'existence d'autrui.

Examinons de plus près la démarche kantienne: l'existence en soi d'autrui est d'abord posée hypothétiquement comme identique à sa valeur: *Gesetzt aber, es gäbe etwas, dessen Dasein an sich selbst einen absoluten Wert hat, was als Zweck an sich selbst ein Grund bestimmter Gesetze sein könnte, so würde in ihm und nur in ihm allein der Grund eines möglichen kategorischen Imperativs, d. i. praktischen Gesetzes, liegen* (A 427—8; «Mais supposé qu'il y ait quelque chose dont l'existence en soi-même ait une valeur absolue, quelque chose qui, comme fin en soi, pourrait être un principe de lois déterminées, c'est alors en cela et en cela seulement que se trouverait le principe d'un impératif catégorique possible, c'est-à-dire d'une loi pratique» D, p. 149).

Dans cette position hypothétique d'un fondement, il n'apparaît aucune différence entre la détermination existentielle et la détermination pratique de la personne. L'opposition de la personne et de la chose est d'emblée practico-existentielle: la «chose» appartient, comme objet de mes désirs, à l'ordre des moyens; la personne appartient, comme vis-à-vis de respect, à l'ordre des fins en soi: ... *dagegen vernünftige Wesen Personen genannt werden, weil ihre Natur sie schon als Zwecke an sich selbst ... auszeichnet* (A 428—9; «au contraire, les êtres raisonnables sont appelés des personnes, parce que leur nature les désigne déjà comme des fins en soi» D, p. 149).

On objectera que le respect, comme la sympathie, est un sentiment subjectif et n'a pas plus le pouvoir d'atteindre un en soi que la perception sensible ou le désir. C'est précisément se méprendre sur le respect que de l'aligner sur la perception, le désir, ou même la sympathie: le respect est le moment *pratique* qui fonde la visée transcendante de la sympathie; la sympathie, comme affect, n'a pas plus de privilège que la haine ou l'amour; c'est pourquoi l'élargissement, d'ailleurs légitime, de la phénoménologie husserlienne dans le sens indiqué par Max Scheler ou par Mac Dougall ou par les existentialistes français, ne change rien au problème d'existence, même s'il donne un inventaire plus riche des modes d'apparaître d'autrui. Le respect, en tant que sentiment *pratique*, pose une limite pour ma faculté d'agir; ainsi, parlant de l'humanité, Kant établit qu'elle n'est pas une «fin subjective» que viserait ma sympathie, ce qui serait encore l'inclure dans mes inclinations *als Gegenstand, den man sich von selbst wirklich zum Zwecke macht* (A 431; «comme un objet dont on se fait en réalité une fin de son propre gré» D, 154); l'humanité est une «fin objective», comme loi de série qui constitue *die oberste einschränkende Bedingung aller subjektiven Zwecke* (ibid; «la condition suprême restrictive de toutes les fins subjectives»); plus loin Kant l'appelle plus fortement *die oberste einschränkende Bedingung im Gebrauch aller Mittel* (A 438; «la condition limitative suprême dans l'usage de tous les moyens» D, p. 166). De même est la personne: c'est «une fin qui existe par soi», que je ne peux penser que négativement, comme «ce *contre qui* on ne doit jamais agir» *(dem niemals zuwider gehandelt... werden muß* A 437; D, p. 165).

Par le respect, la personne se trouve d'emblée située dans un champ de personnes dont l'altérité mutuelle est strictement fondée sur leur irréductibilité à des moyens. Qu'autrui perde cette dimension éthique que Kant appelle sa *dignité (Würde)* ou son prix absolu, que la sympathie perde son caractère *d'estime*, et la personne n'est plus qu'un *bloßes Naturwesen* — «un être purement naturel» — et la sympathie un affect animal.

Mais, dira-t-on, la proposition: *die vernünftige Natur existiert als Zweck an sich selbst* (A 429; «la nature raisonnable existe comme fin en soi» D, p. 150) n'est qu'un postulat. Kant l'accorde aisément (voir sa note à A 429). Ce postulat c'est le concept d'un règne des fins, c'est-à-dire la liaison systématique des êtres raisonnables par des lois communes. L'historien n'a pas de peine à y reconnaître l'idée augustinienne de la cité de Dieu et l'idée leibnizienne du règne de la grâce. Ce qui est proprement kantien, c'est d'accéder à cette idée par un mouvement de régression vers le fondement de la bonne volonté, donc par radicalisation d'une démarche de la liberté. La pluralité et la communication des consciences ne peuvent faire l'objet d'une description, si d'abord elles ne sont posées par un acte de *Grundlegung:* — de «position de fondement» — la communication des consciences est alors ce qui rend possible la coordination des libertés et ce qui fait de chaque vouloir subjectif une liberté.

On peut sans doute regretter le tour étroitement juridique que prend cette mutualité des libertés sous l'idée d'une législation a priori; ce n'est sans doute pas ce qui est le plus remarquable chez Kant. Ce qui reste admirable, c'est de n'avoir pas cherché d'autre «situation» pour la personne que son «appartenance» (comme membre ou comme chef) à une totalité pratique et éthique de personnes. Hors de là elle n'est plus une personne. Son existence ne peut être qu'une *existence-valeur*. Les révélations affectives d'autrui ne dépassent pas forcément le niveau de l'outil ou de la marchandise.

Ainsi l'existence absolue d'autrui appartient originairement à l'intention de la volonté bonne; seul un mouvement réflexif de *Grundlegung* découvre que cette intention enveloppe l'acte de se situer comme membre législateur dans une communauté éthique.

Du même coup la détermination de la personne comme fin en soi qui existe nous ramène au problème de la chose en soi. Dans la IIème Partie nous avons souligné la fonction *limitative* de la chose en soi à l'égard des prétentions du phénomène; cette philosophie des *limites*, totalement absente de la phénoménologie, trouve sur le plan pratique son épanouissement, puisque l'autre c'est celui contre qui je ne dois pas agir. Mais en même temps l'idée d'un règne des fins fait surgir le caractère positif de *fondement* de l'en soi. Seulement la détermination de l'en soi ne devient jamais théorétique ou spéculative, mais reste pratique et éthique. Le seul monde intelligible dans lequel je puisse me «placer» c'est celui auquel j'accède par le respect; par l'autonomie de ma volonté et le respect de l'autonomie d'autrui, *so versetzen wir uns als Glieder in die Verstandeswelt* — «nous nous transportons dans le monde intelligible à titre de membres». Mais en entrant dans ce monde, je ne puis *mich hineinschauen, hineinempfinden* (A 459; «En s'introduisant ainsi par la pensée dans un monde intelligible, la raison pratique ne dépasse en rien ses limites; elle ne les dépasserait que si elle voulait, en entrant dans ce monde, s'y apercevoir, s'y sentir» D, p. 201).

Kant n'a-t-il pas, par là, montré les limites non seulement des prétentions du phénomène, mais les limites de la phénoménologie elle-même? Je puis «voir», «sentir» l'apparaître des choses, des personnes, des valeurs; mais l'existence absolue d'autrui, modèle de toute existence, ne peut être sentie; elle est annoncée comme étrangère à mon vécu par l'apparition même d'autrui dans son comportement, son expression, son langage, son oeuvre; mais cette apparition d'autrui ne suffit pas à l'annoncer comme un être en soi. Son être doit être posé pratiquement comme ce qui *limite* la prétention de ma sympathie elle-même à réduire la personne à sa qualité désirable et comme ce qui *fonde* son apparition elle-même.

La gloire de la phénoménologie est d'avoir élevé à la dignité de science, par la «réduction», l'investigation de l'apparaître. Mais la gloire du kantisme est d'avoir su coordonner l'investigation de l'apparaître à la fonction limite de l'en soi et à la détermination pratique de l'en soi comme liberté et comme tout des personnes.

Husserl *fait* la phénoménologie. Mais Kant la *limite* et la *fonde*.

LE SENTIMENT

Il n'est pas aisé de trouver la place *juste* du sentiment dans l'ensemble de la méditation philosophique. Deux périls nous guettent, entre lesquels il faut avancer hardiment. D'un côté une philosophie d'entendement réduit le sentiment au rôle de déchet; c'est le πάθος que le λόγος doit sans cesse évacuer. De l'autre côté une philosophie du sentiment demande au „coeur" des révélations sur ce que l'entendement ne connait pas; elle lui demande un second immédiat, une intuition pure, par delà tout discours.

Je voudrais explorer une voie intermédiaire, entre la hargne d'une philosophie d'entendement et les complaisances d'une philosophie du sentiment; une voie qui ne soit pas celle d'un facile éclectisme, mais un vrai milieu, c'est à dire un extrême. Cette voie intermédiaire, pour la désigner vaguement avant de la parcourir, serait celle d'une genèse réciproque de la raison et du sentiment; une genèse telle que le pouvoir de connaître, en se hiérarchisant, engendre véritablement les *degrés* correspondants du sentiment; mais telle aussi qu'en retour le sentiment engendre véritablement l'*intention* même de la raison. C'est donc la double spirale du sentiment et de la raison que je voudrais dérouler tout à l'heure.

Mais avant d'entamer ce parcours je voudrais dire ce qui me donne le droit de l'entreprendre. Ce qui m'en donne le droit c'est le rôle général du sentiment. Il y a en effet une fonction universelle du sentiment, du *Fühlen*, du *feeling*, qui fait l'unité de la notion à travers les manifestations que nous parcourerons plus loin.

I. RÔLE GÉNÉRAL DU SENTIMENT: INTENTIONNALITÉ ET INTÉRIORITÉ

Ce rôle général, nous chercherons à l'établir avec les ressources de l'analyse *intentionnelle*. Nous laissons de côté la question de savoir s'il y a plusieurs degrés ou niveaux du sentiment: ce sera précisément la tâche d'une genèse réciproque du sentiment et de la raison. Nous nous demanderons plutôt ce qu'est à chaque niveau la visée du sentiment.

Or tout de suite nous sommes plongés dans l'embarras; le sentiment – par exemple l'amour, la haine – est sans aucun doute intentionnel; il est un sentir quelque chose: l'aimable, le haïssable. Mais c'est une intentionnalité bien étrange: elle vise des qualités senties *sur* les choses ou *sur* les personnes; mais en même temps elle révèle la manière dont le moi est intimement *affecté*. Voilà le paradoxe embarrassant: la coïncidence de l'intentionnalité et de l'intériorité, de l'intention et de l'affection, dans le même vécu. Cette coïncidence explique que la philosophie répugne encore aujourd'hui à accorder un *objet* au sentiment et parle seulement de sa subjectivité; c'est pourtant grâce à cette visée intentionnelle, à ce dépassement du sentiment dans un senti, qu'il peut être énoncé, communiqué, élaboré dans une langue de culture. Mais nous hésitons à juste titre à appeler ces corrélats du sentiment des *objets*; parce que ce ne sont pas des objets, mais seulement des qualités qui ont besoin du support des objets perçus et connus pour être objectivées; ces objets sont comme le substantif, le centre de significations, à quoi se rapportent ces adjectifs sentis; par eux-mêmes ces corrélats du sentiment ne sont que des épithètes flottantes; elles sont hors de la conscience certes, mais en ce sens seulement qu'elles en sont le visé et le signifié: il faut le secours d'une chose extérieure, d'une personne présente, pour les mettre tout à fait dehors, dans le monde. Mais en même temps que les choses perçues et les personnes présentes objectivent l'aimable et le haïssable, l'aimable et le haïssable manifestent sur les choses *mon* amour et *ma* haine. C'est là l'autre face de cette remarquable expérience: intentionnel le sentiment n'est pas objectif; il n'est pas traversé par une intention positionnelle, par une croyance ontique; il ne s'oppose pas à une chose qui est; il ne signifie pas, par le moyen des qualités qu'il vise, l'étant de la chose; il ne croit pas à l'être de ce qu'il vise. Non. Mais *sur* la chose et par le moyen de l'aimable et du haïssable il manifeste mon être-affecté-ainsi. Sentir, c'est se sentir ainsi et ainsi; je me sens triste ou gai.

Voilà le paradoxe du sentiment. Comment est-il possible? Comment le même vécu peut-il *désigner* un aspect de chose et, par cet aspect de chose, *exprimer* l'intimité d'un moi?

On peut comprendre ce noeud de l'intentionnel et de l'intime dans le sentiment de la façon suivante.

Le sentiment est la manifestation sentie d'une relation au monde plus profonde que celle de la représentation qui institue la polarité du sujet et de l'objet. Cette relation au monde passe par tous ces fils secrets, ,,tendus" entre nous et les êtres, que nous nommons précisément les ,,tendances". Ces liaisons antéprédicatives, pré-réflexives, pré-objectives, nous ne pouvons les ressaisir que dans deux langages brisés, celui des conduites, celui des sentiments; mais elles sont la racine commune de ces deux langages; une tendance, c'est à la fois la direction objective d'une conduite *et* la visée d'un sentiment; aussi le sentiment n'est-il rien d'autre que cette direction même de la conduite en tant que sentie; la manifestation ressentie de ce ,,vers quoi" s'approche, ,,loin de quoi" s'éloigne, ,,contre quoi" lutte notre désir.

Cette thèse, qui est la pierre angulaire de toute notre réflexion, mérite qu'on s'y arrête. Ce privilège de *révélateur* que nous donnons au sentiment par rapport aux élans de notre être et par rapport à ses liaisons pré-objectives avec les êtres du monde rencontre des résistances de deux sortes: celle de la psychologie des conduites et celle de la psychologie des profondeurs; la première allèguera que le sentiment ne constitue qu'un segment de conduite et que seul l'ensemble de la conduite a un sens. A quoi il faut répondre que le sentiment n'est pas une partie de la conduite, mais qu'elle est signifiante du tout; c'est le vécu affectif qui révèle que la conduite a un sens en manifestant ce que signifie manquer de .... tendre vers .... atteindre, posséder et jouir; autrement dit, le sentiment ne fait que manifester l'intention immanente aux ,,tensions" et ,,pulsions" dont parle la psychologie de la conduite. Ici la psychologie des profondeurs objectera que le sentiment vécu donne seulement le sens apparent et qu'il faut déchiffrer le sens latent, qui est le sens réel, et traiter le sentiment comme un simple symptome. C'est vrai: mais ce sens réel ne sera jamais qu'une exégèse du sens apparent; l'essentiel c'est qu'il y ait sens; or, aussi loin que l'on puisse et que l'on doive aller dans le soupçon à l'égard du sens apparent, c'est ce dernier qui introduit les pulsions dans la dimension du signifiant; sans un sentiment même mensonger, les pulsions ne seraient que des métaphores transposées de la physique; le sentiment, même faux, est révélateur d'intentionnalité; que ce révélateur soit dissimulant, c'est une complication supplémentaire qui ne retire rien au rapport fondamental de manifestation entre ,,l'agi'' et le ,,senti''; car la dissimulation est encore une péripétie de la manifestation.

Ces deux objections écartées, nous pouvons faire un pas de plus dans l'exégèse du sentiment; nous avons fait du sentiment la manifestation sentie de tous ces liens avec les êtres et les aspects du monde qui constituent les tendances. Nous pouvons maintenant comprendre la fonction du sentiment, cette fonction qui fait l'unité de toutes ses manifestations vitales, psychiques, spirituelles. Cette fonction peut être comprise comme *inverse* de la fonction d'objectivation [1]. Alors que la représentation nous *oppose* des objets, le sentiment atteste notre affinité, notre coaptation, notre harmonie élective avec des réalités dont nous portons l'effigie affective. Les scolastiques avaient un mot excellent pour exprimer cette convenance mutuelle du vivant aux biens qui lui sont congénères; ils parlaient d'union connaturelle. Ce lien connaturel nous l'opérons de façon silencieuse dans nos tendances, nous le ressentons dans toute notre vie affective.

On comprend dès lors qu'il puisse y avoir un avènement du sentiment proportionné à l'avènement de la raison; à tous les niveaux que la connaissance parcourt, le sentiment sera en effet la contre-partie de la dualité du sujet et de l'objet; à cette coupure il riposte par une conscience d'appartenance, par l'assurance de notre affinité pour cela même que nous nous opposons, que nous nous objectons. Et l'on comprend enfin pourquoi le sentiment, ainsi mêlé à l'aventure de la connaissance et de l'objectivité, doit présenter la texture intentionnelle étrange que nous disions; d'une part c'est *sur* les choses élaborées par le travail d'objectivation que le sentiment projette ses corrélats affectifs,

[1] William Stern, *Allgemeine Psychologie auf personalistischer Grundlage*.

ses qualités senties: l'aimable et le haïssable, le désirable et l'abominable, le triste et le joyeux; il paraît ainsi jouer le jeu de l'objet. Mais comme ces qualités ne sont pas des objets en face d'un sujet, mais l'expression intentionnelle d'un lien indivis avec le monde, le sentiment apparaîtra en même temps comme une couleur d'âme, comme une affection. C'est ce paysage qui est riant et c'est moi qui suis gai; mais le sentiment c'est mon appartenance à ce paysage qui est en retour le signe et le chiffre de mon intimité. C'est parce que tout notre langage s'est élaboré dans la dimension de l'objectivité où le sujet et l'objet sont distincts et opposés que le sentiment ne peut plus être décrit que paradoxalement, comme l'unité d'une intention et d'une affection, d'une intention vers le monde et d'une affection du moi; mais ce paradoxe est seulement l'index pointé vers le mystère du sentiment, à savoir la liaison indivise de mon existence aux êtres et à l'être par le moyen du désir et de l'amour.

II. DUALITÉ DU CONNAÎTRE ET DUALITÉ DU SENTIR

L'analyse intentionnelle que nous venons d'esquisser nous met à pied d'œuvre. Nous nous étions proposé de montrer la *genèse mutuelle* de la raison et du sentiment. L'entreprise est légitime, s'il est vrai que le sentiment a pour fonction générale d'intérioriser la réalité que nous nous ,,objectons", de compenser la coupure sujet-objet par une conscience de participation. Sentiment et raison, dès lors, sont contemporains et croissent ensemble; seul un être de raison est aussi un être de sentiment.

Qu'attendons-nous alors de cette *genèse mutuelle*? Deux choses: D'abord la théorie de l'objet doit nous fournir un principe de hiérarchie dans la confusion affective; en effet notre analyse antérieure est restée très indéterminée et par là même très abstraite; nous avons réfléchi sur les rapports de l'amour et de l'aimable, sans préciser s'il s'agissait de choses, de personnes, d'idées, de communautés, de Dieu; seule la genèse du sentiment par la raison et ses objets peut qualifier le rang des tendances et hiérarchiser le sentiment dans son intériorité même. Nous attendons par conséquent de cette genèse mutuelle qu'elle nous fasse passer d'une analyse *horizontale* du lien de participation entre l'amour et l'aimable à une analyse *verticale* des niveaux du sentiment. Cette échelle de la vie affective, nous n'allons pas la parcourir dans tous ses degrés, mais la repérer par ses deux extrémités de manière à faire apparaître *l'amplitude du sentiment*. C'est ce thème de l'*amplitude du sentiment* qui nous occupera, dans la deuxième partie de cette étude.

La seconde chose que je voudrais montrer ensuite, c'est ceci : si le sentiment se hiérarchise en fonction du pouvoir de connaître, en retour c'est la *vie* du sentiment qui anime et soustend la vie de la raison ; et cette vie du sentiment, je voudrais la surprendre sur le terme intermédiaire de la dialectique ascendante, sur ce θυμός que Platon plaçait entre le désir et la raison, qui est peut-être le sentiment par excellence.

Ainsi, après nous être porté aux extrêmes pour comprendre l'amplitude du sentiment à la lumière de celle de la raison, nous reviendrons au moyen terme afin de montrer la fragilité de la raison par celle du sentiment.

Allons donc d'abord de l'amplitude du connaître à l'amplitude du sentir. Cette amplitude du connaître peut être décrite comme une disproportion initiale entre deux visées qui se recoupent dans la constitution de nos objets. D'un côté une visée de perception, essentiellement perspectiviste, de l'autre une visée d'entendement qui prétend à déterminer l'objet même. Je ne reviens pas ici sur l'analyse bien connue du perspectivisme de la perception : c'est toujours une face, puis une autre face, qui m'apparaît et c'est toujours d'un point de vue, puis d'un autre, que j'appréhende l'objet. Mais l'important, le voici : cette visée perspectiviste est toujours traversée par la visée d'un sens non-perspectiviste qui va à la vérité de la chose même ; ce sens je le vise certes *dans* une perspective, mais au-delà de toute perspective ; c'est même cette visée de vérité qui révèle la perspective comme perspective. Or qu'y a-t-il à l'extrême de cette visée ? L'exigence d'une totalité, l'exigence de la totalité des conditions pour tout conditionné. Ainsi l'homme est-il cet être distendu entre deux visées, celle du ceci-ici-maintenant dans la *certitude* du présent vivant, et celle de l'achèvement du savoir dans la *vérité* du tout. A cette double visée, l'histoire de la philosophie donne des noms différents : opinion et science, intuition et entendement, certitude et vérité, présence et signification. Quel que soit le nom de cette dualité originaire, elle interdit de faire une philosophie de la perception avant une philosophie du discours et oblige à les élaborer ensemble, l'une avec l'autre, l'une par l'autre; le jugement, c'est précisément le mouvement même de l'entendement, opinant entre les deux limites de l'impression et de la totalité.

Tel est le fil conducteur: simple dans la vitalité, l'homme est double dans l'humanité. Mais cette dualité dans l'humanité n'a rien de *dramatique* dans l'ordre de la connaissance; car elle trouve sa réconciliation dans l'objet; l'objectivité de l'objet c'est précisément la synthèse faite, la synthèse de la signification et de l'apparition, du Verbe et du Regard. On peut dire que la dualité de l'homme se projette dans la synthèse de l'objet où elle s'oublie et s'abolit en s'objectivant.

Mais si le sentiment intériorise ce que la connaissance objective, qu'advient-il de cette dualité qui tout à l'heure s'abolissait dans la synthèse objectale? Il advient ceci: la synthèse objective s'intériorise en dualité ressentie et non d'énoncé, en ,,disproportion'' affective.

Ainsi la dualité silencieuse du connaître, amortie dans l'objet, se réfléchit, dans le sentiment, en dualité dramatique. C'est cette dualité rendue sensible que nous allons maintenant interroger. Ce que nous retrouvons maintenant c'est l'idée platonicienne de l'amplitude de la vie affective: ἐπιθυμία – θυμός – ἔρως (Désir, – coeur, – amour); nous avons dit que nous laisserons pour la fin la méditation sur le θυμός qui sera pour nous le sentiment par excellence, la vie du sentiment tendu entre la vie et l'esprit. Que signifie cette dualité affective de ἐπιθυμία et de ἔρως?

Il me semble qu'il faut la prendre comme une dualité originaire: au lieu de la dériver d'autre chose, il faut la prendre pour clé de la vie affective humaine. Or l'erreur de méthode des anciens *Traités des Passions* a été, me semble-t-il, de proposer un ordre progressif du simple au complexe, des passions principales aux passions dérivées, alors qu'il faut partir de la disproportion originaire du désir vital et de l'amour spirituel ou intellectuel; non pas du simple au complexe, mais du double au conflit. Par là même on se donne une affectivité humaine et non animale: l'illusion que les anciens *Traités des Passions* ont d'ailleurs communiquée à la philosophie moderne c'est de mettre en place une première couche de tendances et d'états affectifs, commune à l'animal et à l'homme, et d'édifier l'étage de l'humanité sur cette base; alors que l'humanité de l'homme, c'est cette polarité initiale entre les extrémités de laquelle le ,,coeur'' est placé.

Comment faire apparaître cette polarité? En interrogeant les affections qui terminent, qui achèvent le mouvement du besoin, de l'amour, du désir [1]. Il existe deux manières de ,,terminer'': l'une achève et parachève des opérations isolées, partielles: c'est le plaisir; à l'autre il appartient de *parfaire* ce que Aristote appelait l'ἔργον, l'œuvre de l'homme, ce que Kant appelle le *Bestimmung*, la destination de l'homme, et ce que les modernes appellent la destinée ou le projet existentiel de l'homme: c'est le Bonheur ou la Béatitude. Le plaisir est un achèvement fini, parfait dans la limitation, comme Aristote l'a admirablement montré. Quant au bonheur il ne peut être compris par extension du plaisir; car sa manière de terminer n'est pas réductible à une simple somme, à une addition d'agréments sans cesse renouvelés et que la mort interromprait: le Bonheur n'est pas une *somme*, mais un *tout*. C'est ce que Kant n'a pas considéré, lorsqu'il critique l'idée de bonheur; (,,l'agrément de la vie accompagnant sans interruption toute l'existence'' [2]); sa conception est celle d'une addition, d'une somme de simples ,,consciences de résultat'' (Scheler); or le bonheur n'est pas un total de désirs élémentaires saturés; car il n'existe pas d'actes qui rendent heureux. Il y a seulement des signes et des promesses de bonheur; mais ces signes sont moins des satisfactions qui saturent des désirs limités que des événements, des rencontres qui ouvrent des perspectives illimitées, comme par dégagement d'horizon.

Si cette phénoménologie du bonheur que S. Strasser a magnifiquement développée est exacte, il devient aisé de montrer que cette idée du bonheur ou de la béatitude est un sentiment de même amplitude que la raison. Nous sommes capables de bonheur, comme nous exigeons la totalité.

C'est là que nous retrouvons Kant après l'avoir critiqué. Réfléchissant au début de la *Dialectique* de la *Critique de la Raison Pratique*, sur l'origine de toute Dialectique il déclare: ,,la raison a toujours sa dialectique, qu'on la considère dans son usage

---

[1] S. Strasser, *Das Gemüt*.
[2] Kant, *Critique de la Raison Pratique*.

spéculatif ou dans son usage pratique; car elle *demande* la totalité absolue des conditions pour une condition donnée". Ce verbe *demander* (*verlangen*) est très éclairant: car il marque le moment où l'exigence de la raison, qui est la raison en tant qu'exigence, s'intériorise en sentiment; l'exigence est aussi demande, requête et c'est le sentiment même. Suivons encore Kant: quelques lignes plus loin, réfléchissant sur la puissance d'illusion – sur la nécessaire illusion – qui s'attache à cette requête, il découvre à sa source, „une perspective (*Aussicht*) sur un ordre de choses plus élevé et plus immuable dans lequel nous sommes déjà maintenant et dans lequel nous sommes capables, par des préceptes déterminés, de continuer notre existence, conformément à la détermination suprême de la raison". Toutes ces expressions sont remarquables: cette *Aussicht*, c'est à dire cette vue qui débouche, – cet ordre dans lequel nous sommes, – cette continuation de l'existence conforme à la destination (ou encore à l'assignation, au Dictamen de la raison), n'est ce pas *à la fois* la raison comme exigence de la totalité *et* le sentiment du bonheur comme achèvement de destinée? Kant il est vrai ne l'appelle pas bonheur, mais „l'objet entier d'une raison pure pratique". Mais si „cet objet entier" n'est pas le bonheur tel que Kant l'a critiqué, n'est-il pas néanmoins ce que Aristote appelait bonheur et dont il disait qu'il est „ce en vue de quoi" nous faisons toutes choses – ou encore ce que nous „poursuivons"? Le „poursuivre" d'Aristote n'est-il pas „l'exiger" de Kant? Kant n'est-il pas tout près d'Aristote lorsqu'il évoque la visée originaire du vouloir et qu'il parle du „vouloir parfait d'un être raisonnable qui aurait en même temps la toute puissance"? Bien plus, n'est-ce pas cet „objet entier" qui exige que le bonheur soit réconcilié avec la vertu dans la totalité; car, dit Kant, la privation du bonheur „ne peut pas du tout s'accorder avec ce vouloir parfait"; il faut donc que le bonheur appartienne originairement à l'essence de ce vouloir achevé ou complet, pour que nous puissions former l'idée du „souverain bien d'un monde possible".

C'est donc la raison en tant qu'ouverture sur la totalité qui engendre le sentiment en tant qu'ouverture sur le bonheur.

Mais cette genèse est une genèse *réciproque*. Qu'est-ce que le sentiment révèle que la raison seule ne montre pas? D'abord ceci: que *la* raison est *ma* raison; le sentiment réalise l'appropriation affective de la raison; en langage platonicien: nous sommes de la race des Idées; l'Idée est ce à quoi l'âme ressemble le plus; c'est le sens le plus profond de la réminiscence; par le sentiment, par l'ἔρως, je me souviens de la raison comme de mon origine. En langage kantien: la raison est ma ,,destination'', ma *Bestimmung*, l'intention selon laquelle je suis ,,capable de continuer mon existence''. Bref le sentiment révèle l'identité de l'existence et de la raison; le sentiment *personnalise* la raison.

Sans doute faut-il dire davantage, sous peine de retomber à un simple formalisme qui laisse échapper l'essentiel de la révélation du sentiment. Dans le texte même de Kant que nous évoquions plus haut il était question de cet ,,ordre dans lequel nous sommes déjà maintenant et dans lequel nous sommes capables .... de continuer notre existence''. Méditons sur ce ,,*dans*'' (,,dans lequel nous sommes''). Le sentiment s'annonce comme conscience *d'être déjà dans* ....; il manifeste un *inesse* par le moyen d'une ,,anticipation transcendante''. – Le sentiment c'est plus que l'identité de l'existence et de la raison dans la personne, c'est l'appartenance même de l'existence à l'être dont la raison est la pensée. C'est ici que le sentiment est entièrement lui-même; car c'est ici que nous voyons à l'œuvre ce que nous avons appelé dans la première partie l'identité de l'intentionnalité et de l'affection et où nous avons vu la contrepartie de .... et la victoire sur .... la dualité sujet-objet. La raison sans le sentiment reste dans la dualité, dans la distance; le sentiment nous révèle que, quel que soit l'être, nous en sommes; grâce au sentiment l'être n'est pas pour nous le Tout-Autre, mais le milieu, l'espace originaire dans lequel nous continuons d'exister; ce dans quoi nous nous mouvons, nous voulons, nous pensons et nous sommes.

III. LA FRAGILITÉ AFFECTIVE

Mais la ,,disproportion'' du plaisir et du bonheur révèle à son tour la fragilité affective de l'homme et la possibilité fondamentale du conflit. Seul le sentiment pouvait révéler cette fragilité. En effet la dualité de la raison et de la sensibilité, considérée seulement dans le pouvoir de connaître, n'est pas vécue comme disproportion ni comme conflit. Elle se projette dans la *synthèse* de l'objet. L'objet, c'est la liaison même de l'apparaître et du discours; l'objet c'est ce qui peut être vu et ce qui peut être dit; il se montre et il peut être explicité dans un langage communicable; grâce à lui, l'unité de l'homme est dehors; mais cette unité est purement intentionnelle; l'homme se fait projet de l'objet; mais l'unité de soi à soi-même y est seulement figurée dans un vis-à-vis, dans un *Gegenstand*. C'est la raison pour laquelle ,,le troisième terme", le terme ,,intermédiaire" – celui que Kant appelle imagination transcendantale – n'est rien d'autre que la possibilité de la synthèse et pas du tout un vécu, une expérience susceptible d'être dramatisée; il s'épuise tout entier à faire qu'il y ait de l'objet, qu'il y ait synthèse dans l'objet; pour lui-même il n'est rien; il demeure ,,un art caché dans les profondeurs de l'âme humaine"; il reste, en tant que racine commune aux deux sources, ,,inconnu de nous"; c'est que la ,,conscience" dont il est le ressort, n'est pas du tout ,,conscience de soi", mais unité formelle de l'objet, projet d'un monde; le ,,je" de la synthèse transcendantale n'est personne.

Il en est tout autrement du sentiment, distendu entre un principe du plaisir et un principe du bonheur. La ,,synthèse" n'est donnée nulle part. En *s'intériorisant* par le sentiment, la dualité qui fait notre humanité se dramatise en conflit. A la synthèse solide de l'*objectivité* répond la dualité polémique de la *subjectivité*.

Je voudrais le montrer par une analyse concrète qui prolongerait les vues de Platon sur le θυμός. Dans la deuxième partie de cet essai nous avons omis ce moment intermédiaire pour ne considérer que les extrêmes: ἐπιθυμία et ἔρως. Or Platon décrit ce θυμός comme le point où se resserre la contradiction humaine; tantôt, dit-il, il combat avec le désir, dont il est alors la pointe agressive, l'irritabilité et la colère; tantôt il lutte avec la raison, dont il est la puissance d'indignation et le courage d'entreprendre.

Il me semble que c'est ce θυμός, beaucoup plus que l'imagination transcendantale, puissance silencieuse par excellence, c'est ce θυμός qui est le ,,troisième terme" de l'existence humaine; troisième terme non plus intentionnel et perdu dans l'objet, mais troisième terme devenu pour soi et rendu sensible par le sentiment et comme sentiment; le θυμός, c'est vraiment ,,mon coeur mis à nu".

Or ce θυμός, ce *Gemüt*, ce *coeur*, ce troisième terme qui médiatise plaisir et bonheur, quel est-il?

Il me semble qu'on peut placer, sous le signe du „coeur" ambigu et fragile, toute la région médiane de la vie affective, entre les affections vitales et les affections spirituelles, bref toute l'affectivité qui fait la transition entre le vivre et le penser, entre βίος et λόγος.

Les affections qui remplissent cet intervalle ce sont celles qui animent les „passions" les plus importantes de l'histoire et de la culture; non plus ces „passions" élémentaires des *Traités des Passions*, mais au contraire les passions essentiellement interhumaines, sociales, culturelles, communautaires que Kant plaçait sous le triple titre de *passion d'avoir, passion de domination* et *passion d'honneur*. Car derrière ces figures passionnelles aberrantes, voire hideuses et meurtrières, se tiennent des requêtes qui sont d'authentiques requêtes d'humanité: le *moi* y constitue sa „différence", – sa différence d'avec les choses et sa différence d'avec les autres moi; le „moi" se distingue par le „mien", s'affirme par l'autorité, cherche sa valeur dans l'opinion d'autrui, dans l'approbation et dans l'estime. Je n'ai pas le temps de pousser bien loin cette esquisse, ni de retrouver la bonté originelle de ces trois requêtes, par delà leurs expressions historiques mauvaises, ni de montrer les correspondances entre ces requêtes affectives d'avoir, de pouvoir et de valoir et la constitution de nouvelles couches d'objectivité d'objets de niveau humain, réalités économiques, réalités politiques, réalités culturelles.

Je voudrais insister seulement sur la *fragilité* de ces requêtes affectives, en les situant *entre* le principe du plaisir et le principe du bonheur.

Il me semble que cette fragilité apparaît le mieux quand on considère comment ces requêtes pourraient être satisfaites; on avait déjà considéré plaisir et bonheur du point de vue de l'achèvement, de l'accomplissement; en posant la même question à propos du „cœur", on fait tout de suite apparaître un caractère remarquable de ces requêtes: ce sont des désirs *indéfinis*. Entre la *finitude* du plaisir qui clôt un acte déterminé et *l'infini* du Bonheur qui comblerait une destinée considérée comme un tout, le θυμός glisse un indéfini, qui rend possible une histoire, mais aussi qui rend possible un malheur d'exister; le „cœur" est inquiet, proprement insatiable; car, quand aurai-je assez? Quand serai-je assez puissant? quand serai-je assez estimé? le moi se cherche lui-même sans fin, entre plaisir et bonheur.

Il se produit alors des endosmoses multiples entre la finitude des besoins vitaux et l'indéfinitude du θυμός: tous nos instincts sont remaniés et comme transmutés par la triple requête qui nous fait homme; ceci est particulièrement manifeste dans le cas de la sexualité; elle devient sexualité humaine par le désir de possession, de domination et aussi de reconnaissance mutuelle qui la traverse; elle est prête pour les drames passionnels et le mythe de don Juan; en retour le θυμός se sexualise et devient l'équivoque *libido* dont Freud lui-même dit qu'elle n'est pas exclusivement génitale; la *libido* c'est plutôt l'affection humaine sensibilisée par la sexualité, à la fois sexuelle et plus que sexuelle; Platon dit de même que le θυμός combat avec le désir tout en étant plus que désir.

Mais en même temps que le θυμός subit l'attraction du vital, tout en le traversant de sa propre inquiétude, il subit aussi l'attraction de l'ἔρως spirituel, du désir du bonheur, qu'il colore de son angoisse. Ainsi naissent les „passions" au sens romantique du mot, les *Leidenschaften*, sans qui disait Goethe rien de grand ne se fait. Il y a en effet dans les „passions" humaines un appétit de totalité, d'infini, d'absolu, dont ne saurait rendre compte le principe du plaisir et qui ne saurait être qu'une image, un reflet, un mirage du désir du bonheur [1]. Pour l'homme de la passion son objet est *tout*. Or la vie ne veut pas tout; c'est l'esprit qui veut le tout, qui pense le tout, qui n'est en repos que dans le „tout". Pour ce tout l'homme est capable de sacrifier même son plaisir et d'affronter la douleur: le bonheur s'est voué en douleur et en „passion".

Ainsi se poursuit, à travers le cœur humain et ses multiples requêtes indéfinies et inquiètes, le jeu du plaisir et du bonheur. C'est par ce jeu et dans ce jeu que le sentiment se dramatise et que le moi creuse sa présence fragile et vibrante au coeur des choses, au coeur de ces choses où pourtant ne cesse de s'apaiser la querelle de la raison et des sens, dans la tranquillité du regard et du discours, par la médiation de l'imagination. La dualité de

---

[1] Strasser, *Das Gemüt*.

l'homme, que l'imagination transcendantale apaise dans l'objet, le sentiment l'intériorise et l'avive dans le *conflit* essentiel, le conflit du plaisir et du bonheur. Tous les autres conflits, qu'ils puisent leur origine dans notre enfance ou dans nos rapports avec notre milieu, peuvent à leur tour être intériorisés, parce que le conflit de nous-mêmes les précède, les recueille et leur prête la note d'intimité qui est dès l'origine la sienne. Nul conflit entre nous-même et quelque *sur-moi* emprunté ne pourrait être introjeté si nous n'étions pas originairement cette disproportion de la vie et de l'esprit, de la sensibilité et de la raison et si notre ,,cœur'' (notre θυμός, notre *Gemüt*) ne souffrait pas partage et mélange, s'il n'était pas l'ardeur de l'existence à la croisée du βίος et λόγος.

Résumons en quelques mots tout notre mouvement de pensée: la fonction universelle du sentiment est de relier. Il relie d'abord ce que la connaissance scinde; il me relie au monde. Tandis que tout le mouvement d'objectivation tend à m'opposer un monde, le sentiment unit l'intentionalité qui me jette hors de moi à l'affection par quoi je me sens exister; ainsi est-il toujours en deçà ou au delà de la dualité du sujet et de l'objet.

Mais en intériorisant toutes les liaisons du moi au monde, il suscite une nouvelle scission, non plus horizontale cette fois, mais verticale. Il rend sensible et vivante la dualité de la raison et de la sensibilité qui trouvait dans l'objet son point de repos; il distend le moi entre deux visées affectives fondamentales, celle de la vie organique qui s'achève dans la perspective instantanée du plaisir, celle de la vie spirituelle qui aspire à la totalité, à la perspective du bonheur.

Cette disproportion du sentiment suscite une médiation nouvelle, celle du θυμός, celle du ,,cœur''; cette médiation correspond, dans l'ordre du sentiment, à la médiation silencieuse de l'imagination transcendantale dans l'ordre de la connaissance; mais alors que l'imagination transcendantale se réduit tout entière à rendre possible l'objectivité que nous appelions tout à l'heure le point tranquille où se reposent la raison et la sensibilité, cette médiation se réfléchit en elle-même dans une requête affective interminable où s'atteste la *fragilité* de l'être homme.

L'image de l'homme qu'une philosophie du sentiment propose est celle d'un être situé entre les pôles extrêmes de la réalité, qui comprend ces pôles et les rapproche; d'un être qui récapitule en lui-même les degrés de la réalité, mais qui en même temps est le point faible de la réalité, parce qu'il ne coïncide pas avec lui-même, parce qu'il est le ,,mélange'' que le mythe platonicien avait déjà décrit. Ce ,,mélange'', c'est le thème de notre histoire.

Sympathie et Respect

Phénoménologie et éthique de la seconde personne

En posant le problème de la seconde personne, nous poursuivons un dessein essentiellement méthodologique : la méthode phénoménologique est-elle véritablement universelle ? Vaut-elle pour les personnes comme pour les choses ? On ne peut, en effet, pratiquer une méthode sans être attentif à ses limites ; il y a chance qu'en découvrant ce qui la limite, on découvre aussi ce qui la justifie et la fonde. C'est pourquoi il a paru intéressant de surprendre un point où elle est en difficulté et où elle requiert, pour continuer d'être pratiquée, le secours d'un type de pensée autre que la description compréhensive de ce qui « apparaît », autre que l'exégèse des « apparences ».

Aussi nous commencerons par prendre conscience d'une déception ; d'une déception qui s'attache à tous les essais de phénoménologie qui tentent de rendre compte de l'existence d'autrui par un simple bilan des modes de son apparaître ; la phénoménologie de la sympathie nous servira d'exemple privilégié pour susciter cette déception.

Nous montrerons alors que l'*apparaître* d'autrui demande à être fondé dans une *position d'être* qui excède toute méthode descriptive et ressortit plutôt à une fonction pratique de la conscience, à un postulat de la liberté. Notre réflexion sera ainsi ramenée de Husserl et Scheler à Kant : la phénoménologie de la sympathie nous renverra à l'éthique du respect.

Enfin nous achèverons la preuve en montrant que la position absolue d'autrui dans le respect est le fondement toujours préalable à un discernement de l'apparaître d'autrui ; revenant donc de l'éthique du respect à la phénoménologie de la sympathie, nous verrons comment la première rend possible la seconde, maintient son objet en quelque sorte à bout de bras, le lui offre à décrire et le protège contre les équivoques d'une simple phénoménologie de la sympathie ; enfin comment, sous l'égide d'une éthique du respect, peuvent se coordonner une phénoménologie de style husserlien de la sympathie et une phénoménologie de style hégélien de la lutte.

I

DÉCEVANTE PHÉNOMÉNOLOGIE.

Pourquoi parler de *déception* à propos de la phénoménologie d'autrui ? Parce qu'elle est une promesse qui ne pouvait être tenue.

Son problème est de rendre compte de la coupure entre la manière dont une personne s'annonce et la manière dont une chose se montre ; il appartient à l'apparence de la personne de se donner non seulement comme la présence d'un être, donc comme une apparence ontique, mais, en outre, comme l'apparence d'un autre sujet, l'apparence de mon semblable.

Pour rendre justice à cette double énigme de la subjectivité *étrangère* ET *semblable*, il faut briser ce qu'on peut appeler la dictature de la « représentation », de la *Vorstellung*, et accéder à la position absolue de l'existence d'autrui. Par la dictature de la « représentation », je désigne cette invitation subtile qui procède de la phénoménologie de la « chose », de la *Dingkonstitution*, — cette invitation à ne plus saluer dans le monde que des significations purement présumées, des « unités de sens », comme dit Husserl, que je lance en avant de moi pour maîtriser le flux de silhouettes à quoi se réduit l'objet de ma perception, cet objet que j'appelle chose. La lutte contre le faux prestige de l'en-soi, contre le faux absolu de la chose, réussit trop bien à délester la « chose » de présence. Car la présence, en dernier ressort, est le propre des personnes et ce sont elles qui confèrent de la présence aux choses même. Et cela de diverses manières : d'abord mon perçu est aussi aperçu comme perçu par autrui et la présence d'autrui qui regarde la même chose que moi irradie sa présence sur mon propre perçu ; mais autrui est non seulement celui qui regarde les mêmes choses dans le même monde, mais qui travaille aux mêmes œuvres et habite les mêmes séjours ; ainsi les choses sont non seulement lourdes du regard d'autrui, mais chargées de son labeur et imprégnées de cette présence subtile et diversement qualifiée que l'on respire dans une maison amicale, dans un bureau anonyme, devant un public hostile ou sur un champ de bataille.

La présence des personnes est si entremêlée à l'apparence des choses que la conquête du pur apparaître des « profils » de choses présuppose bien plus que la suspension du prétendu en-soi de ces choses : la « suspension », l'ἐποχή de la présence d'autrui ; bien plus, il faut poursuivre cette réduction non seulement dans les apparences, dans le flot de profils que déroule mon environnement vital, mais jusque dans la conscience sourde que je prends de mon corps, comme centre de perspective et d'orientation, comme point zéro et comme ici, comme repère existentiel et comme puissance charnelle du présent vivant.

C'est cette ἐποχή que Husserl élaborait naguère dans la *Ve Méditation Cartésienne* sous le nom de réduction à la sphère d'appartenance propre, à la sphère du « propre ». La question est alors de savoir à quel prix il peut être rendu compte de la présence d'autrui à partir de cette réduction héroïque, — car il y a de l'héroïsme dans cette lutte pour la constitution du monde, qui ose s'engager dans le goulot d'étranglement du solipsisme transcendantal.

Notre but, ici, n'est pas de faire de l'histoire ; aussi nous ne retracerons pas l'argumentation laborieuse de Husserl et nous irons droit au point où, selon nous, elle échoue. On peut dire que la Ve *Méditation* est une gageure intenable ; Husserl tente de ne lâcher aucune des deux exigences qui dominent le problème tel qu'il l'a posé.

D'un côté, pour rester fidèle à l'idéalisme qui a présidé à la réduction et à la constitution de la chose, il veut montrer comment autrui est un « sens » qui se constitue « *dans* » la sphère d'appartenance, dans ce qui m'est le plus propre ; c'est, en effet, dans mon expérience la plus personnelle que le corps d'autrui se silhouette ; il fait partie de mon paysage vital ; il est vu, entendu, touché ; son être se réduit véritablement à son être perçu, comme toute autre chose ; jusqu'ici le corps d'autrui ne s'enlève pas sur le fond des choses, mais s'y résorbe sans privilège particulier.

D'un autre côté, en même temps que Husserl constitue autrui « en moi » selon l'exigence idéaliste de la méthode, il entend respecter le sens qui s'attache à la présence d'autrui, comme un autre que moi, comme un autre moi, qui a son monde, qui me perçoit, s'adresse à moi et noue avec moi des relations d'intersubjectivité d'où sortent un unique monde de la science et de multiples mondes de culture. Husserl ne veut sacrifier ni l'exigence idéaliste, ni la docilité aux traits spécifiques de cette aperception d'autrui qu'il appelle du terme plus ou moins heureux d'*Einfühlung.* L'exigence idéaliste veut qu'autrui *comme* la chose soit une unité de modes d'apparition, un sens idéal présumé ; la docilité au réel veut qu'autrui « transgresse » ma sphère propre d'expérience, fasse surgir, aux bornes de mon vécu, un *surcroît* de présence, incompatible avec l'inclusion de tout sens en mon vécu.

Le problème d'autrui porte donc au jour le divorce latent entre les deux tendances de la phénoménologie husserlienne, la tendance descriptive et ce qu'on peut bien appeler la tendance « métaphysique ». Le génie de Husserl est d'avoir tenu la gageure jusqu'au bout : en effet, le souci descriptif de respecter l'altérité d'autrui et le souci dogmatique de fonder autrui dans la sphère primordiale d'appartenance trouvent leur équilibre dans l'idée d'une saisie analogisante d'autrui.

Mais on peut douter que l'énigme de l'existence d'autrui en tant qu'autrui — c'est-à-dire à la fois comme autre et comme semblable — tienne dans les bornes étroites de cette saisie analogisante où s'équilibrent les deux exigences auxquelles Husserl tente de satisfaire à la fois.

En effet, il n'y a en un sens radical qu'une unique réalité primordiale, moi, mais pourtant elle se transgresse elle-même dans un « autre », par une sorte de multiplication par similitude que Husserl appelle « appariement » (*Paarung*). Le corps d'autrui est là lui-même, « apprésentant » le vécu d'autrui qui n'est pas là lui-même, sous peine de se confondre avec le mien ; ainsi l'autre n'est pas un moment de ma vie, bien que le déroulement de sa vie soit indiqué par son corps dont la « présentation » se produit dans ma sphère propre d'appartenance.

Le nerf de l'argument réside dans le lien analogique qui lie l'autre corps au mien, seul donné à moi-même originairement comme corps vivant (*Leib*). Husserl n'ignore pas les difficultés classiques de la thèse de l'analogie ; il pense y échapper en faisant de l'analogie une saisie plus primitive que le « raisonnement » et que tout « acte de pensée », une sorte de renvoi à une première création de sens, de transposition pré-intellectuelle, dans le style des relations pré-intellectuelles, — des pré-relations — étudiées plus tard dans *Erfahrung und Urteil*. Husserl ne peut rendre compte du fait que toutes les analogies jouent d'objet à objet à l'intérieur de la sphère primordiale et que celle-ci va de l'ensemble de la sphère primordiale à un autre vécu qui est le vécu d'un autre ; Husserl l'accorde : « Rien du sens transféré — à savoir le caractère spécifique de corps vivant — ne peut être réalisé en original dans ma sphère primordiale. » Étrange analogie qui ne va plus seulement du modèle au semblable, mais du propre à l'étranger. L'énigme se concentre dans la valeur ontique (*Seinsgeltung*) qui arrache le vécu de l'autre ainsi « apprésenté » (saisi par analogie) à ma sphère primordiale.

L'embarras de Husserl tient à son impuissance à sortir des cadres de pensée hérités de la constitution de la chose ; il se demande dans quelle expérience concordante se confirme le sens : « vécu d'autrui » ; de même que l'unité de sens que nous appelons arbre, maison, se confirme dans des profils concordants, de même les apprésentations d'autrui « empruntent leur valeur ontique à leur connexion motivante avec des présentations véritables qui ne cessent point de les accompagner ni pourtant de changer ». Mais tout de suite Husserl rétablit l'énigme de l'expérience d'autrui : la concordance du comportement d'autrui « indique » (*indiziert*) seulement du psychique ; ce n'est pas le remplissement en original d'un sens visé par une présence perçue, mais « l'indication » indirecte d'un vécu étranger par la cohérence d'une conduite. La difficulté reste donc entière : pourquoi cette cohérence interne m'invite-t-elle à viser un étranger et non point un objet de mon monde ?

Ce que Husserl ajoute sur le rôle des aspects potentiels de mon expérience propre (« là-bas » où est l'autre, c'est un « ici » possible de mon corps, un endroit où je peux aller) rend plus facile le jeu de l'analogie, mais ne résoud pas l'énigme de l'étranger ; j'apparie autrui non seulement à mon expérience actuelle, mais à mon expérience potentielle ; ce qu'autrui perçoit m'est suggéré analogiquement par ce que je verrais de là-bas ; mais le « ici » d'autrui diffère essentiellement de mon « ici » potentiel, celui qui serait le mien si j'allais là-bas ; ton « ici » est autre que le comme si j'étais là-bas ; car il est le tien, *et non* le mien.

Ainsi ne cessent de s'équilibrer dans l'analyse scrupuleuse de Husserl les prétentions de l'idéalisme qui s'expriment dans la réflexion sur les opérations de l'ego « dans » lesquelles je constitue l'autre en moi et le respect proprement phénoménologique de l'expérience, qui s'exprime dans la description pure et simple des traits spécifiques par lesquels autrui s'exclut de ma sphère propre. Cette seconde tendance culmine dans cette notation que la compréhension d'autrui et la réflexion sur moi-même sont strictement réciproques, « puisque toute association apparaitante est réversible » (102). Cet aveu final n'atteste-t-il pas la précarité de l'ἐποχή qui a isolé la sphère propre ?

Cette aventure de l'idéalisme husserlien [1] permet de poser la question radicale : la « valeur ontique » (pour parler comme Husserl) qui s'attache à « l'apprésentation » d'autrui dans la « présentation » de son corps n'est-elle pas d'une nature irréductible à la « valeur ontique » qui s'attache aux unités de sens présumées que nous appelons « choses » et qui se confirment en se remplissant intuitivement au fil du flot de silhouettes ? Kant n'avait-il pas été droit au cœur du problème quand il opposait pratiquement les personnes aux *marchandises* ? Tentera-t-on, pour briser le prestige de la *Dingkonstitution* et pour rompre le charme subtil de la « représentation », hérité de la réflexion sur la « chose », de chercher du côté des *sentiments* la révélation de l'existence d'autrui ? La vie affective a-t-elle des ressources que n'a point la perception trop spectaculaire, trop contemplative ? La sympathie serait-elle la clé de cette révélation ?

Ce projet paraît d'autant plus légitime que l'affectivité vise et saisit quelque chose sans passer par la « représentation » ; elle met en présence de..., sans proprement connaître. Il paraît donc légitime de chercher du côté de l'affectivité l'ouverture sur le monde des personnes.

On sait avec quelle chaleur — à défaut de rigueur — Max Scheler a tenté, dans *Nature et Formes de la Sympathie*, de distinguer la sympathie (*Mitfühlen*) de la contagion affective et de la fusion affective qui en est la forme

---

[1]. Les *Méd. Cart.* représentent la pointe avancée de l'idéalisme husserlien ; aussi n'est-il pas étonnant que les inédits ultérieurs qui marquent le reflux de l'idéalisme soulignent l'irréductibilité de la constitution des personnes à celle des choses ; déjà l'*Appendice* VII à *Ideen* II, sur lequel Tran-Duc-Thao a attiré justement l'attention, marque l'opposition entre la *Einheit absoluter Bekundung* que la personne signifie et la simple *Erscheinungseinheit* à quoi se réduit la chose. Toute la troisième partie de *Ideen* II consacrée à la réalité des personnes souligne l'inflexion du problème de la perception quand on s'élève de la chose et même de la psyché (au sens de : objet de la psycho-physiologie) à l'esprit ; Husserl souligne déjà que c'est dans une attitude pratique plutôt que théorétique (II, III, § 2 et 3), dans des prédicats de valeur et d'action que l'esprit des personnes et des groupes est reconnu. Cette évolution de Husserl n'infirme pas notre analyse ; elle prouve, au contraire, que la reconnaissance du moment ontique de la réalité personnelle est d'une autre nature que la constitution des unités de sens présumées selon le modèle de la *Dingkonstitution* ; l'énigme d'une expérience d'altérité absolue en ressort renforcée.

extrême. La sympathie est une manière de « prendre part », de « partager » une tristesse ou une joie sans la répéter, sans l'éprouver par réduplication comme un vécu semblable. La contagion affective serait plutôt un phénomène de contamination psychologique aveugle et quasi-automatique, donc involontaire et inconscient, capable de s'amplifier par une sorte de résonnance ou de récurrence affective. Elle exclurait la « compréhension » véritable et « l'intuition » active et consciente de ressentir « avec... », sans ressentir « comme... ». Ainsi la sympathie distinguerait les êtres, la contagion et la fusion affective les mêleraient.

La description de Max Scheler est incontestable ; la question est seulement de savoir si la distinction de la compassion compréhensive et de la contagion aveugle constitue, comme le veut M. Scheler, un fait, un donné phénoménologique susceptible de servir ensuite de pierre de touche à la métaphysique de la personne, à l'éthique de la pitié, etc. A-t-on le droit de parler d'une « distance phénoménologique » entre les êtres, au nom d'un trait descriptif élevé au rang « d'essence » ou d' « *a priori* » ?

Nous avons le droit d'être sceptique, si nous considérons la confusion totale dans laquelle Max Scheler trouve le problème de la sympathie et la confusion dans laquelle il le replonge. Tout son livre est dirigé contre Spencer et Darwin, contre Schopenhauer et von Hartman, contre Nietzsche enfin ; tous auraient confondu sympathie et contagion, voire sympathie et fusion affective, soit, les premiers, pour amorcer une genèse de tous les sentiments intersubjectifs à partir de cet affect ambigu, soit, les seconds, pour louer la pitié, soit, le dernier, pour en ruiner le prestige. Pour être aussi répandue, la confusion de la sympathie et de la contagion affective ne tient-elle pas à la nature même de la sympathie ? La sympathie n'est-elle pas elle-même cette relation *équivoque* à autrui qui attend d'ailleurs critique et discernement ? Sinon comment expliquer que la phénoménologie de la sympathie ait ainsi à remonter sans cesse la pente de la confusion ? C'est ici qu'on peut douter que la phénoménologie opère ce redressement par les seules ressources de la description, au sens brut de la constatation d'un fait ou d'un état de chose. A dire vrai, la description de Max Scheler introduit autant de confusion qu'elle en dissipe. Son livre est d'une certaine façon une apologie de la fusion affective ; avec complaisance, il la retrouve dans l'extase des mystères grecs, dans l'âme primitive et dans tout primitivisme psychique d'ordre infantile ou d'ordre pathologique, dans les émotions érotiques et le sentiment maternel, dans l'instinct au sens de Driesch et de Bergson ; et cette fusion affective, à laquelle il oppose par ailleurs la sympathie, tout son romantisme, tout son dionysisme tend à y voir la matrice affective de la sympathie : « Un minimum de fusion affective non spécifiée est nécessaire pour rendre possible l'intuition d'un être vivant (voire du mouvement organique le plus simple, en tant que distinct du mouvement d'un objet inanimé) en tant qu'être vivant, et... c'est sur cette base de la plus primitive intuition des êtres extérieurs que s'édifient la « reproduction affective » la plus élémentaire, la « sympathie » non moins élémentaire et, par delà ces deux attitudes, la « compréhension » spirituelle (50) ; le goût anti-moderne de Max Scheler le portait, d'autre part, à déplorer la décadence de la vie instinctive. Propos curieusement dissonants avec d'autres tels que celui-ci : « La reproduction affective et la sympathie sont totalement incompatibles avec la fusion affective et avec l'identification véritable » (56). De là l'équivoque constante de ce livre partagé entre deux soucis : celui de *scinder descriptivement* la sympathie de la contagion et de la fusion affectives, celui de *réenraciner vitalement* la sympathie dans la fusion. Max Scheler — augustinien *et* romantique — était bien accordé par son équivoque propre à l'équivoque de la situation affective qu'il abordait [1].

Ce caractère équivoque de l'affect comme tel nous invite à nous demander si la « distance phénoménologique » qu'il est censé révéler, si l'altérité même des êtres, ne sont pas d'un autre ordre que l'affect ; l'équivoque qui paraît inhérente à la sympathie ne doit-elle pas sans cesse être tranchée par un acte de position d'autrui en tant qu'autrui, par un acte qui confère à la sympathie ce discernement de la distance entre les êtres que la phénoménologie déclare constater ?

Ce procès de la sympathie peut être poussé plus loin. Pourquoi privilégier la sympathie parmi tous les sentiments intersubjectifs ? Ce privilège n'est-il pas d'un autre ordre que descriptif ? En effet, la sympathie, comme modalité vécue, n'est pas plus significative que l'antipathie, la jalousie, la haine. Et même, peut-on dire, le jaloux perce avec plus de clairvoyance le décor de gesticulation d'autrui en direction du foyer d'intentions où se constitue son existence que le brave homme qui trouve tout le monde sympathique. La façon dont le jaloux épie les signes, les suspecte, les confronte, ne constitue-t-elle pas une sorte de doute méthodique, impitoyable et douloureux, opposé à tous les jugements précipités de la sympathie,

---

1. Une étude historique — qui n'est pas ici notre propos — aurait à replacer l'analyse de *Nature et Formes de la Sympathie* dans le contexte d'ensemble de l'œuvre de Max Scheler. Il apparaîtrait que la véritable doctrine de la connaissance d'autrui est dans les pages de l'*Éthique Matérielle* consacrée à « la personne dans ses relations éthiques » (*in ethischen Zusammenhängen*) [*ibid.*, p. 495-620]. L'analyse intitulée « appréhension théorétique de la personne » qui précède ces pages décisives (384-495) atteint bien l'essence de la personne comme unité concrète de ses actes intentionnels ; il est pourtant remarquable que cette analyse essentielle n'épuise pas « l'intention signifiante du mot personne » (495) et ne s'élève pas à la différence fondamentale Je-Tu. C'est seulement lorsque la personne se montre dans ses « intentions de valeurs » et se signale comme un « être-de-valeur » (*Wertwesen*), comme dit M. Scheler dans une expression raccourcie, que la compréhension émotionnelle d'autrui atteint son véritable objet ; l'amour va au *Wertwesen* d'autrui et réciproquement le *Wertwesen* n'est accessible qu'à l'amour ; ce n'est qu'à ce niveau que nous échappons aux embarras de la connaissance analogique ; toute la méditation de M. Scheler tend, au contraire, à établir que la saisie du *Wertwesen* d'autrui précède toute réflexion solipsiste et que la connaissance de moi-même dans mon *Wertwesen* est une sorte d'amour d'autrui réfléchi sur la première personne. — Nous aurons à dire, plus loin, si ce que M. Scheler appelle compréhension de l'être-de-valeur par l'amour diffère de ce que Kant appelle respect.

à cette naïveté de la sympathie qui, spontanément, attache une pensée, un sentiment, une intention à une expression, à une conduite ? N'est-ce pas la jalousie qui, mieux que la compassion, reporte et repousse autrui au delà des signes qu'il donne de lui-même ? Le jaloux n'atteste-t-il pas, par sa souffrance même, l'existence d'autrui, l'existence absolue et certaine d'un Soi étranger et inaccessible, qui se cache autant qu'il se montre dans le phénomène de lui-même ? Et le timide, pris sous le regard d'autrui, pétrifié par ce regard, ne fait-il pas une expérience absolue de la subjectivité étrangère dans l'épreuve même de sa propre existence convertie en objet sous le regard qui pèse sur elle ? On sait les ressources que Sartre a tirées de cette situation.

Brusquement le *privilège* de la sympathie parmi toutes les humeurs et les tonalités intersubjectives s'effondre, en même temps que les *équivoques* propres à la sympathie en ruinent la clarté révélatrice. D'un point de vue strictement descriptif, tous les affects comme tels sont également intéressants et la phénoménologie des apparitions d'autrui doit se perdre dans une multiplicité de monographies aussi valables les unes que les autres : phénoménologie de la honte, de la pudeur, de l'antipathie, de la colère, de la peur, de la jalousie, de l'envie, de la timidité, etc. Le problème d'autrui est alors la proie d'une décomposition sans fin qui est bien un des périls de la phénoménologie, sans compter les méfaits de l'amateurisme descriptif, de son goût pour la subtilité. Une question sérieuse est ainsi posée sur le plan méthodologique : qu'est-ce qui peut résister à cette dispersion sans fin d'apparitions sans cesse ramifiées, à cette vaine curiosité qui s'appelle volontiers phénoménologie ?

On serait alors porté à chercher d'un autre côté que la sympathie, la relation fondamentale à autrui capable de regrouper la multiplicité des révélations de son existence. Husserl, Scheler et toute leur descendance n'ont-ils pas omis le moment de *négativité* que Hegel et Marx ont discerné au cœur des relations interhumaines ? C'est un fait que les analyses hégélienne du maître et de l'esclave, marxiste de la lutte des classes, sartrienne du regard et de la honte paraissent aujourd'hui plus riches de contenu humain que la phénoménologie de l'*Einfühlung* ou du *Mitfühlen* ; la lutte qui dramatise le problème d'autrui n'est-elle pas mieux accordée à la réalité quotidienne que la compassion ? Bref, on est tenté de penser que l'*opposition* des consciences est la clé de leur *altérité* ; autres parce que poursuivant chacune la mort de l'autre ; là serait le secret de la « distance phénoménologique » que Max Scheler crut trouver dans la sympathie.

II

DE LA SYMPATHIE AU RESPECT.

Une sorte de doute sceptique se dégage du procès de la sympathie ; ses équivoques, son contestable privilège parmi les innombrables affects intersubjectifs, nous laissent dans une disposition soupçonneuse à l'égard des prétentions de notre sensibilité intersubjective. Ce doute sceptique, il faut le transformer hardiment en doute méthodique ; en déposant en bloc tous les affects rivaux où autrui semble se montrer et tout à la fois se cacher, faisons surgir l'acte de position d'autrui toujours préalable à cet acte de déposition.

De quelle nature peut être cet acte de position ? Il ne peut se produire dans le prolongement du Cogito cartésien, mais, comme l'a bien vu Kant, dans l'acte par lequel la raison *limite* les prétentions du sujet empirique ; la réalité d'autrui s'atteste dans une réflexion sur la *limite*, non point la limite subie comme une « situation » qui m'affecte, mais voulue comme le moyen de donner de la valeur au moi empirique ; cet acte d'auto-limitation justifiante, — cette position volontaire de finitude — peut s'appeler indifféremment devoir ou reconnaissance d'autrui ; en effet, je ne puis limiter mon désir en m'obligeant, sans poser le droit d'autrui à exister de quelque manière ; réciproquement reconnaître autrui, c'est m'obliger de quelque manière ; obligation et existence d'autrui sont deux positions corrélatives. Autrui est un centre d'obligations pour moi, et l'obligation est un abrégé abstrait de comportements possibles à l'égard d'autrui. Par conséquent, tandis que la position du Cogito dans le doute cartésien peut rester un acte éthiquement neutre, la position d'autrui en tant qu'autrui — la reconnaissance d'une pluralité et d'une altérité mutuelle — ne peut pas ne pas être éthique. Il n'est pas possible que je reconnaisse autrui dans un jugement d'existence brute qui ne soit pas un consentement de mon vouloir au droit égal d'un vouloir étranger.

C'est ici que Kant va plus loin que Descartes ; la constitution d'une philosophie pratique qui ne soit pas une extension de notre connaissance théorétique et ne puisse virer à la spéculation me permet seule de m'assurer d'autrui, comme je m'assure de moi, de Dieu et des corps dans les *Méditations*.

Ce recours à Kant sur le terrain de la phénoménologie de la seconde personne peut paraître d'autant plus singulier que Kant n'a jamais posé de façon explicite le problème de l'existence d'autrui, comme il pose celui du monde dans la *Réfutation de l'Idéalisme* et le *Postulat de la pensée empirique* ; mais cette existence, précisément, ne doit pas être cherchée ailleurs que dans les implications de la philosophie pratique. C'est dans l'analyse du *respect* qu'est contenue toute la philosophie kantienne de l'existence d'autrui. Lorsque Kant introduit brusquement la notion de personne, avec la deuxième formule de l'impératif catégorique, il conteste qu'il y ait un problème de l'existence d'autrui avant celui du respect : dans le respect un vouloir pose sa limite en posant un autre vouloir. Ainsi l'existence en soi d'autrui est posée avec sa valeur absolue dans un seul et même acte ; et cette existence est d'emblée autre que celle des choses : la « chose » appartient comme objet de mon désir à l'ordre des moyens ; la « personne » appartient comme vis-à-vis de mon vouloir à l'ordre des fins en soi : « Les êtres raisonnables, écrit Kant dans les *Fondements de la Métaphysique des Mœurs*, sont appelés des personnes, parce que leur nature les désigne déjà comme des fins en soi, c'est-à-dire comme quelque chose qui ne peut être employé simplement comme moyen, quelque chose qui, par suite, limite d'autant toute faculté d'agir comme bon me semble et qui est un objet de respect » ; l'opposition de la personne et de la chose est existentielle parce qu'elle est éthique, et non le contraire.

Nous aurons tout à l'heure à éclairer deux points difficiles : d'abord la situation du respect comme *sentiment* ; nous le ferons lorsque nous tenterons la reprise de la sympathie en tant qu'affect dans le respect ; pour l'instant, nous ne considérons que l'aspect purement pratique du respect à savoir la position d'un vouloir étranger et semblable à titre de vis-à-vis de mon vouloir, la coordination d'une pluralité de vouloir. Le second point que nous aurons à reprendre concerne le rapport exact entre ce que Kant appelle la « limite » de ma faculté agir et les situations historiques de conflit que nous évoquions plus haut ; ce point aussi sera élucidé quand nous considérerons comment le respect ordonne non seulement les affects qui gravitent autour de la sympathie, mais tous les affects dramatiques dont le conflit est l'âme : antipathie, haine, jalousie, volonté de dominer, d'asservir et de détruire. Ne retenons, pour l'instant, que le moment pur de la « limite », qui ne signifie ni limitation de la puissance de connaître (limite au point de vue spéculatif), ni limitation de la puissance d'agir (par impuissance empirique), mais limite pratique-éthique ; la limite est ici pure altérité : un autre vaut et existe, existe et vaut face à moi. Et son altérité se signale en ceci qu'il met un point d'arrêt à ma tendance à déterminer toutes choses comme une visée de mes inclinations et à l'inclure ainsi intentionnellement en moi comme objet de mes inclinations.

La force de l'analyse kantienne, dont on dira assez par la suite l'insuffisance, est d'avoir lié le problème de la personne à celui de l'obligation et celui de l'obligation à celui de la raison pratique ; c'est dire que la reconnaissance de l'existence d'autrui est corrélative de la double instance du devoir être et de la rationalité en tant que pratique ; nous sommes en face d'une triple et indivisible émergence. Kant la résume dans le beau mot d'*humanité* qu'il appelle fin objective en tant que « condition suprême restrictive de toutes les fins subjectives », ou encore en tant que « condition limitative suprême de tous les moyens ». Par le respect, la personne se trouve d'emblée située dans un champ de personnes, dont l'altérité mutuelle est strictement fondée sur leur irréductibilité chaque fois à des moyens ; autrement dit, leur existence c'est leur dignité, leur valeur non commerciale, hors de prix. Quand chaque personne non seulement m'apparaît, mais se pose absolument comme fin en soi limitant mes prétentions à l'objectiver théoriquement et à l'utiliser pratiquement, c'est alors qu'elle existe à la fois *pour moi* et *en soi*. Bref, l'existence d'autrui est une existence-valeur. L'illusion des phénoménologies de la sympathie est que l'existence d'autrui subsisterait encore de manière perceptive ou affective si autrui avait perdu la dimension éthique de sa dignité.

Dans le langage kantien, l'existence d'autrui est un postulat, c'est-à-dire une proposition existentielle impliquée dans le principe de la moralité (« la proposition : la nature rationnelle existe comme fin en soi est un postulat ») ; ce postulat, c'est le concept d'un règne des fins, c'est-à-dire la liaison systématique des êtres raisonnables par la loi même de leur respect réciproque. On n'accède pas à ce postulat par simple réflexion sur les actes du Cogito, mais par analyse des intentions de la volonté bonne ; cette intention implique l'acte de se situer soi-même dans un tout de personnes comme membre et souverain de la communauté éthique que les personnes formeraient toutes ensemble si chacun se situait par rapport à tous selon la réciprocité du respect.

*
* *

Reste à comprendre comment le respect enrôle, si l'on peut dire, la sympathie et la lutte elle-même, et le juridique et le politique, et l'histoire enfin. Kant, très consciemment, n'a pas dépassé le formel de l'obligation et l'existence d'autrui garde le caractère ponctuel et abstrait d'une existence corrélative de l'obligation morale toute pure. Il est vain de reprocher à Kant son formalisme : la pauvreté même du formalisme est sa raison d'être ; même s'il est par ailleurs le fruit amer d'une méfiance chagrine à l'endroit de l'affectivité, il est d'abord une exigence de méthode ; le prix de cette impitoyable ascèse des moments empiriques est la mise à nu du moment proprement pratique de l'existence d'autrui.

A partir de là tout reste à faire. Kant n'a jamais dit qu'une morale effective dût rester formelle ; il répète inlassablement que la détermination complète de quoi que ce soit est indivisément forme et matière. Ce qui est vrai d'une physique et d'une éthique l'est aussi de l'appréhension concrète d'un monde des personnes. L'abstraction kantienne du respect n'a donc de sens que si maintenant nous surprenons le respect à l'œuvre dans la pulpe affective et historique de la sympathie et de la lutte.

III

Du respect a la sympathie et a la lutte.

Le respect, d'abord, opère la justification critique de la sympathie ; il travaille comme un discriminant au sein de la confusion affective inhérente à la sympathie ; c'est le respect qui, sans cesse, arrache la sympathie à sa tendance romantique, soit à se perdre en autrui, soit à absorber autrui en soi — tendance que Max Scheler a bien discernée sous le titre de fusion hétéropathique ou idiopathique ; c'est par le respect que je compatis à la joie et à la souffrance d'autrui comme à la sienne et non comme à la mienne ; le respect creuse la « distance phénoménologique » entre les êtres, en mettant autrui à l'abri des empiètements de ma sensibilité indiscrète : la sympathie touche et dévore du cœur, le respect re-garde de loin. On dirait assez bien que la sympathie, selon Max Scheler, est une fusion affective redressée par le respect ; si sa texture est paradoxale, ce paradoxe n'est pas une donnée, un fait inerte qu'on constate : c'est une œuvre ; on ne saurait donc parler d'une « situation phénoménologique de fait ». Dans un autre langage, on pourrait mettre le respect au rang des « prises de position » (expression des phénoménologues de l'école de Münich qui correspond assez à ce que Kant appelait « maxime subjective du libre-arbitre »); c'est une prise de position qui reprend en sous-œuvre la pâte affective et l'élève au rang du sentiment ; le sentiment de sympathie est ainsi, comme la générosité cartésienne, une action dans une passion, une passion du libre-arbitre. Aussi le phénoménologue n'est-il pas devant un spectacle psychologique, mais devant une disposition passive-active, qui peut faire défaut et à laquelle la réflexion collabore activement ; aussi bien est-ce le moment de « prise de position » immanent à la sympathie, c'est-à-dire la spontanéité volitive opérant au cœur de l'affect qui peut devenir mauvaise comme nous le verrons tout à l'heure et qui, en fait, est toujours déjà mystérieusement mauvaise.

Nous pouvons donc appeler trans-affectif le moment du respect, quoiqu'il n'existe que dans un affect qu'il remodèle intérieurement. Je crois que c'est ce que Kant veut dire dans la *Critique de la Raison pratique* quand, reprenant par une démarche synthétique le thème du respect à partir de l'autonomie, il oppose le respect comme « mobile *a priori* » aux autres mobiles empiriques de la sensibilité ; il l'appelle alors un sentiment « produit spontanément » par opposé aux autres affects qui sont « subis ou reçus par influence » ; il est, en effet, comme l'empreinte de la faculté d'agir dans la faculté de désirer.

Il fallait donc traverser le doute sur la sympathie, accéder au moment pur du respect pratique, afin de conquérir le sens de la sympathie. A ce moment seulement nous avons le droit de dire que la sympathie et le respect sont un seul et même « vécu » : la sympathie, c'est le respect considéré dans sa matière affective, c'est-à-dire dans sa racine de vitalité, dans son élan et sa confusion ; le respect, c'est la sympathie considérée dans sa forme pratique et éthique, c'est-à-dire comme position active d'un autre Soi, d'un alter ego.

**

Le respect, disions-nous, *justifie* la sympathie : il la justifie d'une première façon en tranchant son équivoque, en maintenant l'altérité des êtres que la fusion affective tend à annuler ; il la justifie une seconde fois en la privilégiant parmi d'autres affects intersubjectifs. D'un point de vue descriptif, on l'a vu, la sympathie n'est pas plus révélatrice des relations avec autrui que l'antipathie, que la timidité et la honte, que la colère et la haine, que l'envie et la jalousie. La supériorité de la sympathie sur les autres affects intersubjectifs, c'est son affinité avec l'éthique du respect ; sa supériorité existentielle comme révélation d'existence étrangère est, en réalité, une supériorité éthique.

Pour bien entendre ce point, il faut tenter de situer les autres affects par rapport au respect ; il est possible, en effet, de découvrir analytiquement en chacun un moment de « prise de position » par rapport à autrui, par conséquent, un acte d'appréciation, d'évaluation de l'existence-valeur d'autrui ; c'est par ce côté que tout affect intersubjectif peut être situé par rapport au respect.

Esquissons cette analyse à propos de la haine ; c'est en un sens un affect qui enveloppe une prise de position dépréciatrice de l'existence-valeur d'autrui ; le haineux esquisse le mouvement de ravaler autrui parmi les choses qu'on foule aux pieds ; mais la haine est une prise de position composée : l'évaluation négative de l'existence-valeur d'autrui est en conflit avec une évaluation positive qu'elle essaie d'annuler ; c'est de ce conflit que procède le dynamisme de la haine ; c'est parce que je n'arrive pas à annuler en moi une appréciation de son existence qui le pose face à moi avec un droit égal, que je m'acharne sur lui pour annuler le reproche que retourne contre moi-même la valeur d'autrui, reconnue par un respect enfoui plus profondément que ma haine.

Il y a donc du respect malheureux dans la haine, du respect dépité, si j'ose dire.

Cette analyse de la haine ne peut être poussée plus loin qu'en mettant en jeu les mouvements complexes de la culpabilité et de la mauvaise conscience ; le conflit au sein d'une même conscience du respect qui pose autrui et de la haine qui le dépose est l'amorce d'un processus qui s'enfle lui-même sans fin et fait le malheur de la conscience ; le respect, en effet, rattache à autrui d'une manière qui ne cesse d'incriminer la haine ; se sentant incriminé, le haineux tente de refuser sa culpabilité, de l'expulser en la projetant sur autrui ; il l'accuse ; en l'accusant, il le déprécie ; et le phénomène circulaire, amorcé par le reproche qu'irradie l'invincible respect, se relance soi-même, s'entretient par récurrence. Si le mépris arrivait à étouffer le respect, il arriverait assez bien à annuler la valeur-existence d'autrui ; autrui dévalué serait un outil, un objet ; et le mépris s'éteindrait dans le succès, donnant le contentement à l'âme. Le temps du mépris serait aussi le temps du bonheur. Mais l'expérience commune et l'histoire montrent assez que le mépris ne vient jamais à son terme et que son plaisir n'est jamais consommé.

Ce qui distingue la sympathie des affects négatifs, c'est le bonheur.

Son bonheur n'est pas seulement celui de la consonance affective avec autrui — ce que l'instinct donne à moindres frais, — mais celui de la consonance éthique entre un affect pathétique et l'évaluation absolue du respect ; les affects négatifs comportent une souffrance morale ; ils sont empreints d'un malheur de la dissonance qui est éprouvé comme faute, refusé comme faute et aggravé par un essai manqué de disculpation : le haineux sent obscurément qu'il est le méchant ; il ne l'accepte pas, se déteste lui-même et tente de se purger en autrui de sa détestation. Du moins est-ce encore l'innocence du respect qui lui permet de souffrir en haïssant ; il faut être originairement innocent pour être originellement coupable ; le malheur, fait de reproche et d'échec, de tous les affects intersubjectifs négatifs témoigne encore de cette innocence enfouie ; les passions surgissent dans l'innocence du respect comme une catastrophe de la communication ; le respect fournit la trame intersubjective originaire sur laquelle se tisse le malheur du jaloux, de l'envieux, du luxurieux....

La consonance et la dissonance avec le respect font, dès lors, partie de la structure éthique de tous les affects intersubjectifs par le moyen de la « prise de position » qui les détermine pratiquement ; par le respect autrui continue d'être obscurément reconnu, lors même qu'il est passionnément supprimé et nié en intention ou en fait.

C'est pourquoi la sympathie, comme compassion active, a la signification exceptionnelle de guérir les affects malades et de régénérer l'âme injuste. La sympathie avait été nommée tout à l'heure la matière du respect ; on peut maintenant l'appeler la splendeur du respect ; car c'est lui qui fait de la sympathie un affect purificateur, par sa proximité éthique à l'égard du respect [1].

---

[1]. Ne sommes-nous pas plus près que jamais de Max Scheler, par cette justification critique de la sympathie ? « Ce qui détruit et doit nécessairement détruire cette illusion [l'illusion théorique et pratique de l'égoïsme], c'est l'intuition que nous avons, grâce à la sympathie, de l'égalité de valeur existant entre notre moi et les autres hommes en tant qu'hommes, en tant que vivants.... Dès que cette égalité de valeur nous est révélée, l'*autre* « devient » pour nous aussi réel que notre propre moi, perd son existence d'ombre, cesse de n'exister que par rapport à nous. » (*Nature et formes de la sympathie*, 96.) Et, plus loin : l'égocentrisme est une illusion timétique. Si bien que la phénoménologie est liée à un acte de « renoncement à l'égocentrisme timétique » (97). — Toute l'œuvre de Max Scheler tend vers une conception de l'intuition qui consiste, selon le mot de P.-L. Landsberg, à « rendre justice » à la valeur des êtres.

*
* *

Enfin troisième manière de justifier la sympathie : c'est de montrer comment elle se *coordonne* à la lutte, en se subordonnant au respect.

Nous avons signalé dans la première partie l'émiettement sans fin de la phénoménologie de l'intersubjectivité et la tentation qui se propose de regrouper les innombrables figures de l'expérience d'autrui, non plus à partir de la sympathie, mais à partir du conflit. Dans le prolongement de la *Phénoménologie de l'Esprit*, — qu'on opposerait alors à la phénoménologie de style husserlien et schèlérien, — l'opposition des consciences dans la lutte pour la reconnaissance serait le véritable révélateur de leur existence les unes pour les autres. L'intérêt principal de cette conception est de faire apparaître, avec le moment de négativité, un ordre dialectique qui est en même temps une histoire, idéale ou réelle, l'histoire des oppositions à travers quoi les consciences « deviennent » dans leur réciprocité ; ainsi la lutte apporterait à la fois le moment dialectique et le moment historique qui manquent aussi bien à l'éthique du respect qu'à la phénoménologie de la sympathie.

Tant que l'on considère d'un point de vue simplement descriptif lutte et sympathie, leur véritable relation n'apparaît pas ; les raisons de donner le pas à la lutte ne manquent pas. Non seulement la sympathie ne paraît pas couvrir tout le champ des apparitions d'autrui, mais il lui manque de s'élever, semble-t-il, au plan proprement historique, c'est-à-dire social et politique ; elle reste immergée dans la compassion aux larmes et au rire, à la tristesse et à la joie ; la lutte dynamise les relations humaines moins chargées de vitalité, plus marquées par le travail, l'appropriation des choses, la concurrence sociale, la brigue du pouvoir. La sympathie paraît ainsi reléguée dans le secteur « privé » des relations humaines, hors du champ des forces qui meuvent l'histoire.

Inversement, un plaidoyer pour la sympathie n'aurait pas de peine à tirer argument, non plus de l'*importance* historique des secteurs animés par les émotions de la sympathie ou de la lutte, mais de l'*intimité* du lien humain instauré par les unes et les autres. La sympathie est sur la voie des relations anonymes aux relations personnelles ; si la lutte « historise », la sympathie « intimise » les relations inter-humaines.

Ce jeu demeure vain aussi longtemps que n'apparaît pas la structure éthique de la lutte, fût-elle lutte pour la reconnaissance.

Une réflexion sur le rôle de l'opposition en général peut servir d'introduction à la question de savoir si la lutte est la manifestation primitive de la pluralité des consciences de soi. L'opposition n'a peut-être pas le privilège qu'une philosophie à la fois tragique et logique voudrait lui conférer ; l'opposition n'est qu'une figure empirique particulièrement voyante et spectaculaire de l'altérité. C'est le lieu de rappeler la démonstration du *Sophiste* de Platon : le non-être c'est l'autre ; l'opposition des contraires n'est qu'une espèce de l'altérité. Cela reste vrai quand des consciences s'opposent : il y a dans l'opposition des consciences la reconnaissance de l'altérité *plus autre chose* ; il y a le noyau d'altérité originairement constitué par le respect, plus une volonté de meurtre qui n'est pas une volonté d'altérité, mais de solitude par la mort de l'autre ; c'est bien pourquoi dans la fameuse dialectique du Maître et de l'Esclave, c'est déjà la reconnaissance de l'esclave comme un autrui qui maintient en face du Maître un vis-à-vis qui soit plus qu'un outil ; je ne vois pas que la conscience stoïcienne de l'égalité du maître et de l'esclave soit postérieure à la lutte; même si elle ne se réfléchit que secondairement elle est présupposée par la structure même de la lutte, pour autant que l'esclave, dans lequel le maître a sa vérité, demeure autre chose qu'un outil ; il y a dans l'esclave un autrui en voie d'annulation, un outil en voie d'humanisation.

Nous retrouvons ici une dialectique semblable à celle de la haine, déchirée entre la valorisation naissante d'autrui, laquelle maintient un sujet humain face à la haine et la dévalorisation d'autrui, qui conduirait au bonheur si elle réussissait à objectiver totalement autrui, c'est-à-dire à le mortifier dans la chose ou dans l'outil.

La lutte n'est donc pas une relation simple ; c'est pourquoi il ne paraît pas que la phénoménologie doive privilégier la négativité comme situation originaire de la communication ; il faut, au contraire, procéder à une analyse régressive des conditions de la lutte, pour en dégager le respect implicite et en recomposer le sens, comme il est possible de le faire pour les autres rapports intersubjectifs chargés de « négativité » ; ce serait la tâche d'une généalogie des passions, édifiée sur le fondement du respect ; la lutte y apparaîtrait comme une des dramatisations passionnelles de la révélation d'altérité instituée par le respect.

La portée de ce renversement qui subordonne la lutte au respect (et, en général, l'opposition à l'altérité) n'est pas seulement théorique, mais pratique ; entendons : il ne concerne pas uniquement la filiation des significations et des concepts, mais aussi notre jugement moral et politique ; car si nous comptons seulement sur les avatars de la lutte, sur ses hasards ou sur sa logique, pour assurer la reconnaissance d'autrui, nous adorerons l'histoire, en célébrant la négativité. Le respect me paraît être le moment non seulement trans-affectif qui peut justifier critiquement la sympathie, mais transhistorique qui nous permet d'accepter ou de refuser ce que l'histoire produit dans la douleur. La justification critique de la sympathie est aussi rectification pratique de la lutte. Seul le respect, en effet, peut anticiper la *fin* de la lutte, au double sens de visée morale et de terme historique, et ainsi donner une mesure à la violence. C'est également lui qui fait participer la non-violence à l'histoire, lui confère une efficacité spécifique qui l'arrache à son rôle noble et dérisoire de mauvaise conscience de l'histoire ; car le témoignage concret et actuel que le non-violent rend à l'amitié possible des hommes rejoint secrètement la visée éthique de la violence progressiste ; non seulement il la rejoint, mais il la révèle, en l'anticipant follement dans un présent intempestif, inactuel ; plus : en révélant la visée éthique de la violence, il justifie la violence, autant que cela est possible ; car en agissant non seulement en direction des fins humanistes de l'histoire, mais par la force désarmée de ces fins, l'homme du respect, le non-violent, maintient au cœur de la violence son sens actuel qui n'est pour elle que son espérance toujours différée.

Cette dialectique concrète de la non-violence et de la violence dans l'histoire, sous l'impulsion du respect, contient le rapport essentiel entre la sympathie et la lutte.

Conclusions méthodologiques.

Laissant de côté ces vues sur l'action dans l'histoire, revenons pour finir à nos préoccupations méthodologiques initiales :

1º Il n'y a pas à choisir entre une éthique formelle du respect et une éthique matérielle, soit de la sympathie, soit de la lutte. Le propre d'un formalisme est de fournir à l'éthique l'armature *a priori* impliquée dans le moment de « prise de position » à l'égard d'autrui et appelée à s'achever dans le sentiment et dans l'action. Il n'y a pas de morale concrète qui ne soit que formelle ; mais il n'y a pas de morale sans un moment formel. C'est là que Kant est invincible : la pauvreté du formalisme est sa force. C'est pourquoi la suite d'alternatives : Kant ou Hegel, Kant ou Marx, Kant ou Scheler, est une suite de fausses alternatives ; la seule question est de savoir comment continuer, quand une fois on a commencé avec Kant.

2º Il y a une reconnaissance d'autrui liée au moment formel de l'éthique ; par cet acte de reconnaissance, la prétention du moi à se poser par soi et pour soi trouve sa limite ; autrui est ainsi une fonction de la bonne « volonté » au sens kantien du mot ; cette position d'autrui, impliquée dans la bonne volonté, constitue l'aspect pratique et éthique de la finitude.

3º La position formelle d'autrui dans le respect s'achève doublement dans la sympathie et dans la lutte ; c'est ici que s'affrontent et se coordonnent une phénoménologie de la sympathie et une histoire de la violence.

4º Sans la position de réalité corrélative du respect, la phénoménologie échoue à passer du problème de la constitution de la « chose » à celui de la constitution de la personne. La phénoménologie procède de la décision de réduire l'en soi au phénomène, la position absolue de quelque chose à son apparaître ; cette décision — la réduction phénoménologique — est libérante lorsqu'il s'agit des choses ; la réduction de leur être à leur apparaître est une conquête positive qui fait surgir la dimension transcendantale du sujet. Mais cette décision est mortifiante lorsqu'il s'agit des personnes. La personne est reconnue dans le mouvement inverse qui replace l'apparaître dans l'être. Là est vrai l'axiome de Kant : pas de phénomène sans « quelque chose » qui apparaît (c'est d'ailleurs quand le « quelque chose » est « quelqu'un » que Kant est « le vrai Leibniz », comme il le dit une fois : la chose en soi est alors monade). Mais cette position de réalité des personnes reste une reconnaissance pratique, et l'existence y demeure existence-valeur ; le désir de « voir », de connaître spéculativement l'existence d'autrui est déjà indiscrétion, irrespect. Car si je pouvais transformer le postulat de la réalité d'autrui en vision, je pourrais construire une spéculation monadologique hors de l'action par laquelle j'œuvre à la reconnaissance d'autrui. C'est pourquoi on ne peut rencontrer que déception en toute tentative pour substituer quelque « perception » d'autrui ou quelque intuition du cœur au consentement de volonté ; en posant la réalité d'autrui, le respect la protège contre la vaine curiosité du savoir[1].

---

1. Un mot, à dessein, n'a pas été prononcé : l'amour. Il désigne une dimension nouvelle, celle de la Source ou de la Poésie. Ce serait alors une autre question de savoir à quel prix une philosophie de l'amour est possible ; elle ne peut, en tout cas, pas être instituée dans le prolongement d'une réflexion sur la *position* d'autrui impliquée dans la *limitation* que la raison *impose* aux prétentions du moi empirique ; ce doit être dans l'horizon d'une méditation non plus seulement sur la limite, mais sur la création et le don ; cette méditation excède les possibilités du type de pensée éthico-phénoménologique mis en œuvre dans cette étude. Toutefois l'amour ne saurait, en retour, s'annoncer dans le champ de la réflexion philosophique comme une reprise en sous-œuvre du respect, de même que le respect est une reprise corrective de la sympathie. Une philosophie de l'amour, si elle était possible, « inventerait » le respect comme « amour pratique ». Il a paru préférable, dans cette étude, de ne pas mêler les genres et de sauvegarder la spécificité de chaque type de réflexion.

L'ORIGINAIRE

ET LA

QUESTION-EN-RETOUR

DANS LA

KRISIS

DE HUSSERL

Je ne saurais oublier ma première rencontre approfondie avec Husserl : ce fut en lisant *la Théorie de l'intuition dans la Phénoménologie de Husserl* par Emmanuel Lévinas. Ce livre tout simplement fondait les études husserliennes en France, et il les fondait sur une interprétation centrée sur les *Recherches logiques,* plus spécialement sur la VI° Recherche à laquelle il aime encore revenir aujourd'hui Peu après la fin de la guerre, en dépit des deuils et au-delà de l'holocauste, Emmanuel Lévinas rouvrait une fois encore le champ phénoménologique. Il le déployait cette fois *entre* Husserl et Heidegger. Depuis lors, cet intervalle n'a cessé de déterminer l'amplitude du champ phénoménologique lui-même.

L'essai qui suit prolonge, dans l'une des régions de la phénoménologie également chère à Emmanuel Lévinas, l'impulsion qu'il a par deux fois donnée aux études husserliennes. Qu'il me soit permis de dire les circonstances dans lesquelles cette recherche a pris forme : invité ailleurs à interpréter le style de réduction des idéologies à la *praxis* dans *l'Idéologie allemande* de Marx, je me suis rappelé la brillante étude sur *l'Origine de la géométrie* de Jacques Derrida qui, le premier, a mis en relief la méthode de « *Rückfrage* » qu'il traduit avec un bonheur d'expression, par « *question en retour* » (il m'arrivera aussi de dire « questionnement à rebours »). Et je me suis posé la question de savoir si cette méthode de réduction, considérée dans son ensemble dans la *Krisis* de Husserl, ne constituait pas un paradigme recevable pour résoudre l'énigme du fameux « renversement » chez Marx, que la métaphore de la *camera obscura* obscurcit plus qu'elle n'éclaire. En élaborant ce modèle d'intelligibilité, je n'oubliais pas que Husserl et Marx n'avaient pas en vue les mêmes idéalités. L'un considère les idéalités religieuses, politiques, éthiques, et « tout le reste de l'idéologie », selon une expression de *l'Idéologie Allemande*. L'autre considère les idéalités logiques, mathématiques et philosophiques dérivées. Toutefois il me semblait que les deux penseurs avaient en commun le même geste philosophique, précisément le « questionnement à rebours ». Il me semblait en effet que ce geste philosophique suscitait les mêmes questions : à savoir, celle du sens de l'opération elle-même, celle du statut du terme ultime de la réduction — praxis dans un cas, *Lebenswelt* dans l'autre —, enfin celle du statut épistémologique des « représentations », idéologies et idéalités, une fois celles-ci réduites à leur sol d'être et de sens. Bien plus, il me semblait que la *Krisis* constituait un cas plus simple et, pour cette raison, plus favorable à la construction d'un modèle de discussion des paradoxes de *l'Idéologie Allemande*. D'abord, le cas exemplaire d'idéalisation — la *mathesis universalis* — est plus facile à théoriser que le premier noyau de l'idéologie chez Marx, à savoir la religion. Ensuite, le principe de l'extension du modèle initial est plus clairement défini chez Husserl : la mathématisation de la nature entière, érigée en pratique théorique, réglée par une certaine téléologie immanente, constitue en effet un processus plus aisément identifiable que l'extension, chez Marx, du modèle idéologique primitif aux idéalités politiques et à la sphère entière des représentations idéologiques. Si, en effet, l'extension du modèle est plus homogène chez Husserl que chez Marx, c'est parce que le processus est pour l'essentiel de nature purement épistémologique et ne concerne donc que les pratiques théoriques, du moins dans ses étapes initiales : tandis que l'extension, chez Marx, du premier noyau au reste de l'idéologie parcourt en fait une suite difficile à ordonner de pratiques sociales : politique, droit, culture, etc. Mais, surtout, la méthode même de réduction des idéalités fait l'objet, chez Husserl, d'une réflexion explicite qui autorise une tentative ultérieure de transposition de Husserl à Marx. Il en résulte que la vigilance critique de Husserl le met en meilleure position pour définir une entreprise de réduction qui ne soit pas réductionniste.

C'est le récit de cette entreprise que j'offre au fondateur des études husserliennes en France.

1. La méthode de « Rückfrage » dans la Krisis.

La thèse fondamentale dont nous partons est que la *Lebenswelt*, qui est à l'horizon de la recherche de la *Krisis,* ne tombe jamais sous quelque intuition directe, mais n'est atteinte qu'indirectement par le détour d'une « méditation-en-retour » (*Rückbesinnung),* ou mieux par la « question-en-retour » (*Rückfrage*). Le point d'application de ce questionnement à rebours est dans l'état contemporain des sciences, mais non pas dans la « scientificité » comprise au sens d'exactitude (*Exaktheit*) interne, mais dans la prétention des sciences à trouver en elles-mêmes leur propre fondement et à ériger ce fondement en mesure de rationalité. Husserl part donc d'une certaine situation qu'il trouve prévalente et qu'il caractérise d'une part par la surélévation des idéalités de type mathématique dans toute notre culture, d'autre part par le doute général qui affecte aujourd'hui le système entier de ces valeurs — *die allgemeine Bewertung* (*Krisis,* p. 3) — issues de cette hypostase. Il serait légitime de se demander si la décomposition du système hegelien, et sa transformation par ceux que Marx appelle les idéologues allemands, peut être comparée, au plan de la motivation philosophique, à ce que Husserl a perçu comme constituant la crise des sciences européennes. Le parallélisme — s'il a quelque valeur — ne retire rien au fait que pour Husserl l'origine de la crise se situe à la fin de la Renaissance au temps de Galilée et de Descartes. Mais si l'on considère ce que j'ai appelé le geste philosophique éventuellement commun aux deux penseurs, ce sont les « motifs plus profonds » (*Krisis,* p. 5) du changement qui s'imposent ; c'est alors que Husserl parle, d'une manière analogue à Marx, de *Wende, Wendung* et *Umwendung :* l'humanité européenne, dit-il, a opéré à la Renaissance un « renversement révolutionnaire » (« *revolutionäre Unwendung) (Krisis,* p. 5) ; et plus loin : « un étrange retournement » *(eine sonderbare Wende)* de toute la pensée en a été la conséquence nécessaire (*Krisis,* p. 9).

C'est ce renversement qui, à son tour, appelle un renversement en vue d'une nouvelle fondation. Mais cette fondation ne sera jamais une projection utopique : ce qu'il faut, c'est « la pénétration d'une *méditation-en-retour, historique et critique* », qui passe par « une question-en-retour sur ce qui, originellement et à chaque fois, a été voulu en tant que philosophie et a continué à être voulu à travers l'histoire dans la communion de tous les philosophes et de toutes les philosophies ; mais cela se fera aussi par *l'examen critique* de ce qui dans la détermination du but et dans la méthode, dénote cette ultime authenticité d'origine qui, une fois aperçue, contraint apodictiquement le vouloir » *(Krisis,* p. 16 ; trad. : Granel, p. 23-4).

Ce texte introduit la méthode de questionnement à rebours qui sera désormais notre fil conducteur.

Trois remarques s'imposent. Soulignons d'abord le caractère indirect de la méthode, en dépit du fait qu'elle est orientée vers ce qui est le plus ultime, le plus originaire, le plus authentique. Ensuite, le retour à l'origine oubliée présuppose que tout le processus d'idéalisation soit reconnu comme une surreption, comme une « *Ueberschiebung* », par quoi le monde mathématiquement construit par en dessous (*substruierte*) est pris pour le monde réel, le seul réellement donné par la perception, bref pour notre « monde de vie quotidien » (*Krisis,* pp. 48-49). Ce serait encore un problème de savoir jusqu'à quel point cette surreption peut éclairer la métaphore du renversement optique — de la *camera obscura* — chez Marx. Enfin, troisième remarque, l'origine vers laquelle pointe le questionnement à rebours ne consiste pas dans quelque intuition passive, réceptive, mais dans une vie *opérante.* Le terme qui s'impose est celui d'« opération » (Leistung) qui inclut celui de *praxis* : avant la géométrie des idéalistes vient la mesure pratique qui ignore les idéalistes (*Krisis,* p. 49). Cette « opération pré-géométrique » est pourtant le fondement de sens (*Sinnesfundament*) de la géométrie. C'est, déclare alors Husserl, par une fatale omission que Galilée n'a pas poussé son questionnement à rebours jusqu'à l'opération originairement donatrice de sens. Ainsi l'idéalisation a progressé sur un sol originaire qui est en lui-même de l'ordre de l'activité, de l'opération mais qui, pour Galilée déjà, était dissimulée. C'est cette opposition entre idéalisation et opération, atteinte par la méthode de questionnement à rebours, qui mériterait selon moi d'être comparée à celle entre représentation et *praxis* chez Marx.

2. Les critères de l'originaire.

J'ai suggéré plus haut que le questionnement à rebours était peut-être en lui-même un nœud de paradoxes. Le premier concerne les critères de l'originaire. On ne saurait en effet dissimuler des discordances entre les remarques éparses de Husserl à ce sujet.

La réflexion à partir de Galilée suggère un premier groupe de traits. D'abord celui-ci : avant les entités géométriques, avant l'espace et le temps géométriques, ce qu'on trouve, c'est un vivant actif dans un certain environnement. Si l'on suivait uniquement cette ligne de pensée, on serait conduit à l'idée d'un monde de la vie, non seulement clos sur lui-même, mais clos à tout questionnement. Husserl ne dit-il pas que ce monde de la vie demeure inchangé dans sa structure essentielle propre, quoi que nous fassions « *kunstlos oder als Kunst* » (Krisis, p. 51) ? Mais un deuxième trait corrige le premier : l'action qui caractérise ce niveau enveloppe quelque « préavoir

(*Vorhaben*), quelque « avoir-en-vue » (*Vor-meinen*) : Toute *praxis* avec ses anticipations implique des inductions » *(ibid.).* La ligne de partage ne passe donc pas entre vie et prédiction ou induction, mais entre l'induction en tant qu'appartenant à la sphère de la *praxis* et l'induction « étendue à l'infini » (d° 51). En d'autres termes, le tournant décisif, c'est l'idéalisation au sens d'itération *infinie.* Cette ligne est plus difficile à tirer, dans la mesure où l'anticipation semble être potentiellement ouverte au processus infini caractéristique de l'idéalisation. Un troisième trait semble renforcer le premier, mais en quelque sorte au niveau du second : le nouveau processus demeure finalement extrinsèque à la *praxis* ; Husserl se risque ici à parler du « vêtement d'idées » (*Ideenkleid*) qui, tout à la fois, représente (*vertritt*) et déguise (*verkleidet*) le monde de la vie (d° 52). Ce travestissement a empêché Galilée de jamais comprendre la signification vraie de sa méthode, de ses formulations et de ses théories. Ainsi fut-il un génie qui tout à la fois « découvre » et dissimule » (d° 53).

La réflexion à partir de Kant suggère un autre groupe de traits. Kant prétend fonder dans un système catégorial la présupposition de toutes les présuppositions. Il faut donc poser le problème du questionnement à rebours également en terme de présupposition. (Ce vocabulaire non plus n'est pas étranger à Marx.) Dans ce nouveau cadre de référence, le monde de la vie est désigné comme fondement non interrogé de toute présupposition (*Krisis*, p. 106). Ce que Kant a oublié est de l'ordre de l'opération, l'opération de la subjectivité transcendantalement formatrice. Le vocabulaire kantien est préservé, mais en même temps subverti. Il n'est plus question d'une activité de synthèse, mais du « monde environnant de la vie quotidienne en tant qu'étant » (*Krisis*, p. 106). Les implications de cette modalité spécifique de questionnement à rebours sont sensiblement différentes de celles qui s'attachaient à la notion d'une *praxis* pré-géométrique. Ce sont d'abord les prédicats *culturels* du monde qui sont soulignés. Les sciences, dit Husserl, sont « des faits culturels dans ce monde » (*Krisis*, p. 107). On comprend pourquoi c'est à cette place et en cette occasion que la dimension culturelle du monde de la vie est soulignée. Avec Kant, en effet, notre réflexion se meut au plan des questions de validation (*Geltung*). La manière appropriée de réduire des validations idéales à leur fondement dans l'expérience est de faire apparaître l'expérience elle-même comme un processus « d'évaluation » et les sujets comme des « sujets de validation » (*Krisis*, p. 107). Husserl observe à cet égard que des évaluations peuvent être devenues « des acquisitions habituelles », mais qu'elles peuvent être « réactualisées » à volonté ; ainsi demeurent-elles « nos validations ». Cette dimension axiologique du monde de la vie n'est pas abolie par l'apologie des aspects « sensuels » et « corporels » du monde de la vie en tant que « monde des sens » (*Sinnenwelt*), aspects auxquels Husserl s'attarde longuement dans le même paragraphe consacré aux présuppositions non exprimées de Kant (*Krisis*, par. 28). On pourrait suggérer que la transition entre monde sensible et monde axiologique est assurée par le « je peux » et le « j'agis », qui font du sujet un « sujet d'affections et d'actions » (*Krisis*, p. 109).

Quoi qu'il en soit de la cohérence entre les deux descriptions du monde comme monde sensible et comme monde d'évaluation, c'est sur l'activité d'évaluation que se greffe la dimension « communale » du monde de la vie. Vivre c'est « vivre avec un autre dans le monde » (*Krisis*, p. 110) ; cette condition fait des « sujets d'acte » un nous potentiel, comme le démontreront les analyses d'Alfred Schutz.

En mettant ainsi l'accent sur les traits culturels et axiologiques du monde de la vie, Husserl prépare l'inclusion de la science elle-même dans la sphère de la *praxis,* à titre de *praxis* théorique. La notion de monde de la vie est ainsi étendue au point d'englober son contraire, le monde objectif, non plus il est vrai en tant qu'objectif, mais en tant qu'il est lui-même le produit d'une opération. La science est une opération, l'œuvre de la communauté d'activité scientifique (*Krisis*, par. 34, e) : même les propositions en soi de Bolzano sont des ouvrages de l'homme, renvoyant à des « actualités et des potentialités » de l'homme ; « elles appartiennent ainsi à l'unité concrète du monde de la vie dont la concrétude s'étend par conséquent plus loin que celle des choses » *(Dinge)* », *(Krisis,* p. 133).

Mais cette inclusion de la *praxis* théorique dans l'univers englobant du monde de la vie ne constitue pas encore le dernier mot. La dimension culturelle et communale de la vie pratique dans le monde fait de celle-ci une « subjectivité anonyme », non seulement, semble-t-il, parce que sa source, son sol ont été oubliés en tant que *Leistung,* mais parce que la *Leistung* elle-même est anonyme, au niveau de la téléologie qui oriente la vie vers des configurations discernables, vers des *Gestalten* (*Krisis,* p. 114). Je comprends de la façon suivante cet ultime développement. Lorsque Husserl a été confronté avec la conséquence possible que le monde de la vie soit un monde privé, incommunicable, comme ce serait le cas si seul l'aspect « subjectif-relatif » était souligné, il a porté son attention sur la sorte « d'unité indéchirable du complexe de signification et de validité qui traverse toutes les opérations de l'esprit » (*Krisis,* p. 115). Précédant toutes les opérations individuelles et culturelles, on trouve toujours une *Leistung* universelle. Celle-ci est présupposée par toute *praxis* humaine, par toute vie pré-scientifique et scientifique (*Krisis,* p. 115).

Cette requête d'une « subjectivité universelle fonctionnant de façon ultime *(letztfungïerende)* » (*Krisis,* p. 115), ne pouvait être formulée qu'au terme d'une réflexion de second ordre prenant appui sur la Philosophie Transcendantale de Kant.

Si la recherche des critères de l'originaire est si peu concluante, si même elle paraît se perdre dans des directions divergentes, c'est, semble-t-il, parce que la question est mal posée. L'originaire, faut-il dire, n'est pas objet de description. Ou, pour le dire autrement, le prétendu prédonné n'est jamais donné à nouveau. La philosophie n'est pas la répétition de l'originaire.

La réflexion précédente sur les critères de l'originaire nous fournit quelques-unes des raisons de cette conclusion négative. Nous en découvrirons de nouvelles le moment venu.

Il apparaît d'abord que le concept de *Lebenswelt* ne peut être isolé de la méthode même de *Rückfrage* qui a son point de départ dans la couche des idéalisations et des objectivations produites par l'activité scientifique et culturelle. En ce sens la *Lebenswelt* est hors de notre atteinte. C'est la présupposition ultime qui, en tant que telle, ne peut jamais être transposée dans une nouvelle vie paradisiaque.

En outre, le monde perçu — ce que Husserl appelle *Sinnenwelt* — à quoi nous serions tentés d'identifier la *Lebenswelt* et sa pratique, n'est pas lui-même dépourvu d'interprétation. Waldenfels nous le rappelle : *Wahrnehmung ist Deutung*. La *Krisis* même l'atteste : les mondes ambiants des noirs africains et des paysans chinois n'ont pas pour eux les mêmes valeurs perceptives que le monde ambiant de l'occidental. D'une manière différente mais convergente, le monde pré-géométrique est déjà ordonné par des anticipations qui frayent la voie au monde géométrique. Nous sommes dès toujours au-delà du prédonné, — qui reste pré-donné, jamais donné à nouveau.

Mais il faut aller plus loin : le soi-disant monde de la vie n'est pas lui-même à l'abri du questionnement. Si, pour un questionnement à rebours qui part de Galilée ou même de Kant, il peut paraître sans présupposition, pour le mode cartésien de questionner que nous n'avons pas encore introduit, il est fondamentalement vulnérable au doute. Dans le paragraphe 17 : « récession (*Rückgang*) jusqu'à l'*ego cogito* », il est clairement affirmé que le doute radical de Descartes embrasse non seulement la validité de toutes les sciences antérieures, mais même la validité du monde de la vie pré-scientifique et extra-scientifique (*Krisis*, p. 77). Cette affirmation paraît à première vue incompatible avec la caractérisation de la *Lebenswelt* comme présupposition ultime. La conciliation redevient possible — et j'anticipe ici sur la solution que j'esquisserai plus loin — si on dissocie la fonction ontologique de la *Lebenswelt*, comme étant là avant toute interprétation, de sa fonction épistémologique en tant que prétendant à la validité. La voie cartésienne a pour résultat précisément de soumettre la *Lebenswelt* au doute cartésien quant à sa prétention à la validité. Mais si cette distinction peut être faite et maintenue, alors la racine ontologique, isolée de sa prétention à la légitimité, est plus éloignée que jamais de toute répétition dans une expérience intuitive. C'est peut-être la raison pour laquelle Husserl parle « du motif cartésien originaire » comme « l'enfer — *die Hölle* — d'une épochè insurmontable et quasi sceptique » (*Krisis*, p. 78). Ce que cette surprenante déclaration laisse entrevoir, c'est que le monde de la vie n'est pas un monde où nous puissions retourner comme Ulysse à Ithaque, parce que nous l'avons quitté pour toujours, non seulement au bénéfice des mathématiques et de la physique, mais sous la pression d'une question qui se retourne aussi contre lui : la question de la fondation ultime. Cette question, en effet, n'appartient pas elle-même au monde de la vie. Elle a été posée par ce que Husserl appelle « la nouvelle humanité » (*Krisis,* par. 33), c'est-à-dire les Grecs. La question grecque du fondement ultime n'appartient plus au monde de la vie en tant que telle, si celui-ci doit signifier la vie immédiate au niveau d'une *praxis* radicalement pré-scientifique.

3. La fonction épistémologique de la Lebenswelt.

A la question des critères de l'originaire il faut substituer la question de la fonction épistémologique de la *Lebenswelt*. Cette question, il est vrai, n'est pas non plus dénuée de paradoxes. Mais peut-être ceux-ci seront-ils moins rebelles à une tentative d'harmonisation ou de conciliation.

Une chose est maintenant certaine : le retour à la *Lebenswelt* n'est qu'un moment, un degré intermédiaire d'un « retour » plus fondamental, le retour à la science en tant que telle, à la raison en tant que telle, par-delà sa limitation dans la pensée objective. Ce qu'il faut donc comprendre c'est que, pour restaurer le concept de Science en son sens authentique, il faut faire le détour d'un questionnement à rebours qui prend cette pensée objective pour point de départ, met à découvert son défaut de fondation, et la renvoie à ce qui la précède absolument. C'est donc cette fonction de la « *Rückfrage zur Lebenswelt* » par rapport à la restitution de la signification véritable de la raison et de la science qu'il faut tenter de reconnaître et de comprendre.

Cette thèse, en effet, ne va pas sans de nouveaux paradoxes.

Si le « sens d'être » propre à la *Lebenswelt* reste une question ouverte (*Krisis,* 124), c'est parce que l'on ne comprend absolument pas comment la question de la validation absolue pourrait procéder du monde de la vie en tant que vécu. La scientificité du pré-scientifique demeure une question opaque. Ce qui est requis, c'est une scientificité différente de la scientificité objective, logique (*Krisis,* 127), et qui, « en tant que fondation ultime, ne lui soit pas inférieure en valeur mais lui soit supérieure » (*ibid.*). Or comment une telle *épistémè* peut-elle rendre justice en même temps à son contraire le plus méprisé, la *doxa* ?

L'Appendice XVII présente autrement le paradoxe d'une fondation absolue dans le monde de la vie. Husserl reconnaît « l'équivocité » (*Doppeldeutigkeit*) nécessaire, mais en même temps dangereuse, du monde en tant « domaine » (*Gebiet*). En un premier sens, le « domaine » est ce qui précède tous les buts ; il est au-delà de toute fragmentation ; c'est le sol (*Boden*). Mais l'ensemble des buts à atteindre ou déjà atteints constitue aussi une sorte de « domaine ». Le « domaine » est ici le lieu des buts particuliers, des téléologies particulières, parmi lesquelles celle des différentes sciences. Le paradoxe consiste en ceci que le « domaine » prédonné ne peut être atteint sans la médiation de buts particuliers qui constituent tel ou tel monde culturel, par exemple le monde pré-scientifique et le monde scientifique. Le « contraste » entre le prédonné, en tant que totalité indivisible, et les formations téléologiques fragmentaires demeure quelque chose de déroutant. Husserl concède : *Hier ist wieder ein Verwirrendes (Krisis*, p. 462). « Il y a ici de nouveau de quoi s'embrouiller ». Comment accorder le pré-thématique et le déjà thématisé ? C'est pourquoi ce paraît être une « question paraqu'il n'appartient à aucun des thèmes d'aucune des formations téléolodoxale » (*ibid.*) de rendre thématique « le » monde, en dépit du fait giques constitutives des sciences objectives. C'est bien là le dernier paradoxe. En dépit de tous nos efforts pour englober la science en tant qu'opération dans la structure totale du monde de la vie, une discordance intime ne cesse de se déclarer entre le pré-scientifique et le scientifique. Husserl reconnaît au moins une fois le caractère irréductible de ce paradoxe : « Le paradoxal renvoi l'un à l'autre du " monde " objectivant vrai et du " monde de la vie " rend le mode d'être de chacun énigmatique » (*Krisis*, p. 134). L'énigme, c'est que les deux mondes sont inséparablement unis et irrémédiablement opposés.

Il faut donc au moins faire crédit à Husserl de son extrême lucidité dans le discernement des paradoxes qui s'attachent à la recherche d'une fondation ultime. Cette lucidité confine parfois au désarroi : « Toutes nos tentatives pour atteindre la clarté rencontrent des paradoxes sans cesse renaissants qui nous font prendre conscience tout d'un coup que tout notre philosopher a jusqu'ici manqué de sol. Comment pouvons-nous maintenant devenir vraiment philosophes ? » (*ibid.*). Et plus loin : « Nous sommes des commençants absolus et ne disposons d'aucune sorte de logique susceptible de fournir des normes » (*Krisis*, p. 136) : « Non seulement en raison de la grandeur du but mais aussi en raison de l'étrangeté essentielle et du caractère essentiellement précaire des pensées qui seront nécessairement mises en jeu » (p. 137).

4. La fonction épistémologique et la fonction ontologique du retour au monde de la vie.

Pour résoudre — ou tenter de résoudre — ces paradoxes, et peut-être aussi des paradoxes semblables chez Marx, je voudrais revenir sur la suggestion, faite plus haut en passant, de dissocier la fonction épistémologique et la fonction ontologique du monde de la vie.

La fonction ontologique s'énonce sous deux formes : la première est négative et polémique, la deuxième est positive et assertorique. Que la fonction ontologique doive prendre d'abord la forme polémique, la nécessité en est commune à Marx et à Husserl. La thèse en effet s'oppose à une prétention adverse, celle de la conscience à s'ériger en origine et maître du sens. La première fonction du concept de *Lebenswelt* est de ruiner cette prétention. Certes, cette prétention a un caractère contingent. C'est pourquoi Husserl et Marx ne l'identifient pas au même moment historique. C'est, en effet, un fait contingent de notre histoire que Galilée, Descartes et Kant aient donné à notre modernité l'orientation que nous savons. De même faudrait-il dire, par analogie, qu'il est contingent que la philosophie hegelienne de l'État et du savoir absolu ait fourni à Marx le point de départ de son processus de réduction. En revanche, ce qui n'est pas contingent, c'est l'*hybris* qui anime la prétention ici dénoncée. En ce sens, Kant a touché juste : la raison est toujours confrontée à la nécessité de « l'illusion transcendantale ». Peut-être l'émergence de la conscience comme thème philosophique est-elle liée à pareille *hybris*. Se poser, c'est, pour la conscience, vouloir se fonder en soi-même. Le retour à la *Lebenswelt* réduit cette *hybris* en assertant que le monde l'a dès toujours précédée. Cette assertion est le côté positif de la thèse ontologique. Elle consiste à désigner la *Lebenswelt* comme le référent ultime de toute idéalisation, de tout discours. Husserl écrit : « Grâce à cet enracinement, la science objective a une constante référence de sens au monde (*beständige Sinnbeziehung auf die Welt*) dans lequel nous ne cessons de vivre, même comme hommes de science et donc aussi dans la communauté entière des hommes de science » (*Krisis,* p. 132).

Mais cette thèse ontologique ne dit rien, ni sous sa forme polémique, ni sous sa forme assertorique, concernant la fonction épistémologique des idéalisations, des objectivations, des constructions, des configurations de sens, etc. La thèse de la référence ultime laisse intacte la question de la légitimation ultime. C'est ici que se produisent les malentendus, non seulement ceux que Husserl dissout, mais ceux qu'il suscite. Ils se résument tous dans l'équivocité du concept de fondement qui tantôt désigne le sol (*grundende Boden*) sur quoi quelque chose est construit, tantôt le principe de légitimation qui gouverne la construction des idéalités sur cette base. C'est seulement en distinguant ces deux sens du terme fondement que l'on peut venir à bout du paradoxe, aperçu par Husserl, qui affecte les relations entre monde objectivement vrai et monde de la vie. Ce paradoxe, on s'en souvient, consiste à affirmer simultanément une relation de contraste et une relation de dépendance. Le paradoxe disparaît ou, si l'on veut, devient ce qu'il est précisément, à savoir un paradoxe, si l'on dissocie la relation épistémologique de contraste et la relation ontologique de dépendance.

Par « contraste » il faut entendre l'émergence de la question de validité dans une situation qui ne la contient pas en tant que telle. Cette question est hétérogène à celle de la référence ultime. C'est pourquoi on peut dire que la notion de science, de *Wissenschaft*, a dû être posée par une humanité nouvelle, les Grecs. Que le monde de la vie précède toute idéalisation ne requiert aucune « science grecque ». L'idée de science, en tant que source de toute légitimation, ne procède pas du monde de la vie. Marx, avant Husserl, avait dû faire l'aveu d'une pareille distinction au moment le plus décisif de son argument concernant le rapport entre idées dominantes et classe dominante.

Cette distinction entre la thèse ontologique et la thèse épistémologique suggère l'idée d'une irréductible dialectique entre la relation de dépendance et la relation de contraste, et finalement entre le monde réel, en tant que sol, et l'idée de science, en tant que principe de toute validation. Le monde réel a la priorité dans l'ordre ontologique. Mais l'idée de science a la priorité dans l'ordre épistémologique. On peut donc « dériver » les idéalités, en ce sens qu'elles réfèrent au monde réel. Mais on ne peut dériver leur exigence de validité. Cette exigence renvoie à l'idée de science, qui est originaire en un autre sens que le monde de la vie. En d'autres termes, nous vivons dans un monde qui précède toute question de validité. Mais la question de validité précède tous nos efforts pour donner sens aux situations où nous nous trouvons. Dès que nous commençons à penser, nous découvrons que nous vivons déjà dans et par le moyen de « mondes » de représentations, d'idéalités, de normes. En ce sens nous nous mouvons dans deux mondes : *le* monde prédonné, qui est la limite et le sol de l'autre, et *un* monde de symboles et de règles, dans la grille duquel le monde a déjà été interprété quand nous commençons à penser.

On peut continuer d'appeler ce rapport de préséance réciproque un paradoxe : le paradoxe selon lequel le monde de la vie comme prédonné précède l'exigence de légitimation qui a pourtant dès toujours dépassé ce monde de la vie. Mais le paradoxe cesse d'être une équivoque si l'on peut maintenir la distinction entre l'antériorité ontologique du monde de la vie et le primat épistémologique de l'idée de science qui régit toute question de validité.

TABLE DES MATIERES

Appendice consacré à Husserl, in E. Bréhier, *Histoire de la Philosophie allemande*, Vrin, 2ᵉ éd. 1967, pp. 183-196 ..   7

Husserl et le sens de l'histoire, *Revue de Métaphysique et de Morale* 54 (1949), pp. 280-316   21

Méthode et tâche d'une phénoménologie de la volonté, in *Problèmes actuels de la phénoménologie*. Actes du colloque international de phénoménologie, Paris-Bruxelles, 1951. Ed. par H.L. Van Breda, Desclée de Brouwer, Paris, 1952, pp. 110-140   59

Analyses et problèmes dans *Ideen* II, *Revue de Métaphysique et de Morale* 57 (1952), repris in *Phénoménologie, Existence*, Vrin, 1984, pp. 23-76   87

Sur la phénoménologie, *Esprit* 21 (1953), pp. 821-839   141

Etudes sur les *Méditations Cartésiennes* de Husserl, *Revue Philosophique de Louvain* 92 (1954), pp. 75-109   161

La Cinquième *Méditation Cartésienne* (inédit en français)   197

Kant et Husserl, *Kanstudien* 46 (1954-55), pp. 44-67   227

Le sentiment, in *E. Husserl 1859-1959*. Recueil commémoratif publié à l'occasion du centenaire de la naissance du philosophe (Phaenomenologica 4), La Haye, 1959, pp. 260-274   251

Sympathie et respect, *Revue de Métaphysique et de Morale* 59 (1954), pp. 380-397   266

L'originaire et la question-en-retour dans la *Krisis* de Husserl, in *Textes pour Emmanuel Lévinas*, éd. Fr. Laruelle, Jean-Michel Place éditeur, Paris, 1980, pp. 167-177   285